총체적 복음을 위한 선행신학

복음전도와 사회운동

로날드 J. 사이더 지음
이상원, 박현국 옮김

기독교문서선교회

기독교문서선교회(Christian Literature Crusade: 약칭 CLC)는 1941년 영국 콜체스터에서 켄 아담스에 의해 시작되었으며 국제 본부는 영국의 쉐필드에 있습니다.

국제 CLC는 59개 나라에서 180개의 본부를 두고, 약 6500여 명의 선교사들이 이동도서차량 40대를 이용하여 문서 보급에 힘쓰고 있으며 이메일 주문을 통해 130여 국으로 책을 공급하고 있습니다.

한국 CLC는 청교도적 복음주의 신학과 신앙서적을 출판하는 문서선교기관으로서, 한 영혼이라도 구원되길 소망하면서 주님이 오시는 그날까지 최선을 다할 것입니다.

GOOD NEWS
AND
GOOD WORKS

Written by

Ronald J. Sider

Translated by

Sang-Won Lee

Hyun-Kook Park

Copyright © 1993 by Ronald J. Sider

Originally published in the U.S.A. under the title as
Good News and Good Works
by Baker Books, a division of Baker Publishing Group,
Grand Rapids, Michigan, 49516-6287.

All rights reserved.

Korean Edition
Copyright © 2013 by Christian Literature Crusade
Seoul, Korea

이 책은 복음전도와 사회적 관심을 결합하는 길이 무엇인지 제공해주고 있다. 그 열쇠는 예수를 향한 우리의 사랑이다. 사이더는 "모든 마을, 도시에 예수를 사랑하는 교회가 있어 수많은 사람들을 예수께로 인도하고 동시에 가난한 자들과 억눌린 자들의 울부짖음에 민감하여 정의와 평화 그리고 자유를 위하여 왕성하게 사역하게 되기를 갈망한다"고 말한다. 이 책은 그들이 직면한 육체적이고 영적인 필요 모두를 돌보기 원하는 기독교인들을 위한 책이다.

이 책만큼 이 문제와 강력하게 맞붙어 씨름한 책은 없다. 나무랄 데 없이 완전하게 열정적이며 숙련된 학문적 노력으로 저술된 책이다.
　　　　　　　　　　　　　　　　　　－랄프 윈터 | 미국 세계선교센터

로날드 사이더보다 복음전도와 사회적 관심 사이의 성경적 균형을 증진시키려고 많은 노력을 기울인 사람은 없었다. 그는 자신이 설교한 것을 실천하는 절대적인 온전함을 지닌 사람이다.
　　　　　　　　　　　　　－데이비드 M. 하워드 | 데이비드 C. 쿡 재단

교회의 유익을 위해서, 우리는 더욱 귀를 기울여야만 한다.
　　　　　　　　　　　　　　　－조앤 B. 캠벨 | 미국기독교교회협의회

사이더는 기독교인들에게 복음전도와 사회적 책임 모두를 왜 행해야 하는지에 대한 확고하고 성경적인 신학적 이유들을 제공한다.
　　　　　　　　　　　　　　　　　　　　　－사우스웨스턴 신학저널

교회에게 사역의 균형을 추구하도록 탄원하는 탁월하고 도전적인 책이다.
　　　　　　　　　　　　　　　　　　　　　　　　－미니스트리 커런츠

추천사

대신대학교 신학대학원장

황봉환 박사

    교회의 복음전도와 사회참여 문제에 대해서는 복음주의를 지향하는 보수적 신학 성향의 교회들과 자유주의를 지향하는 진보적 신학 성향의 교회들 사이에 아직도 견해를 달리하고 있다. 그 이유는 복음주의 교회들은 인간 개인의 죄와 구원과 관련된 영혼의 문제에 강조점을 두고 있는 반면 진보주의 교회들은 사회정의와 참여를 주장하는 윤리적 삶에 강조점을 두는 신학적 차이 때문이다. 이러한 신학적 견해차는 복음 안에서 통일성을 추구해야 할 기독교회의 분열 현상을 가져오는 요인이 되기도 한다.

    이러한 신학적 차이점을 극복하고 성경에 기초한 복음전도와 사회운동을 통합한 신학적 방향을 제시할 대안은 없는 것인가? 이 질문에 대한 답변이 요청되는 시점에 복음전도와 사회운동 사이에 균형 잡힌 통합적 방향을 제시하는 책이 세상에 빛을 보게 되어 참으로 기쁘게 생각한다.

    본서는 로날드 J. 사이더(Ronald J. Sider)가 *Good News and Good Works* 란 제목으로 출판한 책을 총신대학교 신학대학원 윤리학 교수인

이상원 박사와 제자 박현국 목사가 『복음전도와 사회운동』이란 제목하에 번역하여 낸 책이다. 이 책은 저자의 열망인 "총체적 복음을 위한 선행신학"의 관점에서 복음주의와 사회운동의 통합점을 모색하는 방향으로 전개되었다.

저자는 복음주의 교회들과 진보주의 교회들에게 복음전도의 필요성과 사회운동의 필요성을 동일하게 주지시킨다. 서로 다른 견해차로 인하여 분리된 신앙과 신학의 여정을 걸어갈 것이 아니라 분리할 수 없는 동반자의 관계에서 걸어가야 할 필요한 지침을 제공하고 있다.

오늘의 한국 교회가 분열 현상을 극복하고 신앙과 신학의 통합적 지침 위에서 건강한 교회로 성장해 가기를 바라며, 개혁주의 신학의 정신으로 학문 연구에 몰두하고 신학이 그리스도인의 삶 속에서 꽃이 피고 열매 맺기를 바라는 역자의 열정은 이 책이 말하는 바와 일맥상통할 것이다. 이 책의 내용은 복음전도와 사회운동의 우선권을 서로 주장하며 대립적인 양상을 보이고 있는 한국 교회에 복음전도와 사회운동을 균형 있게 실천하는 대안이 될 수 있을 것이다.

한국 교회의 모든 그리스도인이 이 책을 통해 성경신학의 틀 위에서 균형 잡힌 성숙한 교회의 모습을 발견해야 할 것이며, 모든 기독교 지도자들이 이 책을 읽음으로 편향된 신학적 방향에서 벗어나 보다 성경신학적인 관점에서 한국 교회가 총체적으로 성숙한 교회로 발전해 가는 바른 방향을 발견하게 되리라 확신한다. 모든 그리스도인이 흙 속에서 진주를 발견한 것처럼 기쁨과 기대를 가지고 이 책을 숙독하기를 열망한다.

서 문

약 80년 전 월터 라우쉔부쉬(Walter Rauschenbusch)는 예일대학교에서 "사회복음을 위한 신학"(A Theology for the Social Gospel)이라는 제하의 유명한 강연을 했다. 탁월한 사회복음주의 운동의 대변자 라우쉔부쉬가 이 강연을 통해 제시한 사회복음에 대한 해설은 향후 20세기 내내 교회를 분열시킨 사회복음과 근본주의의 논쟁의 마당에서 사회복음의 편을 대변하는 표준적 입장으로 정리되었다.

예일대학교에서의 강연을 토대로 하여 저술된 라우쉔부쉬의 유명한 저서는 몇 가지 중요한 점에서 교회의 사회참여 문제를 다룰 때 필요한 지침을 제공하였다. 라우쉔부쉬는 교회가 너무나 빈번하게 죄와 구원을 개인주의적인 방식으로만 편향되어 이해하였고, 사회정의를 간과하였으며, 예수님의 윤리적 가르침을 무시했다는 점을 지적했는데, 이런 지적들은 귀담아 들을 만한 것들이다. 그러나 라우쉔부쉬의 책은 분명한 약점을 지니고 있는 바, 이 약점은 보수적인 신학 성향의 기독교인들에게 비판을 받았다.

라우쉔부쉬는 사회복음은 "간단히 말해서 사회생활의 중요한 윤리적인 문제들에 대하여 종교적으로 관심을 기울이는 것"임을 단언한다.[1] 그는 "그리스도의 대속에 관한 믿음"을 엄격한 독단적 교리라고 평가절하하면서(101), 사회복음은 사탄은 말할 것도 없고 삼위일체나 그리스도의 신성에 관한 형이상학적 문제들에 대해서도 별로 관심을 기울이지 않는다(150-151)고 강조한다. 사회복음의 "주된 관심은 개인의 영혼을 넘어선 곳에 나타나는 죄와 구속의 표현들에 있다"(95). "역사적 기독교 안에 나타난 반윤리적인 관습과 신념들은 거의 대부분 천국과 영생을 획득하는 일에 집중되어" 있지만, "사회복음이 더 많은 신학적 사유를 전개하고 신학적 사유에 더 많은 영감을 불어넣으면, 종교는 더욱 더 윤리적인 의에 관심을 집중하게 될 것"(15)이라고 라우쉔부쉬는 낙관적으로 예견한다.

라우쉔부쉬처럼 기독교신앙의 윤리적 단면들을 편향적으로 강조하는 비극적인 태도 때문에 교회가 분열되었고, 이 분열은 20세기 기독교의 가장 심각한 분열 현상들 가운데 하나가 되었다. 이 분열을 넘어서기 위해서는 개인적인 죄와 사회적인 죄, 개인적인 회심과 구조적인 변화, 복음전도와 사회참여, 개인구원과 사회구

---

[1] Walter Rauschenbusch, *A Theology for the Social Gospel* (New York: Abingdon, 1945), 15. 『사회복음을 위한 신학』(명동출판사).

원, 도덕적인 모범으로서의 예수님과 대리적 속죄자로서의 예수님, 정통신학과 윤리적 순종을 모두 인정하는, 성숙한 성경신학이 필요하다. 나는『복음전도와 사회운동』(*Good News and Good Works*)[2]이라는 제하의 이 책에서 나의 신념 곧 **총체적 복음을 위한 성경신학**을 전개하고자 노력했다. 또 다른 책인『물 한모금, 생명의 떡』(*Cup of Water, Bread of Life*)[3]에서 나는 복음전도와 사회운동을 통합한 탁월한 열 가지 사역 유형을 제시했다. 이 두 권의 책이 21세기의 교회가 앞의 20세기 동안의 교회보다 더 균형 잡히고 총체적인 교회로 변화되는 일에 작으나마 기여할 수 있기를 기도한다. 그 때에야 비로소 더 성경적인 형태의 교회가 될 수 있을 것이다.

---

[2] 어떤 제목도 필자의 의도를 완벽하게 전달할 수 없다. 이 책에서 내가 말하려는 것은 우리가 복음을 단지 말로만 공유해서는 안된다는 것이다. 우리는 말과 행위 모두를 통해 올바르게 복음을 공유해야 한다. *Good News and Good Works*라는 제목은 성경적인 신앙이 요구하는 복음전도와 사회운동의 통합을 가리키기 위한 것이다.

[3] Ronald J. Sider, *Cup of Water, Bread of Life* (Grand Rapids: Zondervan, 1994).『물 한모금, 생명의 떡』(IVP).

감사의 글

이 책을 저술함에 있어 큰 도움을 주신 분들께 특별히 감사를 표하고 싶다.

먼저 존 스토트, 콜린 사무엘, 비나이 사무엘에게 특별한 감사를 전한다. 나는 특별히 이 세 명의 절친한 친구들에게 감사하는 마음으로 이 책을 헌정한다. 친구이자 동역자로서 이들에게 배우며 함께 일할 특권을 얻은 것은 하나님이 주신 너무나도 값진 선물이다.

또한 나는 자신들의 인생여정에 부분적으로나마 동참할 수 있도록 허락해준 많은 이들, 에디와 마이클 뱅크스 부부, 제임스 데니스, 넬슨 디아즈, 카산드라와 쇼웬 프랭클린, 데이비드 기타리, 브라이언 해더웨이, 글렌 케레인, 롤리 워싱턴에게 특히 신세를 많이 졌다.

많은 학자들이 친절하게 좋은 자료와 핵심적인 정보들을 제공해 주었으며, 이 책의 초고를 읽고 좋은 논평을 해 주었다. 제럴드 H. 앤더슨, 데이비드 바렛, 맨프레드 브라우흐, 에밀리오 카스트로, 질 레니 던컨, 사무엘 에스코바, 라이히톤 포드, 마이클 그린, 데이비드 헤셀그레이브, 폴 G. 히버트, 앤드류 커크, 톰 맥알파인, 토마스 맥다니엘, 데이비드 O. 모버그, 브라이언트 마이어스, 클

라크 피녹, 발디르 스토이어나젤, 존 스토트, 미로슬라브 볼프, C. 피터 와그너, 랄프 D. 윈터 등의 도움에 감사드린다. 물론 최종적으로 출판된 내용에 대해서는 이들에게 아무런 책임이 없다.

  이 책을 출간하는 과정에서 특히 수고한 베이커 출판사의 드와이트 베이커와 로버트 호색에게 감사를 표하고 싶다.

  케틀리 피에르는 손으로 쓴 원고를 몇 주에 걸쳐서 타이핑하는 작업을 해 주었다. 그녀는 빡빡한 마감시간의 독촉과 필자 특유의 악필을 견뎌내야 했다. 그녀에게 특별한 감사의 마음을 전한다. 나의 연구조교인 릭 화이트와 제임스 무어는 원고를 전체적으로 검토해 주었으며 특히 제임스는 색인작업을 해 주었다. 비서이자 행정조교인 나오미 밀러는 언제나처럼 어떤 어려움이 찾아와도 능숙하게 해결해 주었으며, 무슨 일이든지 가리지 않고 해 주었다. 그녀는 다양한 방법으로 나의 연구 활동을 도와주고 있다.

  나는 아내 알부터스에게 가장 큰 빚을 지고 있다. 그녀의 사랑과 지원 그리고 그리스도와 그 나라를 위해 함께 했던 헌신은 온전한 기쁨의 바탕이 되었고 나의 작업에 힘을 불어 넣어 주었다.

Contents
목차

추천사 　　　　　　　　　　　　　　　6
서문 　　　　　　　　　　　　　　　　9
감사의 글 　　　　　　　　　　　　　12

제1부　한 지붕 두 가족
1장　나의 여정　　　　　　　　　　　19
2장　개관_서로 다른 네 가지 양상　　35

제2부　하나님 나라의 복음
3장　밝아오는 하나님 나라　　　　　71
4장　급진적인 하나님 나라 공동체　89

제3부　구원에 대한 편향적 관점의 극복
5장　하나님의 구원의 충만함을 깨달음　125
6장　변화가 뒤따르는 회심　　　　　157

제4부　너희는 가라: 선교에 대한 성경적 명령
　　7장　왜 복음을 전해야 하는가?　　　　　189
　　8장　왜 사회운동을 해야 하는가?　　　　215

제5부　성육신적인 하나님 나라로서의 기독교
　　9장　복음전도와 사회운동의 구분　　　　251
　　10장　분리할 수 없는 협력　　　　　　　275
　　11장　우리의 역사적 순간　　　　　　　295

　　부록　사회정의는 구원의 일부인가?　　　315

　　참고문헌　　　　　　　　　　　　　　　341
　　색인　　　　　　　　　　　　　　　　　349

Good News and Good Works

제 1 부

한 지붕 두 가족
A House Divided

Good News and Good Works
by Ronald J. Sider

chapter 1

나의 여정

> 나는 이곳의 백인 기독교인들처럼 되고 싶지 않습니다.
> 그들은 예수님의 사랑에 대해 노래하지만 남아프리카공화
> 국의 정의에 대해서는 전혀 신경 쓰지 않습니다.
>
> – 남아공의 한 유대인 대학생

나는 1979년 남아프리카공화국에서 두 주간 동안 강의하면서 너무나도 좋은 시간을 보낸 적이 있다. 그 때 만났던 가장 인상 깊은 사람은 제임스(James)라고 하는 젊은 대학생이었다.[1] 그는 복음주의 학생운동의 연례집회에 참석했는데 나는 거기서 집회 셋째 날 예수님이 가난한 자들에게 가지셨던 관심과 그의 부활 사건에 관한 강연을 맡았다. 당시 대부분의 남아공 교회들처럼 이 복음주의 학생운동 또한 네 그룹으로 나뉘어 있었다. 아프리카어를 사용하는 백인, 영어권 백인, 유색인, 흑인 등 네 개의 그룹으로 나뉘었다. 집회에 참석한 학생들은 대부분 영어권 백인이었다.

제임스는 기독교인이 아니었다. 그는 유대인이었고 열렬한 사회운동가였다. 제임스의 삶을 사로잡은 열정은 인종분리정책

---

[1] 그의 신변 보호를 위해 가명을 사용하였다.

(apartheid: 남아공의 흑인 차별정책)에 대한 사투였다. 어쩌다 보니 독실한 백인 기독교인들이 그의 주목을 끌었다. 제임스와 나는 집회 기간 동안 급속히 친해졌다. 우리는 시간 가는 줄 모르고 남아공의 정치에 대해 대화하면서 친구가 되었다.

어느 저녁 3시간 정도의 열띤 대화를 나눈 후에 제임스는 이렇게 말했다. "론, 저는 완전히 지쳤습니다." 나는 별로 놀라지 않았다. 그는 사회운동가인 동시에 학생으로서 바쁘고 고된 시간을 보내고 있었기 때문이다. 그렇지만 그가 이어서 한 말이 나를 놀라게 했다. "하나님이 내가 이 집회에 참석한다면 그분의 아들에 대한 무언가를 배울 수 있게 될 것이라고 말씀하셨지요."

나는 제임스에게 대답했다. "제임스, 나는 예수 그리스도께서 당신을 위해 십자가에서 돌아가시고 부활하셨다고 믿습니다."

그는 잠시 침묵하다가 다시 나를 놀라게 했다. "나는 그 모든 사실을 믿어요. 론, 정말로 믿어요."

그는 잠시 망설였다. 분명히 무엇인가가 그가 그리스도를 영접하는 길목을 막고 있었다. 잠시 후에 그는 조용히 이렇게 말했다. "나는 이곳의 백인 기독교인들처럼 되고 싶지 않습니다. 그들은 예수님의 사랑과 천국의 기쁨에 대해 노래해요. 하지만 그들은 남아공의 정의에 대해서는 전혀 신경 쓰지 않지요. 만약 내가 기독교인이 된다면 저는 저의 투쟁을 포기해야만 하는 것일까요?"

"절대 그렇지 않아요, 제임스. 예수님은 남아공의 사람들을 위해 정의를 이루려는 당신의 열정을 가져가 버리는 것이 아니라 오히려 격려해 주기를 바라십니다. 당연히 그 열정은 그분의 방식대로 되어야 하지만 그것은 더 깊고 강력한 헌신이 될 것입니다."

나는 잠시 동안 조용히 기다렸다가 이렇게 덧붙였다. "재촉하려는 것은 아니지만 만약 당신이 같이 기도하기를 원한다면 기꺼이 그렇게 해 드리지요."

그는 내 말에 재빨리 동의했다. 그리고 우리는 내 방으로 들어갔다. 그의 기도는 아름다웠다. 자신의 죄를 고백하고 예수 그리스도를 인격적인 구원자와 주인으로 영접했다.

기도를 마친 후 나는 제임스를 보았다. 그의 얼굴은 빛나고 있었다. 나는 내 얼굴도 그렇게 빛났을 것이라고 확신한다. 사실 나는 그가 떠난 직후 몇 분간은 방금 일어난 일에 매우 고무되어 오직 방 안을 돌아다니며 주님을 찬양하는 것 외에 아무것도 할 수 없었다. 정말 놀라운 기쁨을 안겨주었던 특별한 순간이었다.

집회에 참석한 백인 복음주의 학생들은 당시 교회의 주류를 이루고 있던 교단의 전형적인 모습과 동일했다. 개인적인 복음전도의 열의는 강했으나 가난한 자들에 대한 정의와 억눌린 자의 자유에 대해서는 거의 관심을 기울이지 않았다. 그 결과로 그들의 복음전도의 노력조차 비틀거리는 상태에 이르게 되었다.

복음주의자들만 한 쪽으로 치우친 기독교인이었던 것은 아니다. 1981년 나는 미국기독교교회협의회(NCC)의 창립 30주년 행사의 강연자로 초청된 적이 있다. 이 단체는 **자유주의적** 혹은 **주류**로 특징지을 수 있는 단체이다. 그곳에서 강연들의 목록을 보았는데 그 중 12개 정도가 교회일치운동(ecumenical)에 관한 것임을 알 수 있었다. 대단했다. 그리고 몇 개의 강연이 복음전도, 교회성장, 그리고 타문화 선교에 관한 것인지 세세하게 살펴보았다. 과연 그 중 몇 개가 있었는지 짐작할 수 있겠는가? 단 하나도 없었다. 나는 강의를 하기 전에 물었다. "여러분, 1981년에 NCC가 어떻게 이 정도로 편향적일 수 있습니까?"

아마도 이러한 이유 때문에 NCC의 교회들이 엄청난 숫자의 신도들을 잃고 있는 것이리라.

그 무렵 나는 우연히 비행기에서 60년대에 교회일치운동 사회참여 분과의 핵심적인 지도자 역할을 맡았던 한 남자를 비행기에서 만났다. 그는 시민의 권리(civil rights)를 위해 투쟁하여 큰 성과를 남겼다. 대화를 나누면서 나는 그가 더 이상 기독교인이 아님을 알게 되었다. 그는 신학교에 다니면서 역사적 기독교 정통교리에 대한 모든 믿음을 잃어버렸다. 그에게 남겨진 것은 예수님의 윤리밖에는 없었다. 그래서 그는 시민권리운동에 투신했고 주류 개신교도들의 사회운동을 이끄는 지도자가 되었다. 하지만 1981년 어간에 내가 그를 만났을 때 그는 절망적인 상태였다. 그는 자신의 소망과 신앙을 잃은 상태였다.

이런 이야기들은 나를 매우 슬프게 한다. 인종분리정책의 악함에 대한 일부 기독교인들의 무관심으로 인해 주님으로부터 돌아선 한 청년의 이야기는 비극적이기까지 하다. 그리고 사회 참여를 너무 강조한 나머지 죽어가는 죄인들에게 자신의 놀라운 구세주에 대해서 전하기를 망각하는 기독교인들을 보는 것 또한 끔찍한 일이 아닐 수 없다.

이런 이야기들은 앞에서 말한 단체들에 대한 포괄적인 그림을 제시해주지는 않지만, 오늘날 많은 교회에서 재앙을 불러일으킨 끔찍한 분열에 대해서는 설명해준다. 일부 기독교 단체와 교회의 경우에는 거의 배타적으로 복음전도에만 집중한다. 또 다른 경우는 사회적 활동에만 집중하는 경우도 있다(불행하게도 두 진영에 모두 포함된다고 자처하는 교회들은 두 가지 중 아무 것도 선택하지 않는 경우가 대다수이다). 각각의 그룹은 다른 그룹이 한 쪽으로 치우친다고 지적하며 자신들의 불균형을 합리화하려고 한다. 그리고 이런 분열은 교회의 증인됨과 신실성을 황폐하게 한다. 나는 한 쪽으로 치우친 두 집단 모두 비성경적이고 이단적이라고 생각한다.

우리는 예수님의 모범으로 돌아가는 길을 택함으로 훨씬 **나아질 수 있다**! 역사의 이 순간에 제시되는 복음전도와 사회적 변혁을 위한 놀라운 기회들을 잡고 싶다면 교회의 총체적인 임무에 대한 온전한 성경적 이해를 되찾아야 한다. 나는 이 책을 통해서 내가 믿는 바에 따라, 진정한 성경적 관점이 어떻게 복음전도와 사회적 책임을 분리하지 않은 채 그 둘을 상호 연관적이고 밀접한 관계에 두는지에 대해 가감 없이 보여주고자 한다. 사실 점점 많은 숫자의 교회가 그렇게 하고 있다. 그 교회들은 정기적으로 사람들을 개인적인 신앙 가운데로 인도하는 동시에 그들의 육체적인 필요와 사회적인 필요들에 도움을 주기도 한다.

사람들을 그리스도께로 인도하는 동시에 아픈 사람들의 필요에까지 도움의 손길을 뻗치는 교회의 이야기를 듣는 것보다 나를 고무시키는 일은 없다. 나는 모든 마을, 촌락, 그리고 도시에서, 예수 그리스도를 사랑하고 해마다 많은 사람들을 인도하여 그리스도와 하나님을 인격적인 구원자로 영접하게 하며, 가난한 자와 억눌린 자의 울부짖음에 민감하여 정의, 평화, 그리고 자유를 위하여 열렬히 노력하는 자들의 공동체를 보게 될 날을 고대한다.

내 삶과 지난 삼십 년 간 사역의 중심이 된 열정은 모든 교회가 그 일을 감당할 수 있도록 고무시키고 격려하는 것이었다.

나는 캐나다의 한 복음주의적인 농가에서 태어났다. 어머니와 아버지는 그들이 이 세상 그 무엇보다 예수 그리스도를 사랑한다는 사실을 말과 행동으로 보여주셨다. 내가 여덟 살 쯤 되었을 때, 가정에서 평소와 같이 가정예배를 드리던 중, 나는 단에 무릎을 꿇고 예수 그리스도를 영접했다.

내가 자라난 그리스도 형제교회(Brethren in Christ Church)의 신도들은 복음주의 부흥운동, 웨슬리적 성결(Wesleyan holiness), 그리고 메노교도의 재세례파(Mennonite Anabaptism) 전통이 혼재되어 있었다. 그들은 전적으로 복음주의적이었으나 복음전도와 사회운동 사이의 커다란 간극을 만들어낸 사회복음과 근본주의자들의 싸움으로 인한 분열을 경험하지 못했다. 신앙을 가진 초창기의 나에게는 헌신된 기독교인이란 아프리카 선교사로 계셨던 나의 삼촌과 같이 복음을 전하며 또한 우리 교회에서 원조를 담당하시던 분들이 하시는 것처럼 가난한 자를 돕는 것이었다.

그러던 중 나는 대학에 진학했다. 그곳에서 나의 신앙은 급격히 근대의 회의주의로 곤두박질쳐 버렸다. 나는 현대의 정직한 사상가라면 과연 역사적인 기독교 신앙을 받아들일 수 있을 것인지에 대해 물음을 던지기 시작했다. 계몽주의란 성육신과 부활의 핵심적인 기적들을 포함한 모든 기적들이 현대 과학과 양립 불가능하다고 말한 것이 아니었던가? 나는 고민하고 의심했다. 그리고 그런 개인적인 혼란의 시간 중에 복음주의적인 역사학자였던 존 워윅 몽고메리(John Warwick Montgomery)가 나의 대학시절 첫 2년 간 역사학과장을 맡았던 세속적 불가지론자의 후임으로 부임해 왔다. 몽고메리와 나는 친구가 되었다. 그는 예수님의 부활에 대한 역사적인 증거들을 소개시켜주었다. 그는 기적의 가능성을 반대하는 철학적 편견 없이 오직 객관적인 시각으로 역사 자료를 검토한다면 무덤은 비어있었고 목수이신 예수님은 사흘째 되는 날에 부활하셨다는 올바른 역사적 결론으로 귀결될 것이라며 나를 설득했다. 만약 그 말이 사실이라면 메시아이자 하나님의 아들이라고 하셨던 예수님의 주장을 확립시키는 강력한 근거일 것이다.[2]

이것은 하나님의 섭리라고 할 수 있다(어쩌면 유머감각이라고 할 수도 있을 것이다). 로날드 사이더(Ronald Sider)와 존 워윅 몽고메리의 조우를 계획해낼 만한 사람은 거의 없을 것이다. 존의 변증적인 열심과 우정이 없었다면 내가 어떻게 되었을지 모를 일이다.

---

[2] 흥미롭게도, 탁월한 세속 철학자 Anthony Flew도 최근 기본적으로 동일한 주장을 하고 있다. 다음을 참조하라. Anthony Flew and Gary Habermas, *Did Jesus Rise from the Dead?* (San Francisco: Harper, 1987), 3.

나는 새로워진 신앙으로 기독교 신앙의 입장에서 본 역사적 변증학을 도구로 삼아 세상의 대학과 겨루기로 결심했다.[3] 아이러니하게도 그래서 나는 예일신학교(Yale Divinity School)에 진학했다. 역사적인 기독교 정통교리에 맞서는 가장 강력한 주장들에 어떤 것이 있는지 파악하고 싶었다. 그래서 예일대학교에서 역사 전공으로 박사 과정을 2년간 수학한 후, 삼년 차를 휴학하고 신학교로 진학했다. 줄곧, IVF(기독학생회)는 예일대학교에서의 나의 기독교 활동에서 중심을 차지하게 되었다. 그리고 신학연구와 박사과정을 마친 후에, 일반대학에서 르네상스와 종교개혁 역사가로서 강의하며 IVF의 간사가 되기로 계획했다.

그러나 하나님은 다른 계획을 갖고 계셨다. 성경적 기초에 의거해서 사회 정의에 대한 관심을 갱신하는 데 조력하는 복음주의적 기독교인으로 활동하라는 강력한 부르심이 내 안에서 커지기 시작했다. 그때가 60년대였다. 아내 알부터스(Arbutus)와 나는 마틴 루터 킹 주니어(Martin Luther King Jr.)가 암살당한 날 흑인인 우리 집주인 그리고 그 아내와 함께 앉아 그들의 고통을 함께하고 있었다. 거기서 나는 18세기와 19세기 복음주의 전통이 어떻게 윌리엄 윌버포스(William Wilberforce)와 찰스 피니(Charles Finney)처럼 위대한 지도자들의 내면에서 복음주의와 사회적 관심 모두에 대한 열정적인 헌신을 결합할 수 있었는지 발견했다. 나는 1966년 휘튼에서 열린 "세계선교대회"(Congress on the Church's Worldwide Mission)에 청년대표로 참석했다. 그리고 사회적 관심에 관한 짤막한 성명서를

---

3 나는 이 분야에 대한 짧은 글을 저술했다. "A Case for Easter," HIS (April 1972): 27-31. 더 심도있는 논의를 위해서는, 다음을 참고하라. "The Historian, the Miraculous and Post-Newtonian Man," *Scottish Journal of Theology* 25 (1972): 309-19, "The Pauline Conception of the Resurrection Body in 1Corinthians 15:35-54," *Novum Testamentum* 19 (1977): 1-18, 그리고 "Jesus' Resurrection and the Search for Peace and Justice," *Christian Century* (3 November 1982): 1103-8.

최종 기록물로 얻어내기 위해 고심했다.

당시에 나는 사회적 이슈에 더 많은 관심이 있다고 해서, 복음주의에 대한 열정이나 역사적 기독교의 정통성에 대한 근거를 상실하지는 않는다는 확신을 복음주의자들에게 심어 주기 위해 내 힘으로 할 수 있는 모든 일을 하기로 결심했다. 신학교의 다른 학생들과 수많은 뉴잉글랜드교회(New England church)의 냉랭한 이들이 보기에는 복음의 선취에 편중된 복음주의와, 평화와 정의의 선취에 편중된 사회복음(Social Gospel) 사이에는 어떠한 융화도 이루어질 수 없음이 분명했다. 나는 르네상스와 종교개혁 역사가로서 나 자신이 어떤 공헌을 할 수 있을런지 알 수 없었지만, 교회가 복음주의와 사회적 관심 모두를 포용하는 데 있어 조금이나마 도움이 될 수 있기를 열망했다.

이 열망이 분명해지자, 나는 르네상스와 종교개혁 역사를 가르치는 대신에, 템플대학교(Temple University)와 북부 필라델피아의 흑인 거주 지역 사이의 경계에 있는 새로운 메시아대학(Messiah College) 도심 캠퍼스에서 1968년 가을에 시작한 '기독교와 현대의 문제들'이라는 과목을 맡아 강의하게 되었다. 우리 가족은 도심에 살았고 흑인 교회에 출석했다. 아들 테드(Tedd)와 마이크(Mike)는 지역 공립학교에서 인종의 구분을 넘어서 함께 교육을 받았다. 나는 전원과 교외의 교회지도자들을 위한 주말 세미나를 조직하고 교회지도자들이 인종차별과 가난의 고통을 짊어지고 있는 흑인 지도자들의 사정에 귀 기울이도록 했다(억압에 대하여 내 마음 속 깊이 알고 있는 대부분을 나는 흑인들로부터 배웠다). 또 나는 학생들이 인종차별과 빈곤에 맞서 투쟁하기를 자원하는 동시에 템플대학의 세속적인 수업에서도 자신들의 믿음을 전하도록 격려했다.

1973년 봄, 나는 칼빈대학(Calvin College)에서 열린 제1회 "기독교 신앙과 정치학 학회"에 참석했다. 거기서 루퍼스 존스(Rufus Jones)

와 데이비드 모버그(David Moberg) 같은 사람들과 만날 계획도 잡혀있었다. 모버그는 그의 강연과 책에서, 사회적 관심에 대한 우리의 나태함을 극복하고, 당대 최고로 영향력 있는 복음전도자인 동시에 노예제도에 대항하여 주도적으로 싸운 노예폐지론자 찰스 피니(Charles Finney) 같은 이들의 19세기 복음주의 전통으로 돌아가는 대대적인 전환을 시도하라고 복음주의자들에게 촉구했다. 우리가 사회적 관심을 가진 복음주의 지도자들을 위한 추수감사절 강연을 계획할 때, 나는 그 회의를 조직할 책임을 감당하는 것이 나의 당연한 소명이라고 생각했다.

나뿐만 아니라 칼 헨리(Carl Henry), 포이 발렌틴(Foy Valentine), 버나드 램(Bernard Ramm), 프랭크 게벨린(Frank Gaebelein), 그리고 폴 리스(Paul Rees) 같은 원로정치가들이 짐 월리스(Jim Wallis), 폴 헨리(Paul Henry), 샤론 갈라퍼(Sharon Gallagher), 사무엘 에스코바(Samuel Escobar) 같은 젊은 복음주의자들과 함께 주말 컨퍼런스에 참가했다. 「타임」(*Time*)지의 리처드 오슬링(Richard Ostling)은 그 일 후에, 복음주의 지도자들이 오로지 사회적 이슈들만을 위해 주말을 통째로 헌신한 것은 20세기 들어 처음 있는 일일 것이라고 말했다.

그 결과 탄생한 것이 "복음주의적 사회참여를 위한 시카고선언"(Chicago Declaration of Evangelical Social Concern)이다.[4] 이는 복음주의의 사회적 관심을 갱신하기 위한 첫 걸음이었다(또한, 10개월 후에는 빌리 그래함[Billy Graham]이 세계복음주의운동이 사회적 책임을 무시하지 않도록 하기 위한 "로잔 세계복음화대회"[Lausanne Congress on World Evangelization]를 소집했는데, 시카고선언은 이런 움직임이 일어나도록 강력한 자극과 영향을 끼친 여러 가지 요인들 중의 하나였다).

시카고선언은 회개를 위한 경종의 소리였다.

---

4 선언과 그 배경에 대해서는 다음을 보라. Ronald J. Sider, ed., *The Chicago Declaration* (Carol Stream: Creation House, 1974).

우리는 하나님이 정의를 요구하심을 잘 알고 있다. 그러나 우리는 불의한 미국사회에 대하여 그분의 정의를 선포하거나 보여주지 않았다. 주님께서 우리에게 가난한 자들과 억눌린 이들의 사회적, 경제적 권리를 옹호하라고 요구하심에도 불구하고, 우리는 거의 침묵으로 일관해 왔다. 우리는 역사적으로 미국교회가 인종차별에 개입해 왔으며 인종의 피부색에 따라 그리스도의 몸을 분리한 개인적 태도와 제도적 구조를 지속해온 데 대해 복음주의 공동체의 분명한 책임을 통감한다. 우리는 동료 복음주의 기독교인들에게 우리 국가의 사회적, 정치적 불의에 직면하여 그리스도의 제자도 안에서 회개를 표명하기를 요구한다.

시카고선언의 한 가지 중요한 결과는 핵심적인 문제에 관하여 교회일치운동 지도자들과 복음주의자들이 대화할 수 있는 새로운 개방이 이루어졌다는 것이었다. 교회일치운동 지도자들은 시카고선언에 대한 감사를 표하고 관심 있는 복음주의자들과의 대화를 원한다고 나에게 연락해 왔다(나는 시카고선언의 지속적인 전개를 위한 위원회 의장이었다).

이틀에 걸쳐 3차례의 회의가 이루어졌다. 그 중 한번은 세계교회협의회(WCC) 출신 인사들과의 회의였고, 이를 위해 나는 복음주의와 사회적 관심 사이의 관계에 대한 글을 준비했는데 이 글은 후에 세계교회협의회의 『국제선교리뷰』(*International Review of Mission*)에 실렸다.[5] 처음의 원고에서 나는 복음주의자들에게는 사회적 참여를 강화하라고 촉구하는 동시에 교회일치운동에 속한 이들에게는 복음전도에 대한 열정을 갱신하라고 촉구했다.

10년 전 처음으로 신학교에서 구체화되었던 온타리오 농장의 시골 소년의 꿈은 시카고선언과 나의 책, 『가난한 시대를 사는 부유한 그리스도인』(*Rich Christians in an Age of Hunger*, 1977)이 출판됨으로

---

[5] "Evangelism, Salvation and Social Justice," *International Review of Mission* 54 (1975): 251-67.

써 성경에 기초한 사회적 관심을 촉진시키고자 하는 소명이 기회를 얻게 되었다. 성경적 정통성을 위한 나의 복음주의적 헌신은 복음주의 공동체에 문을 열었고 사회정의를 향한 나의 열정은 교회일치운동 지도자들과의 대화의 통로를 열었다.

1977년, 나는 "세계복음주의협의회"(WEF) 신학위원회에 참가하라는 초대를 받고, 흥분을 느끼며 "세계복음주의협의회"에서 윤리·사회 분과의장이라는 새로운 임무에 뛰어들게 되었다.

교회일치운동과의 교제를 지속하면서 평화와 정의를 향한 나의 열정은 더 깊어졌으며 동시에 정의를 위한 투쟁에서 복음주의를 상실하지 않으려는 관심도 더욱 새로워졌다. 나는 선지자와 예수님을 본받아 억눌린 자들을 위한 정의를 구하는 강력한 소명을 따라 움직였으며, 역사적 기독교 정통교리 안에서 사회운동의 근거를 찾기 원하는 교회일치운동 지도자들의 태도에 고무되었다.

그러나 또한 평화와 정의에 대한 편향된 관심 때문에 혼란과 충격을 주는 교회일치운동 지도자들도 만나야 했다. 예를 들어, 세계복음주의협의회는 내게 1990년 "정의·평화·창조질서의 보전"이라는 주제로 서울에서 열린 "세계교회협의회(WCC) 총회"에 참관인으로 참석할 것을 요청했다. 나는 규칙을 입안하는 위원회 일원을 맡으라는 요청에 놀라고 기뻐했다. 하지만 그들이 규칙 조항의 성경적 기초를 강화하는 것을 그리 달가워하지 않는다는 사실에 크게 낙담했다. 절대다수가 **오직** 인간만이 하나님의 형상으로 창조되었다는 진술을 삽입하기를 거부하는 바람에 나는 혼란에 빠졌다(나무와 꽃들도 하나님의 형상을 소유했단 말인가?).[6]

복음주의자들은 WCC를 의심하는 경향이 있다. 그러나 우리는 이 기구가 거대하고 다양한 기구라는 사실을 기억해야만 한다. 때

---

6 Ronald J. Sider, "Reflections on Justice, Peace and the Integrity of Creation," *Transformation* (July-September 1990): 15-17.

때로, 그들의 1903년 문서 『선교와 전도』(*Mission and Evangelism*)에서 말하는 대로, WCC는 복음주의에 강하게 촉구하고 있다. 그리고 복음주의가 억눌린 자들을 위한 정의를 위해 강력하게 일하는 것에 실패했다고 하는 그들의 비판은 분명 타당하다는 사실을 직시해야 한다. 그러나 1990년 서울에서 그리고 최근 캔버라(Canberra)에서 열린 총회에서처럼 WCC가 표명한 신학의 주된 초점은 부적절하고도 너무 빈번하게 평화, 정의, 생태에만 맞추어져 있다. 확신하건대, 그러한 이슈들에 편향적으로 집중하는 것은 두 번째 천년의 끝에 선 교회나 세계의 문제를 해결하지 못할 것이다.

감사하게도, 각 기관과 단체들은 개인들로 구성된다. 그리고 하나님이 여러 종류의 교회에서 온 사람들을 통해 일하시는 것을 보면 전율과 감동을 느끼게 된다. 사실상, 지난 10년간 내가 겪은 가장 중요한 경험 중의 하나는 개발도상국(종종 **제2세계**라고 일컬어진다)에서 온 젊은 복음주의 지도자들과의 만남이었다. 그들의 사역과 신학은 종종 대다수의 서구복음주의와 주류교회들의 비극적인 편향성보다 훨씬 바람직한 위치에 있다. 나는 1987년, 케냐 카바르(Kabare, Kenya)에서 "국제 복음주의 선교신학연맹"(the International Fellowship of Evangelical Missions Theologians)의 회담 기간 동안, 지금은 케냐 대주교가 된 복음주의적 성공회 주교 데이비드 기타리(David Gitari)의 총체적 선교프로그램 가운데 몇 곳을 방문했다.

1975년에 기타리 주교는 케냐 면적 5분의 2에 해당하는 케냐 산 동부의 새로운 교구의 첫 주교가 되었다. 그는 모든 교구에 복음전도와 교회 정착을 훈련받은 지역 복음전도자들을 배치했다. 또한 각 교구마다 개발사역자들과 교육자들을 할당했다. 그 결과 경제적 발전과 폭발적인 교회성장이 일어났다. 몇 년 동안, 기타리 주교는 자신의 담당교구에서 매 달 하나 또는 둘씩 새로운 교회를 세웠다.7 총체적 선교야말로 주님께 충성하는 동시에 버림받고 상처받은 세상을 끌어안을 수 있는 방법임을 나는 확신하는 바이다.

지역교회에서 내가 일하고 있는 모습 또한 일종의 총체적 접근 방법이라 할 수 있을 것이다. 물론 우리가 항상 성공하는 것은 아니다. 사실상, 나의 총체적 신학에도 불구하고, 나의 실천은 항상 바라는 만큼 균형을 이루지 못한다는 사실을 고백할 수밖에 없다.

70년대에 우리 부부는 지금 살고 있는 필라델피아의 다인종 구역의 저임금 환경 속에서 "희년 공동체"(Jubilee Fellowship)를 세우는 데 협력했다. 우리는 그 당시 당돌하게도 교회와 사회를 개혁하는 방법을 알고 있다는 확신에 찬, 젊고 복음적인 사회운동가들이었다. 그리고 이론적으로 복음전도와 사회운동 양자의 필요성을 확신했다. 그러나 직접적인 복음운동의 경험은 거의 전무했다. 그 대신에 오랜 시간 사회정의를 위해 일했다. 그리고 우리의 이웃이 우리의 삶과 선행 속에서 그리스도를 발견할 수 있게 되기를 진심으로 소망했다.

그러나 어쨌든 좀처럼 이웃들이 그리스도를 알 수 있도록 직접적인 초청의 시간이나 용기를 내지 못한 것이 사실이다. 애석하게도 남아프리카에서 제임스를 그리스도께 인도한 사건이(당연히 환영할 일이지만) 그때까지 내 인생에서 대단히 예외적인 사건이었다는 것을 인정할 수밖에 없다.

1981년부터 1993년까지, 우리 부부는 실제로 필라델피아 북부의 모든 흑인지역 중심부에 있는 또 다른 다인종 도심교회와도 관계를 맺었다. 그 교회는 복음운동과 지역발전 모두를 실천하려고 하는 교회였다. 우리 공동체본부(내가 몇 년간 대표로 봉사한)는 의료센터와 고용지원 서비스 같은 일들을 후원했다. 지난 주일의 모임에

---

7 더 상세한 것은 제8장 첫머리를 보라.

도 마약중독자였던 사람이 그리스도를 향한 새로운 믿음 덕택에 악습을 끊어버리게 된 간증을 나누었다. 그로 인해 나는 참으로 소용돌이치는 기쁨을 체험할 수 있었다. 우리는 주님께 감사의 박수를 올려 드리면서 또한 협동 목사 대럴 월레스(Darryl Wallace)에게도 함께 박수를 보냈다. 왜냐하면 그가 주관한 값지고 지속적인 제자훈련이야말로 그 간증이 나올 수 있었던 결정적인 요인이었다는 사실을 잘 알고 있었기 때문이다. 약물에 찌들고, 범죄로 고통받던 도시지역에서 사람들이 예수님을 영접하게 하는 일은 어쩌면 그리 어렵지 않을 수도 있다. 사람들은 자신이 도움을 필요로 한다는 사실을 잘 알고 있다. 몇 달 전 약 열다섯 명쯤 되는 사람들이 짧은 복음전도 영화를 보고 강단 앞으로 나아왔다. 물론, 부서진 인생들을 회복시키고 신자들을 성숙하게 훈련하기 위해서는 엄청난 사랑과 기나긴 시간이 필요하며 이 일을 감당하는 것은 쉽지만은 않다.

예를 들어, 내 특별한 친구인 제임스 데니스(James Dennis)를 생각해 보자. 수년 동안, 우리는 이 도심교회에서 함께 장로로 섬겼다. 20년 전의 제임스 데니스는 분노에 사로잡힌 흑인 투사였다. 그는 백인들을 증오했다. 수년 전에, 그는 나를 다시 만나러 온다면, 그때는 나를 죽이겠다고 말했다. 다행히도 하나님은 제임스가 나를 다시 만나러 오기 전에 먼저 예수님을 만나게 해주셨다.

웬만한 취업 기회조차 거의 없는 도심에서 제임스는 많은 젊은이들처럼 알코올 중독자가 되었다. 결혼은 파탄에 이르렀고 일련의 범죄로 감옥에 수용되었다. 거기서 누군가 제임스에게 복음을 전했고 그는 변화되게 하시는 예수 그리스도의 은혜를 경험하기 시작했다. 감옥을 떠날 때는, 교구목사가 곁에서 함께하며 후원과 훈련을 했다. 그 후 제임스는 진정한 교인이 되었고 곧 우리 교회의 장로가 되었다.

이제 제임스 데니스는 그 전과는 전혀 딴판인 사람이 되었다. 여전히 자존심 강한 흑인으로서 인종차별에 대해서는 전혀 관용적이지 않지만, 하나님은 그가 품은 인종적 증오를 말끔히 지워주셨고 그의 가족을 회복시켜주셨다. 좋은 직업을 갖게 되었으며, 가정을 가지게 되었다. 그리스도의 변화시키는 은혜가 그의 인생에 충만히 임했다.

정부가 시행하는 직업, 주택, 수감자 교정에 관한 최상의 프로그램을 통해서라면 제임스 데니스의 문제를 충분히 해결하리라고 생각한 사람들은 실상을 제대로 파악하거나 이해하지 못한 것이다. 그에게는 예수 그리스도와의 인격적 관계가 필요했으며 이것은 그의 존재, 가치, 내적 확신, 가족의 삶을 송두리째 바꾸어 놓았다. 동시에, 중생 그 자체만으로도 데니스의 문제를 해결하기에 충분하리라 생각한 사람들 역시 실상을 온전히 이해하지 못한 것이다. 제임스 데니스는 모두가 환영하는 모습으로 거듭날 수 있었다. 그러나 만약 도심의 학교 구조가 자녀에게 열악한 교육환경을 제공한다면, 적절한 주택 공급이 이루어지지 않는다면, 그리고 직업을 전혀 얻을 수 없다면, 제임스는 여전히 큰 문제들을 안고 있을 것이다.

해마다 미국 도시들의 황폐화를 극복하기 위한 악전고투를 거듭하면서, 나는 진실로 더 많은 기독교인과 교회가 복음전도와 사회적 관심을 결합해 나가기 원한다. 이러한 나의 갈망은 점점 더 깊어져 간다. 제임스 형제에게는 예수님을 전해줄 누군가가 필요했다. 그 어떠한 다양한 사회적 프로그램도 제임스의 내면 깊은 곳의 깨어지고 상처 입은 부분을 회복시킬 수 없었다. 하지만 이와 더불어 필라델피아 북부의 개선된 일자리와 교육환경이 제임스 가족에게는 절실했다. 성경적인 기독교인이라면 한 마음으로 제임스와 같은 사람들이 공평하게 대우받아야 한다고 확신해야 마땅한 것이 아닌가?

  나는 하나님의 이름으로 다음과 같이 외치고 싶다. 전 세계에 걸쳐 존재하는 수천, 수만의 교회들이 우리가 경배하고 따르는 주님의 이름으로 모든 사람의 필요에 반응해야 하지 않겠는가?

chapter 2

개관_서로 다른 네 가지 양상

복음전도와 영혼구원은 교회의 절대적 사명이다.
– 빌리 그래함(Billy Graham)

하나님은 오로지 가난한 자들의 외침만 들으신다.
– 호세 미란다(Jose Miranda)

대부분의 교회는 오늘날 한쪽 방면에 크게 실패하고 있다. 교외의 일부 교회에서는 수백 명의 사람들이 예수님에게 나아오고 신축건물 안에서 하나님을 찬양한다. 그러나 그들 대다수가 자신의 새로운 신앙이 얼마 떨어지지 않은 도심의 고통과 빈곤에 어떤 관계가 있는지 전혀 알지 못한다. 또 다른 교회에서는, 구성원들이 상원의원에게 편지를 쓰고 시장에게 로비를 하지만 성령의 임재에 대해서는 거의 이해하지 못한다. 누군가가 자신들에게 인격적으로 그리스도를 영접하는 자리에 이웃을 초대하라고 요구하면 어리둥절해 할 것이다.

한 집단은 오직 영혼만을 구한다. 또 다른 한 집단은 구조만을 개혁한다. 그것이 내가 **균형을 잃은 기독교**라 부르는 것이다.

나는 1990년 봄, 대한민국 서울에서 교회일치운동 지도자인 한 유럽인과 벌인 논쟁을 기억한다. 세계교회협의회 국제총회의 운영위원으로 일하던 어느 날, 나는 서유럽을 뒤덮은 신앙상실에 관한 우려를 내비쳤다. 한때 종교개혁으로 사회 전체를 변혁시켰던 루터의 독일과 유럽의 많은 국가들이 이제는 단지 전체 인구의 약 5퍼센트만이 정기적인 주일예배에 참석하고 있다. 교회에 소속된 교인들이 광범위한 지역에 살고 있지만, 막대한 수의 유럽인들은 더 이상 자신들이 기독교인임을 고백하지 않고 있다.

배도한 유럽이 어떻게 하면 다시 그리스도께 돌아올 수 있을지 동료의 의견을 물었을 때, 그는 무관심해 보였다. 어깨를 으쓱하며, 모든 일이 더 좋아지기 전에는 더 나빠지는 것이 당연한 일이라고 말했다. 사회운동은 세속화된 유럽인들을 전도하는 것과는 전혀 무관한 그저 단순한 열정일 뿐이었다.

이와 유사하게, 나는 흑백 인종 사이에 존재하는 끔찍한 거리감이 심지어 그리스도의 몸인 교회 안에도 존재한다는 화제를 복음주의 동료와 함께 토론했다. 이와 같은 화제가 나올 때면, 흔히 무관심을 보이거나 곧바로 역정을 내는 답변만 돌아올 뿐이다. "우리의 사명은 사회구조가 아니라 사람의 심령을 변화시키는 것이다"라는 태도가 복음주의자들 사이에 팽배한 분위기였다.

이런 태도는 얼마나 전형적으로 발견할 수 있는 모습인가? 오늘날 복음전도와 사회참여의 관계에서 중심적인 주제는 무엇인가? 복음전도와 사회참여 사이에서 취해야 할 올바른 성경적 관계는 정확히 무엇인가?

20세기 기독교인들은 이 문제에 대하여 격렬한 논쟁을 치른 바 있다. 사실상, 지난 수십 년간 쓰여 진 선교학 분야의 책들 중 가장 훌륭한 책인 『변화하고 있는 선교』(Transforming Mission)라는 책에서, 데이비드 보쉬(David Bosch)는 이 문제가 오늘날 "신학과 선교

의 실천에 있어서 가장 까다로운 영역 중 하나"라고 주장한다.¹

이 문제에 관한 현대적인 관점은 대부분 네 가지 기본 양상으로 분류된다.² 개인주의적 복음전도, 급진적 재세례파, 주류 교회 일치운동, 그리고 세속적 기독교다. 개관된 입장이 기본명칭을 지닌 이 입장들이 견지하고 있는 유일한 입장은 아니다. 사실적인 구체화를 위해 각 양상에 형용사를 덧붙였다. 다음 페이지의 도표는 각 양상의 핵심적 사상을 대략적으로 보여준다.

---

1 David J. Bosch, *Transforming Mission* (Maryknoll: Orbis, 1991), 401. 『변화하고 있는 선교』(CLC).
2 H. Richard Niebuhr는 다음과 같이 지적한 바 있다. "유형이란 항상 구성물일 뿐이다." 어떤 사람이든 또는 어떤 집단이든 내가 제시한 네 가지 양상과 몇 가지 하위유형들 안에 완벽하게 맞아떨어지지는 않는다. 그러나 그것들은 우리가 현대의 논쟁 중에서 가장 중요한 관점을 이해하는 데 도움이 된다. H. Richard Niebuhr, *Christ and Culture* (NewYork: Harper Torch Books, 1956), 43. 『그리스도와 문화』(IVP). Avery Dulles도 유사한 방식으로 **유형**(model)이라는 단어를 사용한다. *Models of the Church*(Garden City, N.Y.: Double day, 1978), 19-38. 『교회의 모델』(한국기독교연구소). 나는 본 장에서 비역사적인 접근을 선택했다. 명백하게, 역사적 발전에 대한 주의 깊은 고찰은 아주 좋은 조명이 될 것이지만(예를 들면, Bosch의 탁월한 저서 『변화하고 있는 선교』를 보라) 이 책의 지면과 목적은 그러한 접근을 미리 배제한다.

	죄	인간론	복음의 내용	구원의 의미	역사와 종말론
첫번째양상 개인주의적 복음전도	거짓말, 간음 같은 개인적인 죄를 강조	공동체의 일원이기보다 개별적 존재 –강력한 영육이분법	개인의 구원	개인의 칭의와 거듭남	희박한 연속성
두번째양상 급진적 재세례파	사회악의 악한 강조, 주로 개인적인 죄를 강조	하나님 앞에서 인격적으로 책임 있는 개인인 동시에 공동체의 일원	하나님 나라의 좋은 소식	개인의 칭의와 거듭남인 동시에 새롭게 구속받은 교회공동체	희박한 연속성
세번째양상 주류 교회일치 운동	개인적이면서 사회적. 대체로 사회악에 무게를 둔다.	개인과 공동체의 균형	하나님 나라의 좋은 소식	1) 개인의 칭의와 거듭남 2) 교회 3) 교회 밖 사회의 평화와 정의 확장(일부는 이것을 가장 강조)	강한 연속성 (자유주의 관점에서, 그리스도의 재림을 거의 강조하지 않음)
네번째양상 세속적 기독교	이웃에 대한 범죄와 사회구조적 불의	개인적인 동시에 공동체적	사회진보의 가능성에 대한 좋은 소식	사회 내의 정의와 평화	역사가 유일한 실재

2. 개관_서로 다른 네 가지 양상

신학적 진리의 원천	전도의 대상	복음은 어떻게 공유되는가?	사회는 어떻게 변화되는가?	하나님이 역사하시는 현장
성경	오직 개인들	주로 말씀의 선포	회심한 개인들이 빛과 소금이 될 때	주로 교회 (모든 구원 역사가 교회 안에서 일어남)
성경	오직 개인들	말씀과 행위 모두 (즉 예수님의 새로운 구속 공동체인 교회의 일상생활의 가시적 증거)	회심한 개인들과 교회의 모범에 의해	주로 교회 (모든 구원 역사가 교회 안에서 일어남)
성경, 이성, 전통, 인간의 경험 (특히 각각의 지역적 상황)	개인들과 사회구조	말씀과 행위 (교회생활과 사회 내 정치참여를 포함)	회심, 교회생활, 그리고 사회제도의 재구성을 통해 (자유주의 관점에서는 세 번째가 가장 중요)	하나님의 구속사역은 교회와 세상에서 함께 일어남
이성과 인간의 경험이 결정적	오직 사회구조	사회진보의 복음은 정치를 통해 공유됨	오직 사회의 재구성을 통해	오직 세상

1. 근본적 쟁점들

이 네 가지 기본 양상을 이해하기 위해서는, 각각의 양상을 형성하는 근본적 쟁점들이 무엇인지 파악해야 한다. 이 네 가지 양상 모두가 열 가지 기본 질문에 답해내려 한다.

1) 죄를 어떻게 이해해야 하는가?

죄는 반드시 하나님의 용서를 받아야만 하는, 하나님에 대한 반역인가? 아니면 변화된 사회관계를 원하는 이웃의 요구를 거절한 것인가? 죄는 개인을 향한 직접적이고 인격적인 죄(거짓말 혹은 간음과 같은)의 형태로 표출되는 것인가? 아니면 인종차별, 경제적 불의, 독재와 같은 부당한 사회구조와 억압적인 사회체제로 나타나는 것인가?

2) 인간을 어떻게 이해해야 하는가?

인간의 본질은 육체 안에서 일정 기간 살고 난 후에 비물질적인 천국에서 살게 되는 불멸하는 영혼인가? 아니면 새롭게 변화된 이 땅에서 계속해서 살아가도록 정해진 육체와 영혼의 통일체인가? 만약 영혼이 인간의 가장 중요한 요소라면, 추측건대, **영적인** 것들은 **육적인** 혹은 **세속적인** 관심들보다 막대하게 더 중요하다. 그런 구분은 성경적으로 타당한가?

인간은 주로 개인으로 존재하는가 아니면 공동체의 일원으로 존재하는가? 개인적인 사상과 내적 가치들이 역사를 형성하는가 아니면 우리의 환경이 강압적으로 우리를 만들어내는가? 달리 말하자면, 사회는 오직 내적인 회심으로 변화되는가 아니면 사회적 변화가 새로운 인간을 만들어내는가?

3) 복음이란 무엇인가?

　복음을 용서의 좋은 소식으로 한정하는 것과 하나님 나라에 관한 좋은 소식으로 한정하는 것 중 어느 것이 더 성경적인가? 복음의 핵심은 하나님이 그리스도의 십자가를 통해 개인을 용서하고 중생하게 하시는 것인가? 아니면 선지자들이 예언한 메시아 왕국이 세상의 모든 악을 바로잡을 새로운 구속공동체를 창조하며 예수님의 사역과 인격으로 역사 속에 들어온 것인가? 그리고 만약 복음이 하나님 나라에 관한 좋은 소식이라고 이해하는 것이 타당하다면, 그 나라는 사람들이 그리스도를 고백할 때에만 도래하는가? 아니면 사회 내에서 평화, 자유, 정의가 발전되는 곳마다 출현하는가?

4) 구원이란 무엇인가?

　구원은 단지 개인에게 일어나는 어떤 사건인가? 아니면 구속된 신자들의 공동체 내에 존재하는 사회적 실재인가? 아니면 더 나아가, 사회에 속한 사람들이 예수 그리스도를 알거나 고백하는 것과는 상관없이, 그 사회적 구조와 정책이 더 정의롭고 자유로워질 때 일어나는 것인가? 그리고 최종적으로 종말에 "탄식하는 피조물"까지도 포함하는 구원을 위한 보편적 특성은 존재하는가?

　인간이 구원을 경험할 때도, 죄의 성향은 지속되는가? 아니면 구원은 왜곡되고 강제된 죄악의 습관들과 악한 현재 상태에서의 돌이킴까지 포함하는가?

　구원은 도래하는 진노로부터의 탈출인가 아니면 현재의 인간적이며 사회적인 총체성으로부터의 탈출인가? 그것은 세상의 악으로부터의 탈출인가 아니면 세상으로부터의 탈출인가?

예수 그리스도 없이는 인간들은 버려지는가? 그는 구원의 유일한 길인가? 궁극적으로는 모든 사람이 구원될 것인가 아니면 그 중 일부는 살아계신 하나님으로부터 영원히 단절될 것인가?

5) 정의와 자유를 위한 오늘 우리의 사역과 그리스도의 재림 시에 도래하는 나라의 완성 사이의 연관성은 무엇인가?

더 신학적인 용어로 말하자면, 역사와 종말론 사이의 연관성은 무엇인가? 세상은 가능한 한 더 많은 영혼을 구조해야 할 대양에 침몰하고 있는 난파선인가? 아니면 하나님은 선한 피조세계를 침공한 악을 정복하고 세상을 변화시키기를 원하시는가? **천국**은 모든 악으로부터 자유로운 변화된 세상의 오염되지 않은 델라웨어 강에서 손자 손녀와 함께하는 항해 같은 것일까? 아니면 상상속의 비물질 세계에서 누리는 영혼불멸의 영적인 축복인가?

현세의 삶과 영원한 삶 사이의 유일한 연속성은 구원을 주시는 하나님에 대한 현세의 믿음이 미래의 운명을 결정짓는다는 사실뿐인가? 만약 그렇다면, 사람들에게 그리스도를 영접하도록 권하는 말과 행동만이 영원한 의미를 가지는가? 아니면 현세의 평화와 정의를 위한 사역이 영원한 하나님의 통치와 연속성을 지니며, 하나님이 인간의 문화 중 가장 좋은 것을 정결케 하여 도래하는 그의 나라에 그것을 포함하실 것인가?

6) 그러한 곤란한 질문들에 답하기 위한 궁극적 원천과 권위는 무엇인가?

성경 곧 하나님의 계시인가? 전통? 이성? 아니면 빈곤, 흑인, 여성, 혹은 피억압 계층의 역사적 상황 속에서 발견되는가?

20세기 기독교인들은 복음전도와 사회적 관심 사이의 합당한 관계를 이해하기 위해 노력하면서 이런 끝없는 질문들을 주제로 논쟁해 왔다. 그와 함께 네 가지 다른 질문들과도 씨름해야 했다.

7) 복음의 대상은 누구 또는 무엇인가?

우리가 복음을 전해야 할 대상은 오직 사람들뿐인가? 아니면 마찬가지로 다국적기업과 정부 같은 사회구조도 전도의 대상이 될 수 있는가?
만일 우리가 오직 사람들에게만 회개하고 믿으라고 초청한다면, 복음은 오직 개인에게만 전하면 되는가? 아니면 마을 전체나 공동체가 모두 함께 그리스도를 영접하게끔 할 수도 있는가?

8) 복음을 어떻게 전할 것인가?

단지 말만 가지고 전할 것인가? 아니면 행동으로 전할 것인가? 자선과 선행, 예배, 그리고 교회 안에서의 교제가 복음을 전하는 수단의 전부인가?

9) 사회를 어떻게 변화시킬 것인가?

오직 개인들의 회심으로? 오직 사회구조의 변화로? 예수님의 새로운 공동체가 지닌 대안적인 삶의 양식으로일까?

10) 오늘날 하나님이 역사하시는 주된 영역은 어디인가?

현재 하나님의 중점적인 사역은 교회를 통하여 일어나고 있으니 예배, 교제, 전도, 교회개척만이 기독교인의 주요관심사인가? 아니면 세상이 하나님의 사역의 중점이기에 사회구조를 인간화하는 것이 중요하거나 심지어 가장 중요한 사명이라고까지 말할 수 있는가? 세상이 교회를 위한 의제를 설정하는 것이 옳은가, 아니면 교회가 하나님이 계시한 진리의 기초 위에서 세상에게 제안하는 것이 합당한가? 교회는 버려진 세계를 위한 구원의 절대적인 보루인가 아니면 단지 하나님이 세상에서 이미 이루신 것과, 이루고 계신 것, 그리고 이루실 것에 관한 일시적인 예시이며 불완전한 해석인가?

이 열 가지 질문은 오늘날 세상 속에서 교회가 어떻게 기능해야 하는가에 관한 모든 현대적인 인식을 형성하는 데 있어서 가장 결정적인(게다가 논쟁을 불러일으키는) 여러 가지 이슈들에 초점을 맞추고 있다. 우리가 복음전도와 사회참여 사이의 관계에 관한 네 가지 주요한 양상을 관찰할 때, 이 기본적인 질문들은 반복해서 등장할 것이다.

2. 개인주의적 복음전도 양상

복음전도는 개인주의적 복음전도 양상에 있어서 교회의 제일 되는 사명이다. 가장 기본적인 관심은 개인 영혼의 구원이다.
빌리 그래함(Billy Graham)은 이 입장에 선 가장 유명한 대표자이다. 1974년 로잔에서 열린 "세계복음화국제대회"(The International

Congress on World Evangelization)의 기조연설에서 빌리 그래함은 전도를 "온전한 하나님이며 온전한 사람이신 예수 그리스도께서 나의 죄를 대신해 십자가에 죽으시고 장사되시고 사흘 만에 부활하셨다"라는 복음의 공표라고 규정했다. 복음전도와 영혼구원은 교회의 생명과 같은 사명이다.[3] 이 첫 번째 범주에 속한 다른 많은 사람들처럼, 그래함은 중생한 기독교인들이 인종차별과 억압에 도전하고 사회를 개선하기 위해 일해야 한다고 믿는다. 그러나 로잔언약(Lausanne Covenant)이 선언하는 것처럼, 사회적 정의는 "우리의 최우선적인 사명이 아니며[4] 복음전도가 최우선이다"(6절).

이 양상 내에는, 두 개의 하위 집단이 존재한다. 복음전도가 최우선이라고 믿는 사람들 중 많은 이들이 복음전도와 사회적 책임이 모두 중요하다고 주장한다. 사명은 둘 모두를 포함한다. 다른 이들은 비록 절대적으로는 아니라 해도, 대체로 복음전도에 중점을 두기 원한다. 그들은 사명이 곧 복음전도라고 주장한다.

존 스토트(John Stott)와 로잔언약은 주류의 관점을 반영한다. "로잔 세계복음화대회"의 기조연설에서(1974년), 스토트는 사명이 오직 복음전도만을 포함한다는 자신의 오래된 관점을 포기했음을 인정했다. 오히려, 사명은 기독교인들이 세상에 파송되어 행해야 하는 모든 것을 포함한다고 주장했다.[5] 로잔언약에서는, "복음전도와 사회, 정치적 참여 모두 우리 기독교인의 의무의 일부"(5절)라고 말한다. 물론 "희생적 봉사라는 교회의 사명에 있어서, 분명히 복음전도가 최우선"(6절)이다. 그러나 복음전도와 사회적 관심

---

3 Billy Graham, "Why Lausanne?" in J. D. Douglas, ed., *Let the Earth Hear His Voice* (Minneapolis: World Wide Publications, 1975), 31.

4 Ibid., 29.

5 John Stott, "The Biblical Basis of Evangelism," in Douglas, ed., *Let the Earth Hear His Voice*, 65-78. John Stott, *Christian Mission in the Modern World* (Downers Grove, Ill.: InterVarsity, 1975).『현대기독교 선교』(성광문화사).

은 모두 중대하며 모두 사명의 일부이다.⁶

소수파는 이에 동의하지 않는다. "역사적으로, 교회의 사명은 오직 복음전도이다"라고 아서 존스톤(Arthur Johnston)은 그의 저서 『세계 복음화를 위한 투쟁』(*Battle for World Evangelism*)에서 주장했다.⁷ 그는 로잔회의에서 복음주의자들이 세계교회협의회에 너무 많은 것을 양보했으며 사회운동을 지나치게 강조했다고 믿었다.⁸ "전도야말로…교회의 성경적 사명이다."⁹ 교회성장운동(Church Growth Movement)의 유력한 주창자인, 도날드 맥가브란(Donald McGavran)은 분명 가난한 자와 억눌린 자들을 돌보기도 했지만 그러나 그의 핵심적인 열정은 복음전도와 교회개척이었다. 그 또한 주된 사명을 복음전도라고 규정했다.¹⁰

이 양상에서 인간, 죄, 복음, 그리고 구원에 대한 이해는 모두 개인주의화되는 경향이 있다. 무의식적으로, 계몽주의적인 개인주의는 공동체 내의 일원으로 보다는 오히려 고립된 개인으로서의 인간이라는 이 양상의 관점을 형성하는 데 주로 일조했다. 여기서 대개 비난받는 죄들은 경제적 억압이나 제도화된 인종차별

---

6 로잔언약은 Douglas출판사에서 수차례 재판되었다. *Let the Earth Hear His Voice*, 3-9. 유사한 입장을 보려면, C. Peter Wagner, *Church Growth and the Whole Gospel* (San Francisco: Harper, 1981), 87-91, 102-5을 보라.

7 Arthur Johnston, *Battle for World Evangelism* (Wheaton: Tyndale, 1978), 18. 『세계 복음화를 위한 투쟁』(성광문화사).

8 Ibid., 18, 345.

9 Arthur P. Johnston, "The Kingdom in Relation to the Church and the World," in Bruce J. Nicholls, ed., *In Word and Deed: Evangelism and Social Responsibility* (Grand Rapids: Eerdmans, 1985), 111.

10 다음을 보라. Donald A. McGavran, *Understanding Church Growth*, rev. ed. (Grand Rapids: Eerdmans, 1970), 26. 『교회성장이해』(한국장로교출판사). 그리고 그의 최근 논문, "Missiology Faces the Lion," *Missiology: An International Review* 17, no. 3 (July 1989): 337-40. Peter Wagner는 다음의 책에서 McGavran의 입장을 규명한다. *Church Growth and the Whole Gospel*, 105-6. David J. Hesselgrave도 역시 이 범주에 속한다. *Today's Choices for Tomorrow's Mission* (Grand Rapids: Zondervan, Academic Books, 1988), 90 참조.

과 같은 사회구조적 악에 참여하는 것보다는 오히려 거짓말과 간음 같은 개인적인 죄들이다.

개인주의적 복음전도에 있어서, 복음은 신자들이 모인 예수님의 새로운 공동체에서 삶의 모든 영역이 구속함을 받는 도래하는 메시아 왕국보다는 오히려 개인들의 칭의와 중생에 관한 것이다. "휘튼대회"(The Wheaton Congress, 1966)는 복음을 "개인 구원의 복음"이라고 정의했다.[11] 때때로 이런 개인주의는 칭의 안에서 이루어지는 죄의 용서가 "복음 메시지의 중심"이라는 주장과 더불어 나타난다.[12] 도날드 블뢰쉬(Donald Bloesch)에 따르면 구원은 원천적으로 영적이며 종말론적이다. "예수님은 우리를 정치적, 경제적 속박으로부터가 아니라 오히려 죄와 사망의 권세로부터 구원하기 위해 오셨다"는 것이다.[13]

이 양상에서는 사실상 현재의 사회적 정의와 도래하는 하나님 나라 사이의 연속성은 전혀 없다. 20세기 복음주의 사상의 매우 많은 부분을 형성했던 세대주의(Dispensationalism)는 사회가 그리스도의 재림까지 더욱 더 악화될 것이기 때문에 사회적 관심이 중요하지 않다고 여겼다. 할 린지(Hal Lindsey)와 같은 대중적으로 인기 있는 설교자들에 따르면, 그것은 바로 몇 년 후에 일어날 것이라고 예언되어 왔었다.

> 세상을 기독교화한다고? 그건 잊어라! 세상을 복음화하라. 기독교인이여, 그것이 세상에서 당신의 사명이다."[14]

---

[11] Harold Lindsell, ed., *The Church's Worldwide Mission* (Dallas: Word, 1966), 234.
[12] James A. Scherer, *Gospel, Church and Kingdom* (Minneapolis: Augsburg, 1987), 87-88.
[13] Donald G. Bloesch, *Essentials of Evangelical Theology*, vol. 2 (San Francisco: Harper, 1979), 156.
[14] "Christianize the World? Forget it!" *Faith for the Family* (1981): 33 (a Bob Jones University Publication). 인용출처는 Janel M. Curry-Roper, "Contemporary Christian Eschtologies and Their Relationship to Environmental Stewardship," *The Professional*

당시 가장 인기 있는 복음전도자였던 드와이트 무디(Dwight L. Moody)는 이 관점을 생생하게 요약해준다. "나는 이 세상을 파선한 배라고 생각한다. 하나님은 나에게 구명선을 주시며 말씀하셨다. '무디, 네가 구할 수 있는 모든 사람들을 구해라.'"15 세상은 파멸하게 되어 있다. 그러나 우리가 복음전도에 집중한다면, 각 개인의 영혼이 천국으로 구조될 수 있다.

이런 관점에서는, 사람들은 단지 개인을 전도할 수는 있지만, 사회적 구조를 전도할 수는 없다.16 복음의 전달은 넓게 볼 때 구술적 선포를 통한 것만이 아닐 것이다. 교회는 하나님의 관심의 중심이며 세상은 단지 회심한 사람들이 사회 속에서 빛과 소금으로 행함으로써 변화된다.

이 양상을 채택한 사람들이 가장 열정적으로 관심을 두는 것은 무엇인가? 이 세상 그 무엇보다, 심지어 생명보다도 중요한 것은 부활하신 주님의 임재 안에서 영생으로 인도하시는 예수 그리스도를 믿는 믿음으로 구원을 얻는 것이라고 그들은 확신한다. 십자가에 달리시고 부활하신 하나님의 독생자, 예수님이 거룩한 하나님과 죄인들 사이에 유일한 중보자이시다. 그분 없이는 모든 것을 잃게 된다. 그러므로 아무것도 감히 복음전도의 열정을 약화시키지 못한다. 현대적 회의론과 타종교와의 대화를 지나치게 강조하는 것은 많은 기독교인들 사이에 복음전도의 태만과 긴장의 상실이라는 비극을 낳았다. 사회구조를 변혁함으로써 새로운 인간을 창조하고자 하는 자유주의적 기독교인들이 상실된 정통성을 사회적 관심으로 대체하려는 경향도 동일하게 심각한 문제다. 그런 이

Geographer 42, no. 2 (1990) : 161.
15 인용출처는 Bosch, *Transforming Mission*, 318. 『변화하고 있는 선교』(CLC).
16 마을 전부나 공동체 전부가 빈번히 '대중운동'(people movements)을 통해 그리스도께 나아온다는 Donald McGavran과 같은 선교학자들의 주장은 이러한 개인주의적 부분을 극복한다(그의 *Understanding Church Growth*, 333-72 을 보라).

상향적인 도식들은 억압적인 사회체제보다 세상에 존재하는 악의 뿌리가 훨씬 더 깊고 허위적이라는 사실을 망각하고 있다. 그것은 하나님을 대적하는 인본주의의 무례한 반역으로부터 일어난다. 오직 하나님의 은혜만이 새로운 인간을 창조할 수 있다. 그 과정은 지금 시작되었으나 그리스도의 재림 시에만 완성될 것이다.[17]

이 양상에 대한 완전한 비판은 아직 미완성이지만 적어도 몇 가지 질문들을 던지고 싶다.

첫째, 가난한 자들과 억눌린 자들에 관한 이해에 있어서, 이 양상은 성경에 얼마나 일치하는가? 대부분의 복음주의 교회에서, 당신은 아모스나 이사야에서 나타나는 정의에 대한 요구를 촉구하는 열정을 좀처럼 느껴보지 못했을 것이다. 그리고 가난한 사람들을 향한 하나님의 관심을 말하는 수백 군데의 성경 본문에 대해서도 거의 들어보지 못했을 것이다. 나는 프랭크 게벨린(Frank Gaebelein)과의 대화를 결코 잊지 못할 것이다. 그는 금세기의 위대한 복음주의 지도자들 중 한 사람이다. 언젠가, 임종을 맞이하면서, 그는 내게 슬픈 어조로 말했다. 자신은 60년 동안 복음주의적 성경 대회에 참석했으나 결코 한 번도 정의에 관한 설교를 들어본 적이 없다고 말이다. 많은 복음주의자들은 **사회복음**에 대하여 매우 강하게 반발했다. 그래서 오순절 복음주의자인 피터 쿠즈믹(Peter Kuzmic)에 따르면, "또 하나의 이교도"와 싸웠던 것이다.[18]

둘째, 죄와 구원에 관한 개인주의적인 관점은 계몽주의와 성경 중 어디에서 더 많이 유래했는가?[19] 사실상, 인간에 대한 이러한

---

[17] 다음을 보라. Michael Hill, "Paul and Social Ethics," in B. G. Webb, ed., *Christians in Society* (Homebush West, Australia: Lancer Books, 1988), 131-42.

[18] Peter Kuzmic, "History and Eschatology: Evangelical Views," in Nicholls, ed., *In word and Deed*, 153. 이 관점과 그 외 여러 관점들에 있어서 John Stott는 첫 번째 양상의 전형적인 약점을 극복했다.

[19] 다음을 보라. Bosch, *Transforming Mission*, 262-345. 『변화하고 있는 선교』(CLC).

개인주의적인 관점은 종종 회심한 개인들이 자동적으로 사회를 변화시킨다는 순진한 가정으로 귀결되지 않는가? 회심한 사람들은 절도, 배우자를 배신하는 것, 그리고 노동을 거부하는 등과 같은 파괴적인 사회적 사건들을 조금 덜 저지를 것 같다. 그러나 우리는 우리를 둘러싼 사회적 구조들에 의해 강압적인 방식으로 형성된 사회적 존재들이라는 것에 대해서는 분명 사회학자들이 옳았다. 이에 대한 가장 명백한 증거는 남아공, 북아일랜드, 그리고 미국에서 가장 인종차별이 심한 지역들은 중생한 기독교인의 비율이 가장 높은 지역과 정확히 일치한다는 비극적 사실이다. 희생적 제자도와 인종차별과 억압에 맞설 것을 요구하는 성경적 가르침 없이는, 회심은 사회적 변화를 자동적으로 제공하지 않는다.

셋째, **영적인** 것과 **육적인** 것 사이의 예리한 구분(그리고 전자에 대한 선호)은 헬라사상과 성경 중 어디에서 더 많이 유래했겠는가? 플라톤(Plato)은 분명 육체는 악하고 영혼은 선하다(그러므로 더 중요하다)고 생각했다. 그러나 히브리 사상가들도 그러했는가? 아모스와 예수님은 "교회의 사명은 현저하게 영적이며 삶의 비물질적인 요소를 중심으로 순환하는 것이다"라는 해롤드 린드셀(Harold Lindsell)의 주장을 인정하고 확증해줄까?[20] 성경적으로 생각했을 때 인간은 육과 영의 단일체가 아닌가? 그리고, 만일 여호와가 만유의 주시라 해도, 실재의 영역 중 일부는 다른 영역 보다 덜 **영적인** 것이라 할 수 있는가?

Samuel Escobar, "Has McGavran's Missiology Been Devoured by a Lion?" Missiology 17, no. 3 (July 1989): 150. Kuzmic, "History and Eschatology," in Nicholls, ed., *In Word and Deed*, 152-57.

[20] 인용출처, David J. Bosch, "Toward Evangelism in Context," in Vinay Samuel and Chris Sugden, eds., *The Church in Response to Human Need* (Grand Rapids: Eerdmans, 1987), 191. 『인간의 요구에 부응하는 교회』(생명의 말씀사).

3. 급진적 재세례파 양상

이 양상에서 교회의 주요한 사명은 단지 신자들의 공동체가 되는 것이다. 재세례파는 복음주의자들과 동일한 방식으로 죄를 바라본다. 그러나 그들은 홀로된 방랑자가 아니라 공동체의 일원이 되는 것을 더욱 강조한다. 결과적으로, 교회에 더 커다란 강조점을 둔다. 복음은 하나님 나라에 대한 좋은 소식이다.

분명히, 용서와 중생은 여전히 복음의 핵심이지만, 그것이 전부가 아니다. 교회 또한 복음의 일부이다. 그들의 말과 행위, 그리고 생활 전체에 의해 기독교인들은 은혜로 말미암아 이제 모든 관계가 구속함을 받게 되는 새로운 사회(가시적인 신자들의 공동체)에서 사는 것이 가능하다는 좋은 소식을 선포함으로써 세상에 복음을 전하는 것이다. 교회는 구세대의 사회적, 문화적, 그리고 경제적 가치들을 따라 사는 것을 거부한다. 대신 예수님의 메시아 왕국의 가치를 삶의 모든 영역에서 실현한다. 결과적으로 그것은 구속함을 받은 개인적, 경제적, 사회적 관계들의 가시적인 양상들을(비록 아직 완벽하지는 않지만!) 세상에 제공한다. 구원은 그러므로 개인적이면서 **동시에** 사회적이다. 좋은 소식은 사람들이 현재 이 놀랍도록 새로운 공동체인 교회에 들어갈 수 있다는 사실이다.

이 양상에 있어서도 복음전도는 매우 중요하다. 사실상, 16세기 재세례파는 최초의 프로테스탄트 선교사들이었다. 1세기 사도들이 지상명령을 이행했다고 주장하던 시기에 루터와 다른 개혁가들은 모든 기독교인들이 불신자들에게 복음을 전하는 사도적 명령을 수행하도록 요구했다.[21] 그러나 구술적 선포가 중심적이긴

---

[21] 개혁주의적 관점에 대해서는 다음을 보라. Carl E. Braaten, *The Flaming Center: A Theology of the Christian Mission* (Philadelphia: Fortress, 1972), 15. 재세례파의 관점에 대해서는 다음을 보라. Franklin H. Littell, *The Anabaptist View of the Church*, 2d ed.,

하지만 복음전도의 유일한 방법은 아니다. 교회 안에서의 사랑의 교제 역시 강력한 복음전도의 증거이다. 복음전도는 선포된 말씀과 제자도의 삶에 의해 일어난다.

첫 번째 양상과 달리, 급진적 재세례파 양상의 복음과 구원에 대한 입장은 개인주의적이지 않지만 구원과 사회 정치적 자유를 동일시하지도 않는다. 죄는 항상 인간들의 의해 고안되고 이행된 사회 정의의 모든 정치적 구상들을 급격하게 타락시켰고 또 타락시킬 것이다. 교회는 분명히, 사회 전체에 있어서 사회정의를 위한 관련성을 가진다. 특히나 그것은 세속 사회를 위한 하나의 유형을 제공할 때 그러하다. 그러나 정치적 행위가 교회의 주요 업무는 아니다. 존 하워드 요더(John Howard Yoder)는 설명한다.

> 교회의 온전한 실존은 교회의 주된 임무이다. 복음이 다른 구조들을 변화시키는 도구가 되는 주된 사회 구조는 기독교 공동체이다.[22]

일부 급진적인 재세례파는 정치적 참여의 여지를 전혀 발견하지 못한다. 예수님은 하나님 나라를 선포했으며 그의 새로운 메시아 공동체에 들어오라고 모든 사람들을 초청했다. 그러나 로마 원로원에 의안을 통과시키는 등의 사회적 참여를 위해 기독교인들을 조직하지는 않았다. 그러므로 기독교인들은 오늘날 직접적인 정치행위에 가담해서는 안 된다고 일부 재세례파는 주장한다. 회심한 개인으로 살면서 타락한 사회에 교회의 새로운 유형을 제공하는 것이 세상을 변화시키는 유일한 방법이다.[23]

(Boston: Starr King Press, 1958), 109-26.

[22] Yoder, *Politics of Jesus* (Grand Rapids: Eerdmans, 1972), 153-57. 『예수의 정치학』(IVP). 또한 다음을 보라. Jim Wallis, *Agenda for Biblical People* (NewYork: Harper, 1976), 129, 138. 『부러진 십자가』(아바서원). 물론, 요더나 월리스 둘 다 이 두 번째 양상에 완벽하게 들어맞지는 않는다.

[23] 예를 들어 다음을 보라. John Driver, "The Anabaptist Vision and Social Justice,"

또 어떤 급진적 재세례파는 직접적인 정치적 참여를 위한 작은 여지를 발견한다. 그러나 요더는 말한다.

> 복음이 다른 구조들을 변화시키는 주된 사회적 구조는 기독교 공동체의 구조이다.[24]

이 양상 내의 대부분의 사람들은 개인주의적인 복음전도가 행하는 모든 것들에 깊이 관심을 가진다. 덧붙여, 그들은 예수님의 구속받은 제자들의 새로운 공동체가 구원에 관한 복음의 일부라고 주장하려고 한다.

우리는 급진적 재세례파에게 어떤 질문을 해야 하는가?

그들의 입장은 너무 빈번하게 배타적이고, 자민족적이며, 내부지향적인 공동체를 초래하지 않는가? 도래하는 예수님의 왕국의 가장 충실한 일원들이라고 해도 역사가 끝나고 그리스도가 재림하실 때까지는 이 세상의 시민들이 아닌가? 기독교인들이 정치적 **효용성**을 위해 예수님 나라의 윤리를 포기하는 오류를 범했다는 지적에 있어서는 급진적 재세례파가 대단히 타당할 수도 있다. 그러나 신자들이 예수님의 윤리를 그들의 정치적 참여 속에서 결코 희생시키지 말아야 한다는 요구가 그들에게 세상의 더 큰 구조를 바꿀 직접적 책임이 전혀 없음을 의미하는 것일까? 비록 예수님은 하지 않은 일이라고 해도 당시의 상황과 우리의 상황 사이의 여러 가지 분명한 차이는 오늘날 기독교인들이 투표와 의회운동을 해야만 한다는 사실을 뜻한다고 해야 옳지 않겠는가?

---

in Samuel Escobar and John Driver, *Christian Mission and Social Justice* (Scottsdale, Penn.: Herald, 1978), 107.

24 Yoder, *Politics of Jesus*, 157. 『예수의 정치학』(IVP).

4. 주류 교회일치운동 양상

이 세 번째 양상의 중심에서 개인의 회심과 사회의 정치적 개선 둘 다 복음전도와 구원의 핵심에 자리잡고 있다고 주장하는 것은 정당하다. 우리는 개인과 사회구조 모두를 복음화 할 수 있다. 구원은 사람들이 예수 그리스도에 대한 인격적 믿음을 가질 때 일어나는 일, 그리고 또한 중국, 이란, 또는 미국이 더 위대한 정의, 자유, 평화, 그리고 생태적 총체성을 획득할 때 일어나는 일 모두를 포함한다. 그러므로 구원은 개인적인 동시에 사회적인 것이다. 사회구원은 단지 신앙을 고백하는 기독교인의 구속받은 공동체 **내에서** 일어나는 일만을 가리킨다고 주장하는 두 번째 양상과는 달리, 세 번째 양상에서 사회구원은 세속과 비기독교 사회에서의 사회, 경제적 자유까지 모두 포함한다. 그러므로 세계교회협의회는 "오늘날의 구원"(Salvation Today)이라는 주제로 열린 방콕 총회(1973, 방콕)에서 이렇게 선언했다. "구원은 베트남 국민의 평화, 앙골라의 독립, 북아일랜드의 정의와 화해라고 할 수 있다."[25]

1982년 세계교회협의회에서 출간된 중요한 보고서인 『선교와 전도』(*Mission and Evangelism*)에 따르면, 개인과 사회 구조 모두 전도의 대상이다. 물론 개인의 회심은 중요하다. "복음 선포는 그리스도의 구주되심을 인격적인 결단으로 인정하고 수용하는 초청을 포함한다. 그것은 살아계신 그리스도와 함께, 그분의 용서를 수납하고 제자로의 부르심을 인격적으로 받아들이면서, 성령에 의해 중보되는 개인적인 만남의 공표인 것이다."[26] 이 입장에는 이견의 여

---

[25] Reprot from Section II, "Salvation and Social Justice," *Bangkok Assembly* 1973 (Geneva: World Council of Churches, n.d.), 90.

[26] 1982년 7월 중앙위원회에서 승인된 *The WCC's Mission and Evangelism: An Ecumenical Affirmation* 10항.

지가 없지만, 유력한 교회일치운동에서는 우리가 또한 사회구조도 변혁시켜야만 한다고 주장한다. "회심으로의 부르심은 회개와 순종으로의 부르심과 마찬가지로, 민족들, 집단들, 그리고 가족들에게도 해당되어야 한다"(12절). 더 나아가 "복음의 증인은 또한 이 세계의 구조들 즉, 경제적이고 정치적이며 사회적인 모든 제도들을 향해서 선포할 것이다"(15절).

인간과 죄에 대한 **이해** 또한 총체적이다. 인간은 고립된 개인이 아니라 복합적인 사회경제적 구조 내에서 배태된 공동체 내의 구성원이다. WCC의 『선교와 전도』에서 묘사하고 있는 죄는 개인적인 동시에 사회적인 것이다. "인간을 하나님과 이웃, 자연으로부터 소외시키는 죄는 개인과 집단의 형태 모두에서, 인간의 자유의지의 노예화와 지배와 의존의 사회적, 정치적, 경제적 구조 모두에서 발견된다."[27]

이 양상은 오늘날 교회일치운동의 영역 내에서 영향력 있는 양상이다. 자유주의 신학자들은 그것을 숭배한다.[28] 그리고 많은 로마 가톨릭과 주류 개신교의 생각은 서로 평행선을 달리고 있다.

그러나 이 양상을 이해하기 위해서는 그 안에 세 가지 구별되는 하위유형들이 있음을 인식하는 것이 매우 중요하다. 곧, 자유주의, 보수주의, 그리고 로마 가톨릭 유형이다.

1) 자유주의 하위유형

이 유형은 죄와 구원의 수직적 측면을 중요시하지 않는다. 죄는

---

[27] Ibid., 5 (서문).

[28] 예를 들면, Leonardo and Clodovis Boff, *Salvation and Liberation*, trans. Robert R. Barr (Maryknoll: Orbis, 1988)과 Gustavo Gutiérrez, *A Theology of Liberation*, trans. Caridad Inda and John Eagleson (Maryknoll: Orbis, 1973), 5 이하, 145 이하. 『해방신학』(분도출판사).

주로 억압적인 사회구조 내에서 표출되는 이웃으로부터의 무시와 소외이다. 구원은 자유주의적인 혹은 기술적인 특성을 가질 수도 있다. "교회와 사회"(Church and Society)라는 주제로 열린 WCC 제네바 총회(the WCC's Geneva Conference, 1966)에서 리처드 쇼울(Richard Shaull)은 구원을 주로 그가 신식민주의라고 여겼던 제국주의적 자본주의에 대한 혁명적인 타도라고 간주했다. 엠마누엘 메스텐(Emmanuel Mesthene)은 서구에서는 이미 향유하고 있던 산업혁명의 물질적 축복들을 세계의 빈곤한 사람들이 공유할 수 있도록 하는 기술적 진보를 희망했다.[29] 그러나 두 사람 모두에게 구원의 중요한 현장은 지금의 지구촌 사회이지 교회나 내세의 삶이 아니다.

세 번째 양상에서의 이 자유주의 유형은 복음전도를 소홀히 여기고 사회정치적인 참여에 중점을 두는 WCC의 지속적인 경향에 반영되어 있다. 1991년까지 WCC에서 전도비서관을 담당한 레이먼드 펑(Raymond Fung)은 WCC 내부에서 전도라는 의제는 "완전히 무력하다"는 사실을 몇 년 전에 지적했다.[30]

많은(그러나 전부는 아님) 라틴 아메리카 자유주의 신학은 세 번

---

29 Bosch, *Transforming Mission*, 396. 『변화하고 있는 선교』(CLC).

30 *A Monthly Letter on Evangelism*(no. 12, December 1986을 보라). 캔버라에서 열린 1991년 총회에서 나온 보고서는 Fung의 평가를 강조한다. 캔버라에서 나온 공식보고서는 다음과 같이 진술한다. "선교의 새로운 형태를 위해 오늘날 긴급한 요구는 이방의 땅으로 들어가는 것이 아니라 이방의 구조들로 들어가는 것이다"(Section 46 of Section I, *Canberra 1991: Message, Report and Programme Policy Report of the WCC Seventh Assembly* [Geneva: WCC Publications, 1991]). 정책프로그램에 관한 위원회의 공식보고의 면밀한 재검토는 주요한 의제를 보여준다. 위원회는 모든 프로그램들이 예수 그리스도를 고백하는 데 기여한다고 보고한다. 그러나 정의와 평화 그리고 창조계의 보존에 관한 논평 후에, 위원회는 말한다. "이것은 WCC의 **핵심적인** 비전으로 등장했다"(Canberra 1991, 30). "교회의 선교의 온전성"에 관한 C항은 완전한 복음전도를 이야기하지만 지면의 대부분을 정의와 평화에 할애한다. IV 항은 캔버라 이후 몇 년 동안의 집중 프로그램의 영역 네 가지를 목록에 싣고 있다. 교회와 세상의 화해, 자유와 정의, 창조세계와의 바른 관계, 여성들의 충분한 참여. 복음전도는 네 가지 중에서 단 하나의 영역도 확보하지 못할 만큼 중요하지 않다는 것이다!

째 양상의 자유주의 유형을 반영하고 있다. 자유주의 신학자들이 주로 비난하는 죄는 사회적인 죄 즉, 억압적인 사회와 경제 구조이다.³¹ 구스타보 구티에레즈(Gustavo Gutiérrez)에 따르면, 역사 속에서 자유하게 하시는 하나님은 "오직 사역과 행위로써만 선포될 수 있다. 곧 가난한 자들과의 결속을 실천함에서이다."³² 교회와 세계 사이의 구분은 거의 사라져버린다. 가장 강조되는 구원의 영역은 지금, 여기에서의 경제적인 자유, 즉 자본주의의 억압을 대체하는 민주적 사회주의이다.³³

2) 보수주의 하위유형

복음전도와 구원의 더 확장된 정의를 사용하는 모든 사람들이 하나님과의 수직적인 관계를 소홀히 하거나 하찮게 여기는 것은

---

31 Braaten 역시 마찬가지다. *Flaming Center*, 146.
32 Gustavo Gutiérrez, *The Power of the Poor in History*, trans. Robert R. Barr (Maryknoll: Orbis, 1983), 16-17. Gutiérrez는 그 단어 자체에도 위상이 있기는 하지만, "기본적으로 염두에 두는 것은 행위이다"라고 말한다(p.17). Vinay Samuel과 Chris Sugden은 M. M. Thomas에 관하여 같은 점을 지적한다. "Toward a Theology of Social Change," in Ronald J. Sider, ed., *Evangelicals and Development: Toward a Theology of Social Change* (Philadelphia: Westminster, 1981), 46.
33 Leonardo Boff와 Clodovis Boff가 저술한 *Salvation and Liberation*은 매력적인 예증을 제공한다. 보프 형제는 구원의 초월적인 면(내적인 인격의 회심과 죽음 이후의 삶을 포함하는)을 확언한다. 그들은 또한 구원과 사회경제적 해방을 구별할 것을 역설한다. 그러나 강조점은 후자에 기울어 있다. 이는 영원한 나라의 실존을 확신하는 기대이다(p.62). 가난한 자들은 "모든 인간 존재의 구원이나 멸망을 결정하는 종말론적 기준이다"(p.48). 구원은 도덕적인 축 즉, 정의를 위한 노력에 의해 승인된다(p.53). "**오직** 내가 가난한 자들을 따를 **때에만** 나는 예수님을 따르는 것이다"(p.91). 예수 그리스도에 관한 이성적 지식은 그 나라와 은혜를 영접하는 데 필수적이지 않다. "인간 존재들이 자신들을 정의와 사랑에게 개방하는 척도 안에서, 심지어 알지 못하면서도 하나님 나라, 은혜 그리고 예수 그리스도를 영접하고 받아들이는 것이다"(p.115). 하나님 나라와 사회경제적 해방을 동일하게 여기려는 사람은 없겠지만 "오늘날 그것이 우리가 하나님 나라를 경험하는 주된 위치라는 것이 판명된다"(p.83). 구원은 많은 요소들을 갖고 있지만 "오늘날 분명 지배적인 국면들이 있다(정치적 국면)"(p.92).

아니다. 전도, 성경의 완전한 권위, 그리고 역사적 기독교의 정통성을 고수하는 다수의 젊은 복음주의 지도자들은 이 확장된 용어의 사용을 주장한다.

현재 풀러신학교(Fuller Theological Seminary) 총장인 리처드 마우(Richard Mouw)는 『정치적 전도』(*Political Evangelism*)에서, 이 확장된 구원과 전도의 정의를 사용한다. 마우는 개인을 의롭게 하시고 중생시키시는 예수 그리스도를 믿도록 요청하는 것의 중요성을 결코 포기하거나 하찮게 여기지 않는다. 그러나 구원은 이런 영역에만 제한되지 않는다. 복음의 핵심은 **예수님이** 구원하신다는 것이다. 그리고 예수님은 "죄의 오염된 권력으로부터 모든 창조질서를" 구원하러 오셨다.[34]

마우는 그리스도의 구속사역이 보편적인 의미를 가지며, 그러므로 모든 정치적인 행위는 복음전도의 일부라고 주장한다.

> 하나님의 백성들의 복음전도 행위의 **범위**에는 창조질서 안에서 죄의 보편적 현존과 직면하는 복음의 능력이 지닌 **충만함**을 표출하는 것이 포함되어야 한다. **정치적** 전도(즉, 정치적 행위)는 곧, 복음전도의 이 종합적인 임무의 중요한 한 요소이다.[35]

올랜도 코스타스(Orlando Costas)도 후기에 동일한 결론에 이르렀음을 볼 수 있다.

> 그리스도의 승리의 좋은 소식은 정치적, 경제적, 사회적인 구조에서도 선포되어야 한다…이것들은 또한 복음의 해방하는 능력에 의하여 구속함을 얻어야 한다.[36]

---

[34] Richard J. Mouw, *Political Evangelism* (Grand Rapids: Eerdmans, 1973), 13.
[35] Ibid., 89.
[36] Orlando E. Costas, *The Church and Its Mission* (Wheaton: Tyndale, 1974), 69(그러나

인도의 복음주의 신학자요, 복음전도자이며 사회운동가인 비나이 사무엘(Vinay Samuel)은 이 확장된 용어 사용에 대하여 강력하게 주장했다. 사무엘은 실제로 가난한 사람들 속에서 복음전도와 교회 개척 사역을 했다. 최근 그와 나눈 대화에서, 그가 지난주일 예배에서 스물네 명 이상의 많은 사람들이 그리스도를 영접하겠다고 강단 앞으로 나왔던 일을 말할 때, 그가 느끼던 기쁨과 흥분을 기억한다.

사무엘은 사람들이 그리스도를 고백할 때나 정의가 확장될 때, 모두 다 하나님 왕국이 도래하며 구원이 일어난다고 주장한다. 사무엘은 창조와 구속 사이의 전통적 구분을 거절한다. "하나님이 세상에서 사역하는 곳마다, 그 사역은 십자가상에서 죄와 악에 대하여 성취하신 그리스도의 승리에 근거하고 있다."[37] 여기에 동의하지 않는 것은 골로새서 2:14-15를 무시하는 것이다. 그 말씀은 그리스도는 십자가에서 권세 잡은 자들을 무장 해제시켰다고 가르치고 있기 때문이다.[38]

하나님 나라의 임재는 "예수님이 악한 자들을 이기시는 곳 어디든지 일어난다. 이 일은 교회에서 가장 충만하게 일어나며 뿐만 아니라 사회에서도 일어난다." 그러므로 우리는 그리스도께서 불의를 이기기 위해 세상 속에서 일하실 때 구원이 일어난다고 말할 수 있다.[39] 동시에, 사무엘이 사회정의를 경험하는 사람이라면 누구나 그리스도와 함께 영생을 누리게 될 것이라고 말하는 것은 **아**

그의 가장 최근 책에서의 변화는 9장의 261쪽을 보라).

[37] Vinay Samuel and Chris Sugden, "Evangelism and Social Responsibility: A Biblical Study on Priorities," in Nicholls, ed., *In Word and Deed*, 203.

[38] Samuel의 신학에 관한 Chris Sugden의 박사학위논문의 논의와 인용을 보라. "A Critical and Comparative Study…"(Ph.D. diss., Westminster College, Oxford, 1987), 264, 301-2.

[39] Samuel and Sugden, "Evangelism and Social Responsibility," in Nicholls, ed., *In Word and Deed*, 210과 Sugden, "Comparative Study," 273.

니다. 그는 오히려 사회의 개선으로 불신자가 누리게 되는 **구원**의 경험과 예수 그리스도를 고백하면서 영생으로 인도하는 생명의 길에 들어선 신자가 누리는 **구원**의 경험 사이를 구분한다.[40]

3) 로마 가톨릭 하위유형

공식적인 로마 가톨릭의 관점은 대부분의 측면에서, 방금 기술한 세 번째 양상의 보수주의 하위유형에 매우 가깝다. 그것은 죄를 개인적인 것으로 그리고 또한 사회적인 것으로 본다. 하나님 나라는 복음의 중심이며 교회와 사회에서 실현되는 것이다. 그것은 구원을 개인적이고 초월적인 요소를 무시하지 않는 넓은 의미로 정의한다. 그리스도는 모든 이의 유일무이한 구세주이시다.

바오로 VI세(Paul VI)의 1975년 회칙 『현대의 복음선교』(*Evangelii Nuntiandi* [*EN*])와 요한 바오로 II세(John Paul II)의 1991년 회칙 『교회의 선교사명』(*Redemptoris Missio* [*RM*]) 그리고 최근의 『만민에게』(*Ad Gentes*)는 바티칸 2차 공의회(Vatican II)의 초기 기록물과 더불어 가장 중요한 진술들이다.[41]

복음전도는 핵심적인 개념이며(특히 *EN*에서) 그것은 사회의 모든 영역에 복음이 침투하여 개인과 문화가 진실로 하나님의 은혜로 말미암아 변혁되는 것이다. "전도는 좋은 소식들을 인간성의 모든 계층으로 가져옴을 의미한다." 복음은 "사람들의 개인적이

---

[40] Samuel and Sugden, "God's Intention for the World," in Samuel and Sugden, eds., *The Church in Response to Human Need*, 142.
[41] 로마교황의 회칙은 자주 재판된다. 그것들은 *Origins: CNS Documentary Service*에서 바로 확인할 수 있다. 복음전도에 있어 로마 가톨릭 교회의 거대한 규모와 독특한 예전적 교회론의 강조는 로마 가톨릭의 구별된 양상을 보여준다. 그러나, 이 책의 범주들 안에서 로마 가톨릭 사상은 세 번째 양상에 적합하다. 복음전도에 대한 로마 가톨릭 사상에 관한 최근의 요약에 대해서는 다음을 보라. Avery Dulles, "John Paul II and the New Evangelization," *America* 166, no. 3 (February 1, 1992): 52-72.

고 집단적인 의식들, 그들이 하는 행위들, 그들의 삶과 구체적 환경 모두를" 바꾼다.⁴² 우리는 사람들을 전도함에서 출발하지만 그러나 우리는 또한 문화를 전도하고 그로 인하여 하나님 나라를 건설할 수 있다(19-20).

복음화는 기독교 공동체의 생활방식(41), 구술적 선포(42), 예전(43), 새신자 교리문답교육(44), 그리고 사회경제적 해방(29-31)을 통해 일어난다. 평신도들은 복음에 따라 경제, 정치, 대중매체, 가족, 예술 그리고 교육을 변혁함으로써 전도한다(70).

가톨릭의 가르침은 구원을 넓은 의미에서 정의하지만 초월적인 것들을 하찮게 여기지도 않는다. "구원은…인간을 억압하는 모든 것으로부터의 해방이지만 그러나…죄와 악한 존재로부터의 해방 그 이상이다"(9). 구원을 단순히 사회경제적인 복지로 축소시키는 것은 두 가지의 절대적인 강조점인 개인의 회심과 내세에 있어서의 종말론적 구원을 소홀히 여기는 것이다(27, 32). "교회는 인간의 자유와 구원을 예수 그리스도와 연결시키지만 그러나 결코 그들을 동일시하지는 않는다"(35, 또한 RM, 11, 17).

여기까지는, 가톨릭의 입장은 명백히 세 번째 양상의 보수주의 하위유형과 나란히 평행선을 그린다. 그러나 요한 바오로 II세의 몇 가지 진술들은 처음 읽어보면, 가톨릭의 입장은 모든 곳의 모든 사람이 구원받는다고 하는 자유주의적 견해에 훨씬 더 가까운 것처럼 보인다. 요한 바오로 II세는 그의 첫 번째 회칙에서 다음과 같이 명시적으로 진술했다. "모든 사람은 예외 없이 그리스도에 의해 구속되었다. 그리고 그리스도는 각 사람에게 예외 없이 어떤 식으로든 연합되신다. 심지어 그 사람이 그 사실을 알지 못한다

---

42 EN, 18. 이 단락에서 이어지는 인용들은 다른 언급이 있는 곳을 제외하고는 모두 *Evangelii Nuntiandi* (1975)에서 인용됨.

해도 마찬가지다."⁴³ 이것은 그리스도의 유일성에 대한 거부가 아니다. 그리스도는 세상의 유일한 구세주이시다. 그러나 "구원은 모든 사람에게 주어졌기 때문에, 구체적으로 모든 사람에게 타당하게 이루어져야만 한다." 그리고 심지어 오늘날 많은 사람들이 복음을 듣지 않는데, 하나님은 비록 그들이 그리스도나 교회에 대하여 무지할지라도 그리스도의 희생을 통하여 신비롭게 그들에게 구원을 제공하신다(RM, 10).

그러나 이러한 진술들을 타당하게 해석하기 위해서는, 하나님이 제공하시는 구원과 우리가 그 구원을 실제로 소유하는 것에 대한 가톨릭 신학적 구분법을 유념해야만 한다. 교황이 "믿음을 가르치기 위한 확실한 기준"이라고 승인한 1992년에 발간된 공식적인 『가톨릭교회 교리문답서』(Catechism of the Catholic Church)가 명백하고 분명하게 가르치는 것은 어떤 사람들은 지옥을 선고받으며 그것은 "하나님으로부터의 영원한 분리"라는 것이다(1034항).⁴⁴ 가톨릭의 입장은 분명 세 번째 양상의 보수주의 유형처럼 보인다.

세 번째 양상이 민중을 향해 가지는 주요 관심사는 무엇인가?

그들은 평화, 정의, 그리고 창조의 통일성을 위해 일하는 것이 기독교 신학의 핵심에 기초한, 본질적이고 중요한 기독교인의 책임이라고 열정적으로 주장한다. 그들은 가난한 자, 억눌린 자들과의 결속이 신실한 제자도와 선교의 중요한 영역이라고 믿는다. 성경적 신앙은 총체적인 것이며, 기독교인의 사회적 행위를 손상시키는 사람이나, 죄 그리고 구원에 대한 개인주의적인 사상은 실제로 성경이 아니라 헬라사상과 계몽주의의 영향이라고 믿는다.

---

43 *Redemptor Hominis*, 14, quoted in Basil Meeking and John Stott, eds., *The Evangelical-Roman Catholic Dialogue on Mission 1977-1984: A Report* (Exeter: Paternoster, 1986), 45. 또한 다음을 보라. RM, sect. 14 그리고 *Gaudium et Spes*, sect. 22.
44 *Catechism of the Catholic Church* (New York: Image, 1995), 292.

세 번째 양상에 대한 곤란한 질문도 표면화될 수 있다. 사회 정의와 평화의 출현에 대해서 구원이라는 단어(그리고 하나님 나라라는 단어)를 사용하는 결정적인 성경의 사례가 있는가? 정의가 증가할 때 신자이든 불신자이든 간에 모든 사람이 구원을 경험하게 될 것이라는 주장에 있어서는 어떠한가? 이것은 구원에 대한 보편주의(모든 사람이 구원받는다고 하는)나 이중적 개념을 초래하지 않을까?(구원1: 사회가 개선될 때 불신자들에 의하여 향유됨. 구원2: 그리스도를 고백하는 이들에 의하여 향유됨)

이 이중적인 구원의 이해는 정말로 도움이 되는가? 구속에 기초한 창조와 구원에 근거를 둔 정의에 관한 오래된 이해는 좀 더 명료하고 간단해야 하는 것이 아닌가?

이와 유사하게 제기할 수 있는 질문도 있다. 성경은 사회구조를 복음화 한다는 관념을 지지하고 있는가? 세속의(혹은 이슬람의) 정부체제에게 자신들의 죄를 회개하고, 세례를 받고 교회의 일원이 되고 그리스도와 함께 영생의 길을 가라고 요청하는 것이 마땅한가? 만일 복음전도가 그리스도를 믿도록 불신자를 인도하기 위해 고안된 행위들뿐만 아니라 발전과 정치를 포함한다고 정의한다면, 우리는 또다시 진퇴양난에 봉착한다. 복음전도와 사회적인 사역은 동일한 것이기 때문에 이 두 사역 사이의 균형에 관하여 질문할 필요가 남게 된다. 그렇지 않다면 우리는 전도1(그리스도의 이름으로 하는 발전과 사회적 행위)과 전도2(주요 목적이 불신자로 하여금 그리스도를 영접하게 만드는 행위) 사이를 구별해야 한다는 결론에 이르게 된다. 전도에 관한 이 이중적인 정의는 실제로 전도와 사회적 행위 사이의 오래된 구분보다 더 분명한 것인지 다시 따져보아야 하는 것이다.

세 번째 양상의 자유주의적 하위유형은 더 많은 질문을 불러일으킨다. 죄를 주로 사회적인 것으로 그리고 구원을 주로 사회경제적인 해방이라고 이해하는 것이 성경적 가르침에서 확실하게 출발하고 있지 않는가? 기독교인들은 그리스도를 알지 못하는 이들에게 복음을 전하는 것보다 평화와 정의를 추구하는 것을 더 중요한 것으로 여겨도 되는가? 성경적 관점에서 볼 때 교회와 세상의 완전한 구분은 존재하는가? 가난한 자들과의 결속은 신실한 제자도의 영역인가?

보편주의를 추구하는 이들에게 우리는 질문해야 한다. 성경은 정말로 모든 사람이 구원받는다고 가르치는가? 그것이 아니라면, 우리는 과연 어떤 권위에 근거하여 그런 주장을 할 것인가?[45]

5. 세속적 기독교 양상

세속적 기독교 양상에서, 전도는 단지 정치적 행위이며 구원은 단지 사회적 정의이다. 이 네 번째 양상은 그리스도의 유일성을 포기하고 심지어 어떤 경우에는 하나님에 대한 신앙도 포기한다. 수평적 관심이 수직적 관심을 철저하게 덮어버린다. 죄는 하나님에 대한 불순종이 아니라 이웃에 대한 가해행위이다. 우리가 희망하는 모든 구원은 사회의 개선을 통해 역사 속에서 이루어진다. 하나님을 아는 것은 억눌린 자들을 위한 정의를 찾는 것 외에 아무 것도 아니다. 『마르크스와 성경』(*Marx and Bible*)에서 호세 미란다(Jose Miranda)가 말한 것처럼, "여호와를 안다는 것은 가난한 자들을 위한 정의를 성취하는 것이다."[46] 또는 "하나님은 오직 의식의 즉각적인 명령 안에서만 하나님이시기 때문에, 자신을 대상화

---

[45] *Gospel, Church and Kingdom*, 230-31 에서 Scherer 가 지적한 문제를 보라.
[46] José Miranda, *Marx and the Bible*, trans. John Eagleson (Maryknoll: Orbis, 1974), 44. 『마르크스와 성서』(일월서각).

하는 것을 허락하지 않으시며, **오직** 정의를 구하는 가난한 자들과 약자들의 외침 속에서만 그분을 알 수 있음을 분명히 하신다."⁴⁷

여러 갈래의 길들이 네 번째 양상으로 인도한다.

그 하나는 서구 세속주의다. 현대 과학과 기술의 초자연적이고 획기적인 성공이 가져온 계몽주의의 반격은 많은 이들로 하여금 초월적인 것들을 포기하고 기술적 진보 속에서 의미를 발견하도록 이끌고 있다. 『세계역사 속의 기독교』(*Christianity in World History*)에서 아렌드 반 르우벤(Arend Van Leeuwen)은 세속화의 신학을 촉진시켰다. 현대의 기술혁명은 물질적 풍요를 가져오는 동시에 전통적인 기독교신앙에 대한 세속주의의 거부를 가져왔다고 그는 주장한다. 그러므로 기독교인들은 평화, 정의, 그리고 인간 복지의 추구에 초점을 두고 이 세속주의를 기독교 신앙의 본질로서 포용해야 한다고 반 르우벤은 결론을 내린다. 말하자면, 인도가 영원히 힌두교로 남아있다고 해도 전혀 문제되지 않는다는 것이다.⁴⁸

WCC 웁살라총회(Uppsala assembly, 1968)를 위한 예비 문서도 이 관점으로 인도한다. 초창기에 그들이 인정했던 것은, 기독교인들은 "그리스도와 교회를 통해 사람을 하나님께 인도함으로써 기독교인이 되게 하는 것이 선교의 목적"이라고 전제했다는 사실이다. 오늘날 선교의 목표는 사회의 인간화이다. "교회가 세상 속에서 하나님이 일하고 계신 것을 인식하고 선포하는 것 외에 다른 무엇을 할 수 있겠는가?"⁴⁹

깁슨 윈터(Gibson Winter)는 그 내용을 강력하게 표명했다.

---

47 Ibid., 48.

48 Arend Th. Van Leeuwen, *Christianity in World History*, trans. H. H. Hoskins (New York: Scribner's Sons, 1964), 특히 419-21.

49 *The Church for Others and the Church for the World* (Geneva: WCC, 1967), 15(이 진술은 유럽 진영에서 나온 것이다).

> 세속화는 역사와 의미의 문제들을 인간의 구원을 위한 투쟁의 영역으로 인식했다…성경적 신앙의 범주들은 그 기적적이고 초자연적인 껍데기를 벗어버렸다…인간이 인류의 진정한 목적이자 구원으로서 단지 역사적 의무를 지닌 인간이 되도록 부름 받지 않을 이유가 있는가?[50]

또 다른 길은 그리스도의 유일성을 거절하는 것이다. 1930년에 윌리엄 호킹(William Hocking)은 교회일치운동 위원회로 하여금 기독교 선교를 재고하도록 하고 기독교인들로 하여금 복음주의를 포기하고 신과 고상한 세상을 추구하는 모든 종교에 가입하도록 결정했다.[51] 오늘날 존 힉(John Hick), 폴 니터(Paul Knitter), 그리고 마리안 보헨(Marian Bohen)은 동일한 결론에 이르렀다. 이슬람교도들 속에서 몇 년간 살고 나서, 보헨은 복음화를 추구하는 절대적 진리에 관한 어떤 주장도 상호간의 폭력을 초래할 뿐이라는 결론을 내렸다. 우리는 힌두교인들과 이슬람교도들의 노래를 들어야만 한다. 그들의 춤을 따라해 보아야 한다. 결코 그들에게 자신들의 음악을 포기하라고 강요해서는 안 된다. 아브라함, 사라, 예수, 모하메드, 그리고 부처의 하나님은 모든 인류가 하나 되어 살도록 창조하셨으며 그것으로 선교는 충분하다는 것이다.[52]

이러한 네 번째 양상을 채택하는 사람들은 다른 신앙을 가진 사람들을 향하여 성실하고 진지하게 듣고자 하는 태도를 취한다. 그들은 또한 그들이 이해하는 대로 현대 과학의 의미들을 정직하게 마주 대한다. 그러나 예수 그리스도의 유일성을 포기하면서 여전

---

50 Gibson Winter, *The New Creation As Metropolis* (New York: Macmillan, 1963), 60–61. 또한 다음을 보라. Harvey Cox, *The Secular City* (New York: Macmillan, 1965), 256.
51 다음을 보라. Bosch, *Transforming Mission*, 326, 480. 『변화하고 있는 선교』(CLC).
52 Marian Bohen, "The Future of Mission in a Pluralistic World," *Theological Education* (autumn 1990): 31–43. Hick과 Knitter에 대해서는 다음을 보라. John Hick and Paul F. Knitter, eds., *The Myth of Christian Uniqueness* (Maryknoll: Orbis, 1987), Paul F. Knitter, *No Other Name?* (Maryknoll: Orbis, 1985).

히 기독교 신앙의 본질을 유지할 수 있을까?

  분명 이 각각의 양상에서 배울 것들이 많이 존재하기는 하지만 그렇다고 모두 타당한 것은 아니다. 나는 내 자신이 복음, 구원, 회심, 사회적 관심에 관한 성경적 이해라고 믿는 기초 위에서 판단하려고 한다. 다음의 여섯 개 장에서 우리는 이 주제들에 대하여 성경이 말하는 것을 탐구할 것이다. 그런 후에, 나는 9장과 10장에서 다섯 번째 양상을 제공할 것이다. 나는 그것을 성육신적인 하나님 나라로서의 기독교라고 부른다.

Good News and Good Works

제 2 부

하나님 나라의 복음
THE GOSPEL OF THE KINGDOM

Good News and Good Works
by Ronald J. Sider

chapter 3

밝아오는 하나님 나라

예수께서 이르시되 내가…복음을 전하여야 하리니 나는 이 일을 위해 보내심을 받았노라 하시고

— 누가복음 4:43

    1986년, 뉴질랜드 오클랜드에 있는 테 아타투 기독교 공동체(Te Atatu Christian Fellowship)에 처음 방문했을 때, 나는 그리스도께서 이미 시작하신 하나님 나라의 모형을 희미하게 볼 수 있었다.
    흑인과 백인, 부자와 가난한 자, 무지한 자와 학식 있는 자가 성령의 기쁨 안에서 함께 부활하신 주님을 경배했다. 1978년부터 1988년까지, 왕성한 전도가 1,000명이 넘는 회심자를 낳았다! 새로운 회심자들 중 다수가 가난하거나 무직자였다. 그래서 공동체는 이 새 신자들뿐만 아니라 또 다른 어려운 사람들을 지원할 다양한 사역들을 개발하기 시작했다. 약물중독 재활농장, 저가 주택조합, 응급시설, 무이자 신용대출, 그리고 기독교서점 등이 테 아타투 공동체(Te Atatu's community)의 생활이었다. 그것은 기적의 신호탄이요 놀라운 일이었다. 성령의 능력으로, 육신들이 치유되고,

약물중독자가 회복되고, 깨어진 가정이 새로워지고, 불신자들이 그리스도를 알게 되었다.

나의 아내 알부터스(Arbutus)와 딸 소냐(Sonya), 그리고 나는 1990년에 다시 테 아타투를 방문했다. 그곳에서 우리는 다시 한 번 하나님 나라의 임재를 목격했다. 우리는 장로회 일원인 브라이언 해더웨이(Brian Hathaway)와 그의 아내 노엘린(Noeleen)과 함께 머물렀다. 그들의 딸 샤론(Sharon)은 예배, 놀이, 전도 등의 청년회 활동 속으로 우리 딸 소냐를 빠르게 끌어 들이고 친해졌다. 하나님이 강력하게 소냐의 삶을 만지기 위해 샤론과 함께했던 시간을 사용하신 것은 알부터스와 나에게 무한한 기쁨이 되었다.

이러한 공동체에서의 경험을 통해, 해더웨이는 최근 탁월한 책을 집필했다.『회복을 넘어서: 하나님의 나라』(*Beyond Renewal: The Kingdom of God*).[1] 그는 배타적으로 사회운동에만 초점을 두거나 배타적으로 전도에만, 또는 은사적 치유에만 초점을 두는 모임들에 만족하지 않는다. 하나님 나라의 복음에 관한 성경적 관점은 세 가지 모두가 얼마나 잘 어울리는지 보여준다고 단언하며 서로 함께 조화를 이룬다고 주장한다.

1. 하나님 나라에 대한 다른 관점들

당신은 하나님 나라라는 단어의 사용이 빈번해진 것을 알고 있는가? 사회운동가들, 은사주의자들, 그리고 세계복음화의 주창자들은 종종 하나님 나라를 언급하며 때때로 자신들 각자의(주로 편

---

[1] Brian Hathaway, *Beyond Renewal* (Milton Keynes: Word [UK], 1990). 또한 다음을 보라. Hathaway의 논문, "The Spirit and Social Action -A Model," *Transformation* 5, no. 4 (October-December 1988): 40-43.

향적인) 관심들을 지지하기 위해 동일한 본문을 인용한다.[2]

사회운동가들은 신실한 기독교인들이 예수님과 같이, 가난한 자, 눈먼 자, 저는 자, 억눌린 자들의 육체적이고 사회적인 요구와 만나야만 한다는 것을 입증하려고 누가복음 4:18을 인용한다. 은사주의자들은 신실한 기독교인들이 예수님과 같이, "주의 성령이 임하셨으니" 표적과 기사들을 행해야만 한다는 것을 증명하려고 누가복음 4:18을 인용한다. 한편 세계복음화 주창자들은 신실한 기독교인들이 예수님과 같이, 아직 복음을 듣지 못한 이들에게 좋은 소식을 전파해야 한다는 것을 보여주기 위해 누가복음 4:18을 (그러나 최근까지는 덜 빈번하게) 인용한다.

비극적이게도 각 그룹은 때때로 서로의 관심사에 대해 무지하거나 심지어 반대하는 입장이다.

물론 특정 본문에 관한 상이한 해석은 근본적으로 하나님 나라에 대한 상이한 이해에서 그 원인을 찾을 수 있다.[3] 중세 가톨릭주의는 하나님 나라를 제도적이고 가시적인 교회와 동일시하려고 했다. 그러나 다른 한편 현대 사회운동가들은 대체로 하나님 나라를 인간들이 정치를 통해 창조할 수 있는 사회적, 경제적, 정치적 실재라고 보았다. 곧 사회복음운동 안에서의 민주주의적 정치나 해방신학에서의 마르크스주의 혁명을 일컫는 것이다. 20세기 복

---

[2] 다음의 문헌의 탁월한 논의와 인용을 보라. Miroslav Volf, "Materiality of Salvation." *Journal of Ecumenical Studies* 26, no. 3 (summer 1989): 464-66. 또한 Brian Hathaway의 미출간된 1991년 Brighton에서의 연설을 보라.

[3] 하나님 나라에 관한 문헌은 방대하다. 예를 들면, 다음을 보라. George Eldon Ladd, *A Theology of the New Testament* (Grand Rapids: Eerdmans, 1974), 45-212 (특히 bibliography on 57-69). 『신약신학』(은성출판사). Norman Perrin, *Jesus and the Language of the Kingdom* (Philadelphia: Fortress, 1976). Bruce Chilton, ed., *The Kingdom of God in the Teaching of Jesus* (Philadelphia: Fortress, 1984)(a good history of the research), 그리고 다음에서 *basileia*와 연관된 단어들을 찾아보라. *Theological Dictionary of the New Testament*, ed. Gerhard Kittel and Gerhard Friedrich, 10 vols (Grand Rapids: Eerdmans, 1964-76), I, 564-94 (다음부터 TDNT로 표기).

음주의자들 대다수는 하나님 나라를 대개 신자들의 영혼 안에 존재하는 내면적인 영적 실재라고만 이해한다. "하나님 나라는 마음속에 자리하고 있으며, 영혼의 도덕적이고 영적인 영역 안에 있는 하나님의 현재적이고 내적인 통치이다."[4] 다른(『스코필드 주석성경』과 다비[Darby]의 세대주의적 전통에 서 있는) 보수적 기독교인들은 하나님 나라를 전적으로 미래적인 것으로 이해했다. 그들은 예수님 당시의 유대인들이 예수님을 메시아로 받아들이기를 거절했을 때, 하나님 나라는 연기되었다고 믿는다. 그러므로 하나님 나라는 오직 역사의 종말이 되어야 도래할 것이다. 그때 천년왕국도 일어난다고 생각한다. 그때까지는 예수님의 나라의 윤리는 이 세상의 규범이 되지 않을 것이다.[5]

그런 상충되는 견해들이 완전히 일치되기는 어렵다. 그러나 우리가 신약성경을 다시 살펴보고 하나님 나라에 대한 완전한 성경적 이해를 새로이 찾을 때 각자가 올바른 통찰을 발견하는 것이 가능해 질 것이다.

2. 하나님 나라의 중심성

마태, 마가 그리고 누가가 완전히 틀리지 않는다면, 예수님처럼

---

[4] Arthur Johnston, "The Kingdom in Relation to the Church and the World," in Nicholls, ed., *In Word and Deed*, 128. 또한 누가복음 17:21에 관한 Guyon 부인의 고전적 해석을 보라("하나님의 나라는 너희 중에 있느니라"). "주님은 나의 왕이 되시고 나의 마음은 주님의 나라가 된다." *Madame Guyone: An Autobiography* (Chicago: Moody, n.d.), 73. Ken Gnanakan은 이 주석을 타당하게 거부한다. *Kingdom Concerns* (Bangalore: Theological Book Trust, 1989), 106.

[5] 섭리주의에 대한 개론으로는 다음을 보라. C. Norman Kraus, *Dispensationalism in America: Its Rise and Development* (Richmond: John Knox, 1958). 그리고 Ernest R. Sandeen, *The Roots of Fundamentalism: British and American Millenarianism*, 1800-1930 (Chicago: University of Chicago Press, 1970).

가르치고 살기 원하는 모든 사람은 자신들의 생각과 행동의 중심에 "하나님 나라"를 두어야 한다. 이 단어(또는 마태복음에서의 동의어, "천국")는 공관복음서에 122번 나오는데, 예수님 자신의 입을 통해서 가장 많이 등장한다(92회).[6]

예수님은 하나님 나라를 자신이 오신 목적이라고 가르치신다. 그분의 가르침과 그분의 기적적인 치유가 모두 하나님 나라의 표적이다. 그리고 그분은 자신의 제자들을 하나님 나라를 선포하도록 파송하신 바 있다.

마가에게 있어서 하나님 나라는 그의 모든 복음을 가장 잘 요약한 것이다.

> 요한이 잡힌 후 예수께서 갈릴리에 오셔서 하나님의 복음을 전파하여 이르시되 때가 찼고 하나님의 나라가 가까이 왔으니 회개하고 복음을 믿으라 하시더라(막 1:14-15).

예수님은 그의 사명을 이 구절들에서 분명히 말씀하신다.

> 내가 다른 동네들에서도 하나님의 나라 복음을 전하여야 하리니 나는 이 일을 위해 보내심을 받았노라 하시고(눅 4:43)

예수님이 세례요한에게 하신 대답은 그의 가르침과 치유를 하나님 나라의 표적으로 보이셨다는 것을 증명한다. 누가복음 7:18-28에서 세례 요한의 제자들이 예수님을 방문한 이야기를 읽을 수 있다. 그들은 예수님이 "오실 그이"인지 묻는다. 즉, 하나님의 메시아 왕국이 도래한 사실을 알려주는 이, 곧 그들이 그토록 학수

---

[6] Mortimer Arias, *Evangelization and the Subversive Memory of Jesus: Announcing the Reign of God* (Philadelphia: Fortress, 1984), 8. Arias의 책은 하나님 나라에 관한 가장 인기 있는 관련서들 중 하나이다.

고대하던 메시아이신지 묻는다. 그에 대한 답으로, 예수님은 자신의 가르침과 눈먼 자, 저는 자, 심지어 사회적으로 배척받는 나병환자들이 치유되었음을 지적하신다.[7] 이후, 바리새인들과의 쟁론에서도 예수님은 귀신을 내쫓는 기적은 하나님 나라가 시작되었음을 보여주는 가시적 증거임을 역설하신다(마 12:28).

예수님이 제자들을 파송할 때, 그분은 제자들에게 같은 방식으로 하나님 나라를 가르치고 증거하라고 명령하신다. 그분은 열두 제자들에게 명령하신다.

> 가면서 전파하여 말하되 천국이 가까이 왔다 하고 병든 자를 고치며 죽은 자를 살리며 나병환자를 깨끗하게 하며 귀신을 쫓아내되(마 10:7-8)

72인의 제자들도 동일한 명령을 받았다.

> 거기 있는 병자들을 고치고 또 말하기를 하나님의 나라가 너희에게 가까이 왔다 하라(눅 10:9).

예수님에 대해 가장 분명하게 말할 수 있는 것은 하나님 나라의 선포와 증거가 그분의 메시지와 생애의 온전한 핵심에 있었다는 사실일 것이다. 신약학자 노먼 페린(Norman Perrin)이 말한 대로, 오늘날 그 어느 학자도 "예수님의 가르침의 핵심은 하나님 나라에 관한 것이었음"을 의심하지 않는다.[8]

---

[7] 그 구절은 적어도 이사야 29:18-19, 35:5-6에 관한 암시를 내포한다.
[8] Norman Perrin, *Rediscovering the Teaching of Jesus* (New York: Harper, 1967), 54.

3. 하나님 나라에 대한 기대

예수님이 뜻했던 하나님 나라가 무엇인가를 이해하기 위해, 우리는 선지자들의 메시아 소망을 떠올려보아야 한다.

하나님이 그의 선택하신 백성들을 애굽에서 불러내실 때, 하나님은 그들이 **하나의 사회로서** 전 세계를 향한 하나님의 의지의 가시적 증거가 되기 원하셨다.

> 너희가 내게 대하여 제사장 나라가 되며 거룩한 백성이 되리라 너는 이 말을 이스라엘 자손에게 전할지니라(출 19:6).

그리하여 하나님은 율법을 주셨는데, 이 율법은 그들에게 어떻게 하나님을 섬기고, 공의를 행하고, 땅을 분배하고, 공정한 율법을 시행하고, 강한 민족을 유지해야 하는가를 보여주고 있다. 그러나 슬프게도, 그들은 우상숭배와 억압을 더 좋아했다. 그 결과, 하나님의 저주어린 진노와 맹렬한 불이 내려 이스라엘과 유다는 차례로 이방에 사로잡혔다.

그러나 선지자들은 황폐한 국가의 멸망 저 너머를 바라보았다. 그들은 미래에 도래할 특별한 날을 예견했던 것이다. 그들이 본 것은 하나님의 메시아가 하나님의 백성들에게 새로운 방식으로 성령을 부어주시며(욜 2:28-29) 하나님, 이웃, 그리고 이 땅과의 올바른 관계 안에 살아가는 가시적인 공동체로 회복시키기 위해 오시리라는 것이었다.

예레미야 31:31-34는 하나님과의 바른 관계가 메시아 소망의 중심에 있었음을 잘 보여준다. 하나님이 이스라엘과 유다와 더불어 새 언약을 맺으시는 메시아 시대에, 하나님은 약속하신다. "그들의 악행을 사하고 다시는 그 죄를 기억하지 아니하리라"(34절). 하나님은 또한 "내가 나의 법을 그들의 속에 두며 그들의 마음에 기록하여"(33절)라고 맹세하시기 때문에 용서와 함께 내적인 변화도 따라오게 될 것이다. 하나님과의 새로이 갱신된 관계가 메시아적 소망의 중심에 있었다.

마찬가지로 메시아가 이웃과의 올바른 관계를 회복하실 것이라고 울려퍼진 선언도 중요했다. "마지막 날에"(메시아의 때를 가리키는 선지자의 표현), "그들의 칼을 쳐서 보습을 만들고 그들의 창을 쳐서 낫을 만들 것이며"(사 2:4). 미가서의 병행구도 생산적인, 정당한 경제 질서를 예견하고 있다. "각 사람이 자기 포도나무 아래와 자기 무화과나무 아래에 앉을 것이라 그들을 두렵게 할 자가 없으리니"(미 4:4). 내면적인 마음이나 소수의 이웃과 맺는 개인적인 관계만이 아니라 전체 사회 질서가 변화될 것이다(사 42:1-4).

> 이는 한 아기가 우리에게 났고 한 아들을 우리에게 주신 바 되었는데 그의 어깨에는 정사를 메었고 그의 이름은 기묘자라, 모사라, 전능하신 하나님이라 영존하시는 아버지라, 평강의 왕이라 할 것임이라 그 **정사**와 **평강**(shalom)의 더함이 무궁하며 또 다윗의 왕좌와 그의 나라에 군림하여 그 나라를 굳게 세우고 지금 이후로 영원히 정의와 공의로 그것을 보존하실 것이라 만군의 여호와의 열심이 이를 이루시리라(사 9:6-7).

오랫동안 선지자들은 하나님이 특히 가난한 자, 병든 자, 천대받는 자들에게 관심을 가지신다고 가르쳐왔다.⁹ 그러므로 가난한 자들을 위한 정의가 새로운 메시아 사회에 대해 그들이 가진 소망의 핵심적인 요소였다는 사실은 그리 놀랄 일이 아니다. 이새의

---

9 다음을 보라. Ronald J. Sider, *Rich Christians in an Age of Hunger* (Dallas: Word, 1990), 3장. 『가난한 시대를 사는 부유한 그리스도인』(IVP). 그리고 Ronald J. Sider, ed., *Cry Justice: The Bible on Hunger and Poverty* (Downers Grove, Ill.: InterVasity, 1980), 27-76.

줄기에서 싹이 날 메시아에 관하여 선지자는 예고했다.

> 공의로 가난한 자를 심판하며 정직으로 세상의 겸손한 자를 판단할 것이며(사 11:4)

솟구치는 메시아적 소망 속에서, 선지자들은 심지어 인간 외의 피조물과 갱신된 관계를 맺게 되기를 소망하기도 했다.

> 젖 먹는 아이가 독사의 구멍에서 장난하며 젖 뗀 어린 아이가 독사의 굴에 손을 넣을 것이라 내 거룩한 산 모든 곳에서 해 됨도 없고 상함도 없을 것이니 이는 물이 바다를 덮음 같이 여호와를 아는 지식이 세상에 충만할 것임이니라(사 11:8-9).

아마도 히브리어 **샬롬**(*shalom*, 평화)은 메시아 소망의 충만함을 잘 드러낸 가장 좋은 단어일 것이다. **샬롬**은 하나님, 이웃, 그리고 이 땅과의 온전하고도 올바른 관계를 의미한다.[10]

선지자들은 억압, 우상숭배, 포로됨의 한 가운데에서, 미래의 메시아 시대를 보았다. 그날에 메시아는 성령의 능력 안에서 하나님, 이웃, 그리고 이 땅과의 변화된 관계를 가져다주실 것이다. 마침내 백성들이 마음과 뜻에 새겨진 하나님의 의로운 율법에 따라 살아가는 온전히 새로운 사회가 존재하게 될 것이다.

---

10 *TDNT*, II, 402-6에서 Gerhard von Rad의 *eirene*에 관한 항목을 보라. 그리고 Walter Brueggeman, *Living toward a Vision: Biblical Reflections on Shalom* (Philadelphia : United Church Press, 1976)을 보라.

4. 하나님 나라에 대한 선지자적 소망의 성취

초대교회는 예수님이 이 놀라운 메시아적 예언의 성취라고 선포했다. 마태복음 4:15-16은 메시아 왕국의 도래에 대하여 예수님이 시작하신 선포를 연결시키면서 이사야 9:1-2을 인용한다. 바울은 로마서 15:12에서 이사야 11:1과 11:10을 언급한다. 누가복음 1:68-79에서 사가랴는 세례 요한이 메시아이신 예수님을 위한 길을 예비할 것이라고 선언한다. 사가랴는 이사야 9:2을 인용하면서, 열렬한 기대를 품고 메시아가 "우리 발을 평강의 길로 인도하실"(눅 1:79) 것이라고 전한다. 천사들이 "땅에는 평화"(눅 2:14)라는 합창으로 예수님의 나심을 선포할 때, 메시아적 **샬롬**에 대한 선지자적 소망이 성취되기 시작한 것을 순수하게 확증해준다.

예수님이 울려 퍼지는 말씀을 선포했을 때, 틀림없이 큰 흥분과 떨림이 1세기 유대 땅의 청중들을 관통했을 것이다. "때가 차매… 하나님의 나라가 가까이 왔다. 회개하고 복음을 믿으라." 나는 예수님의 말씀이 두 가지를 의미했다고 믿는다. 즉, 오랫동안 고대한 메시아가 바로 그분 자신이며, 메시아의 시대가 현재 임하였음을 의미했던 것이다.[11]

5. 현재와 미래

예수님이 하나님 나라를 완전히 미래적으로 생각했는지, 아니

---

[11] 많은 현대 학자들은 달리 주장했다. 다음의 모든 논의들에 관한 주의 깊은 분석과 그 문헌의 광범위한 인용을 보라. Ladd, *Theology of the New Testament*, 135-92. 『신약신학』(은성출판사). 또한 *Victory over Violence* (London: SPCK, 1975), 81-112에서 완전히 메시아적이지 않은 예수님에 대한 Martin Hengel의 단호한 거부를 보라.

면 완전히 현재적으로 생각했는지, 그렇지 않으면 부분적으로는 미래적이고 부분적으로는 현재적이라고 생각했는지에 대해 많은 학문적 논쟁이 있어왔다. 어떤 이들은(C. H. Dodd 같은) 하나님 나라가 예수님의 생애와 사역에서 완전히 현재적이었다고 주장했다. 또 다른 사람들은(Albert Schweitzer 같은) 예수님에게 있어 하나님 나라는 완전히 미래적이라고 주장했다. 그것은 오직 시대의 종말에야 올 것이다. 세대주의자들은 오랫동안, 예수님 당시의 유대인들이 메시아이신 그분을 거부했기 때문에 하나님 나라가 천년 후로 연기되었다고 믿었다.

그러나 예수님이 하나님 나라를 현재와 미래 모두로 바라보았다는 의견의 일치가 커져가고 있다. 유대 종말론("마지막 일들"에 관한 믿음)은 메시아가 피비린내 나는 전투로 이스라엘 민족의 원수들을 멸망시키고 메시아적 평화의 새 시대를 시작하러 오시는 초자연적 격변을 기대했다. 한편으로 유대인들은 구시대와 메시아적 새 시대 사이에 근본적이고 총체적인 단절이 있으리라고 기대했다. 반면에 예수님은 메시아의 시대가 구시대 속으로 이미 임하였다고 가르쳤다. 비록 하나님 나라가 오직 역사의 종말에 가서야 완전히 이루어질 것이라 해도 그 나라의 능력은 그분의 인격과 사역 속에 현존하는 구시대 속에서도 이미 역사하고 있었다.

복음서에 나오는 몇몇 사건들은 예수님이 메시아 왕국을 이미 현재하는 것으로 간주하셨다는 관점을 뒷받침해준다. 나사렛 회당 방문에 대한 누가의 설명에서, 예수님은 이사야 61:1-2을 읽으시고, 메시아에 관한 성경구절이 널리 응하였다고 말씀하셨다. 성령의 능력 안에서 잡힌 자를 놓아주며, 눈먼 자를 고치고, 눌린 자를 자유하게 하실 메시아가 오실 것에 대한 말씀에 그들이 귀를 기울였을 때 분명히 회당 전체에 기대감의 전율이 소용돌이쳤을 것이다. 책을 덮은 후, 예수님은 청중에게 알리셨다. "이 글이 오늘 너희 귀에 응하였느니라"(눅 4:21).

우리는 앞서, 세례 요한이 던진 질문, 곧 당신이 우리가 기다리던 메시아가 맞느냐는 질문에 대한 예수님의 대답을 살펴보았다. 이사야 1장에 울려퍼진 말씀을 인용하여 가난한 자, 병든 자, 천대받는 자를 위한 자신의 사역을 지적하시면서, 예수님은 자신이 행하신 일이 충분한 대답이 된다고 말씀했다.[12]

그리고 마귀에 대해 이적을 행하신 자신의 권세가 어디서 왔는가에 관하여 바리새인들을 논박하신 후, 예수님은 선포하셨다. "내가 하나님의 성령을 힘입어 귀신을 쫓아내는 것이면 하나님의 나라가 이미 너희에게 **임하였느니라**"(마12:28). 이 사건들은 하나님 나라가 참으로 현재적임을 보여준다.[13]

예수님의 생각에, 역사 속에서 근본적인 단절이 일어나고 있었다. "율법과 선지자는 요한의 때까지요 그 후부터는 하나님 나라의 복음이 전파되어 사람마다 그리로 침입하느니라"(눅 16:16). 메시아 왕국은 시작되었다.

그러나, 예수님은 그의 나라가 정점에 도달하지 않았다는 것을 아셨다. 성장의 비유들은 그 나라가 지금도 천천히 자라나고 있음을 예증해준다. 오직 미래에 가서야 추수가(완결의 상징) 일어날 것이다(막 4:3-8).[14] 죄와 악은 계속 창궐한다. 그러므로 예수님은 그 나라가 완전하게 도래할 때 이러한 시대가 끝날 것임을 내다보셨다(눅 21:27). 그리고 십자가의 강도에게 하신 답변이 보여주는 것처럼, 그때가 이르기 전에, 예수님을 믿는 이들에게 죽음이 닥칠 때, 그들은 신속하게 그분의 영원한 나라에 들어가게 될 것이다.

---

12 그 문헌에 대하여는 다음을 보라. Ladd, *Theology of the New Testament*, 57-69. 『신약신학』(은성출판사).
13 또한 누가복음 17:21을 참고하라. 더 나아가 임재한 하나님 나라에 대해서는 다음을 보라. Arias, *Announcing the Reign of God*, 13-36.
14 추가적으로 다음을 보라. ibid., 28-30.

십자가의 강도는 호소했다. "예수여 당신의 나라에 임하실 때에 나를 기억하소서." 예수님은 대답하셨다. "오늘 네가 나와 함께 낙원에 있으리라." 이 대화에 관한 모티머 아리아스(Mortimer Arias) 의 주석은 훌륭하다.

> 현세의 가난한 자들에게 복음을 선포하신 예수님은 역사로부터 아무 것도 기대할 수 없을 때에도 현세를 초월해서 가난한 자들을 위한 복음을 소유하신다. 그러므로 예수님의 복음전도는 현세에나 내세에나 진실로 총체적이다![15]

그의 나라는 메시아 예수님의 인격과 사역 안에서 역사 속으로 결정적으로 들어왔다. 그러나 그 나라는 오직 천국의 구름을 타고 오시는 인자의 재림 시에 완전하게 도래할 것이다(마 24:30). 그 날에, 사람들은 완성된 나라에서 메시아의 잔치에 참여하기 위해 동과 서에서부터 올 것이다(마8:11).

6. 하나님 나라에 들어감

예수님의 가르침은 당대의 가르침들과는 전혀 달랐다. 바리새인들은 모든 유대인들이 율법을 완벽하게 지킬 때 메시아가 오신다고 믿었다. 그 시대의 과격한 혁명가들은 모든 유대인들이 로마 제국주의에 대항하여 무장 반란군에 참여할 때 메시아가 오신다고 생각했다.[16] 예수님의 방법은 근본적으로 달랐다(그리고 지금

---

[15] Ibid., 11.
[16] Edward Schweizer, *The Good News according to Matthew* (Atlanta: John Knox, 1975), 132와 John Piper, *Love Your Enemies* (Cambridge: Cambridge University Press, 1979), 40-41.

도 그렇다). 그의 나라는 완전한 선물로서 온다. 우리는 선행이나 사회적 기술로 그의 나라에 들어가는 것이 아니라, 오직 회개하고 하나님의 용서를 받아들일 때에만 들어갈 수 있게 되는 것이다.

예수님은 계속되는 비유에서, 하나님이 죄인들을 받아들이신다는 것을 강조했다(눅 18:9-14). 하늘의 자비로우신 성부 하나님은 탕자를 용서하는 아버지와 같다. 비록 어리석은 벼락부자가 가족의 재산 절반을 사치와 매춘에 탕진했어도, 아버지는 회개하고 돌아오는 아들을 가족의 온전한 일원으로 환영한다(눅 15:11-32). 예수님은 간음한 여인을 온유하게 대하신다(요 8:1-11). 바리새인들이 보인 강렬한 혐오감에 대하여, 그는 드러내 놓고 세리와 창기들 같은 수치스러운 죄인들을 환영하고 함께 식사하셨다.[17]

하나님이 용서하신 이들은 의인을 자처하는 바리새인들이 아니라 자신의 악함을 고뇌하는 탐욕적이고 압제적인 세리였다(눅 18:9-14). 우리는 우리의 주장을 내세우지 않고 겸손한 어린아이처럼 될 때 비로소 그리스도의 나라에 들어갈 수 있다.

> 이르시되 진실로 너희에게 이르노니 너희가 돌이켜 어린 아이들과 같이 되지 아니하면 결단코 천국에 들어가지 못하리라(마 18:3).

우리가 이것을 행할 때, 우리는 하나님의 무한하고 간절한 긍휼하심을 경험하게 된다.

> 적은 무리여 무서워 말라 너희 아버지께서 그 나라를 너희에게 **주시기를** 기뻐하시느니라(눅 12:32).

하나님에 대한 이러한 이해가 예수님을 우리 죄의 대속물로 죽

---

17 눅 15:1-2, 막 2:15-17, 눅 7:36-50.

으시도록 이끌었다(마 20:28). 하나님 나라에 관한 모든 성경적 이해의 중심은 우리가 순전한 은혜와 하나님의 용서로 말미암아 그곳에 들어갈 수 있다는 것이다. 그 나라는 선물로서 온 것이다.

7. 하나님 나라가 실현된다

예수님은 고독한 방랑자가 아니었다. 그분은 고립된 은둔자들에게 하나님의 용서를 선포하며 변방을 배회하시지 않았다. 예수님은 용서받은 제자들의 새로운 공동체를 결성했는데 이들은 악에 도전하며 복음을 선포했다.

1) 용서받고 용서하는 공동체

삭개오는 용서받은 죄인들의 새로운 예수 공동체를 상징한다. 삭개오는 로마제국을 위해 일하는 세리로서, 부유한 압제자요 경멸받는 사회적 외톨이였지만 예수님의 놀라운 포용과 용서는 그를 압도했다. 그는 감사의 보답으로 다른 이들에게 동일한 사랑을 제공했다. 곧 불의한 이익을 네 배로 갚고 가난한 이들에게 재산의 반을 주는 것이었다(눅 19:2-10).

예수님이 하나님의 용서와 다른 이에 대한 우리의 용서의 연관성을 반복하여 말씀하신 것은 이 점을 강조한다. 공동체 내에서 다른 형제와 자매를 몇 번이나 용서해야 되는가 하는 베드로의 질문에 대한 대답으로 예수님은 용서받지 못한 종의 비유를 말씀하신다(마 18:21-35). 베드로는 일곱 번이면 되리라 생각했다! 하지만 예수님은 일흔 번씩 일곱 번, 즉 **무한하게** 용서하라고 말씀하셨다. 그것이 용서받지 못한 종이라는 예수님의 강력한 비유의 배경이 된 것이다. "하나님의 나라는…" 수백만 달러의 빚진 종을 용서하는 왕과 같다(23절).

어이없게도 그 종은 즉시 되돌아가서 자신에게 겨우 몇 달러 빚진 종을 감옥에 가차 없이 집어넣어버렸다. 진노한 왕은 무자비한 악당을 옥에 가두고 심문하라고 명령했다. 예수님은 그 이야기를 부담스러운 말씀으로 끝맺는다. "너희가 각각 마음으로부터 형제를 용서하지 아니하면 나의 하늘 아버지께서도 너희에게 이와 같이 하시리라"(35절).

예수님은 계속해서 이 점을 되풀이하신다. 주기도문을 통해 우리는 하나님께 간구한다. "우리가 우리에게 죄 지은 자를 사하여 준 것같이 우리의 죄를 사하여 주옵시고"(마 6:12). 주기도문을 가르치신 후 예수님은 가장 강한 어조로 그 점을 강조하신다.

> 너희가 사람의 잘못을 용서하면 너희 하늘 아버지께서도 너희 잘못을 용서하시려니와 너희가 사람의 잘못을 용서하지 아니하면 너희 아버지께서도 너희 잘못을 용서하지 아니하시리라(마 6:14-15).

예수님은 우리의 선행들이 하나님 앞에 계산된다고 가르치시지 않는다. 그러나 공동체를 위해 우리를 만드신 창조주는 잘못한 이웃을 용서하지 않고 공동체를 어지럽히는 이들에게는 하나님의 용서를 남겨둘 여지가 없다고 결정하셨다.[18] 예수님의 새로운 공동체의 기초는 최종적으로 예수님의 십자가에 기초한 철저하고도 신성한 용서이다. 그리고 그 철저한 용서는 에베소서 2:11-16에서 말하는 것처럼, 용서하는 죄인들의 새로운 공동체를 창조한다.

---

[18] 더 충분한 논의에 대해서는 6장의 164-167쪽을 보라.

2) 예수님의 새로운 공동체

예수님, 하나님 나라, 그리고 그 나라의 모든 축복들은 분리될 수 없다. 그 나라의 윤리나 그 나라의 용서는 예수님으로부터 분리될 수 없다. 마태는 예수님이 사람들을 간결한 말씀으로 부르신 모든 경우를 보여준다. "나를 따르라."[19] 예수님은 젊은 부자에게 모든 재산을 가난한 자들에게 주라고 말씀하신다. "그리고 와서 나를 따르라 하시니"(막 10:21). 29절에서, 예수님은 선포하신 복음과 자신을 동일시하신다. 예수님은 "나와 복음을 위하여" 전부를 포기한 사람은 영원한 나라를 누릴 것이라고 약속하신다.

예수님이 설명하신 하나님 나라의 용서는 그분의 인격과 분리할 수 없다. 마가복음 2:10에서 예수님은 중풍병자를 고치시면서 자신에게 죄를 용서할 권세가 있음을 분명하게 말씀하신다. 그 권세는 예수님의 전체 사역의 중심에 우리 죄를 위한 대속물로 죽으시려는 그분의 의도가 있음에 근거해 있다(막 10:45).

예수님, 하나님 나라, 그리고 용서받은 그 나라의 공동체는 분리될 수 없다. 요한 바오로 II세는 다음과 같이 말했다.

> 하나님 나라는 자유롭게 해석되는 개념이나 교리, 수업 주제가 아니라, 보이지 않는 하나님의 형상이신, 이름과 얼굴이 있는 나사렛 예수라는 **한 분**을 다른 모든 것보다 우선시하는 것이다. 하나님 나라가 예수님과 분리된다면, 그것은 더 이상 예수님 자신이 계시하신 하나님 나라가 아니다.[20]

---

[19] 마태복음 4:19; 8:22; 9:9; 10:38; 16:24; 19:21.
[20] John Paul II, *Redemptoris Missio*, 18.

Good News and Good Works
by Ronald J. Sider

chapter 4

급진적인 하나님 나라 공동체

> 주님 당신께 감사드리오니 당신은 나를 이방인으로 만들지
> 않으셨기 때문이요…나를 노예로 만들지 않으셨기 때문이
> 요…나를 여자로 만들지 않으셨기 때문입니다.
> — 1세기 어느 유대인의 기도

> 너희는 유대인이나 헬라인이나 종이나 자유인이나 남자나
> 여자나 다 그리스도 예수 안에서 하나이니라.
> — 갈라디아서 3:28

나는 기독교인이라고 공언하는 사람들이 죄의 문제에 대해서는 안주하는 것을 볼 때마다 마음이 불편해진다. 그리스도를 따르는 사람이라면 개인적 부도덕의 문제이든지(예를 들어, 배우자의 부정) 아니면 집단적인 부도덕이든지간에(예를 들어, 불공정한 노동행위), 악행을 혐오하는 것이 마땅하다. 사실상 예수님과 그 제자들의 새 공동체는 어디서든 악에게 도전했다. 이는 단지 어떤 내부적인 영적 도전이나 종교적 지도자들에게 도전하는 것이 아니었다. 분명히 그것도 포함되기는 했다. 왜냐하면 예수님은 언제나 위선을 공공연히 비난했으며 종교적 리더십을 공격했기 때문이다. 그러나 그 뿐만이 아니었다. 예수님은 또한 경제체제에 도전했고 여성에 대한 사회적 가치와 풍습을 뒤집어 놓았다. 또한 정치적 리더십도

문제삼았다. 예수님은 창조주께서 의도하신 문화와 문명이 얼마나 선한 것이지 정확하게 아셨기에, 죄가 곳곳마다 창궐했던 사회 전반에 도전을 감행하셨다.

1. 어둠의 나라와의 투쟁

예수님이 당대의 악에 도전했다고 했을 때, 그분을 일종의 훌륭한 소비자 보호자로 생각하는 것은 잘못이다. 다시 말해, 예수님은 단지 현 상황에 도전하는 것에만 관심이 있었던 것이 아니었다. 예수님은 악한 인간과 망가진 사회 형태들 배후에, 사탄의 역사와 악마적인 작용들이 있는 것을 보았다. 하나님 나라에 관한 설명의 핵심에는 선한 창조 속에 황폐화를 가져왔던 악한 존재와의 총체적 전쟁이 있다.

기억하라! 예수님은 공생애를 시작하시기 전에 광야에서 사탄과 싸우셨다(눅 4:1-3). 마가복음에 나온 예수님의 첫 번째 기적은 귀신들린 사람이 예수님을 "하나님의 거룩하신 분"이라고 인정했을 때 일어났다. 즉시 예수님은 악한 영에게 떠나라고 명하셨다(막 1:21-26). 몇 번이고 계속해서 예수님은 귀신들을 쫓아내셨다. 사실상, 그는 악한 세력에 대한 승리를 메시아 왕국이 임한 표적으로 예증했다(눅 11:20). 그리고 72인의 제자들이 귀신을 쫓아내는 자신들의 권능에 기뻐하며 돌아왔을 때, 예수님은 말씀하셨다. "사탄이 하늘로부터 번개 같이 떨어지는 것을 내가 보았노라"(눅 10:18). 예수님은 자신을 그가 직면한 깨어진 사회적 가치들과 관습들의 배후에서 활동하는 마귀의 권세를 결박할 강한 사람으로 생각했다.

2. 현실체제의 악에 대한 도전

1) 부자와 가난한 자

예수님은 나눔에 대한 말씀으로 부자들에게 충격을 주었다. 그는 영생에 대하여(아마도 그뿐 아니라 예수님의 새로운 공동체의 회원 자격에 대하여) 물으러 온 부자청년에게 막대한 재산을 팔아서 모든 부를 가난한 자들에게 나누어주라고 말씀하셨다. 부자청년이 씁쓸하게 되돌아가자, 예수님은 부유한 우리 모두의 귀에도 여전히 거슬리는 말씀을 덧붙이셨다. "낙타가 바늘귀로 들어가는 것이 부자가 하나님의 나라에 들어가는 것보다 쉬우니라 하시니"(눅 18:25). 또 다른 부유한 사람은 순종의 회개로 반응했을 때, 자신이 가진 막대한 부의 절반을 가난한 자들에게 주었다(눅 19:2-10). 예수님은 돌려받을 것을 기대하지 말고 가난한 자들에게 돈을 빌려주라고 부자들에게 촉구했다(눅 6:34-35). 굶주린 자를 먹이지 않고 헐벗은 자를 입히지 않는 이들은 지옥에 가게 된다고 그는 말씀하셨다(마 25:31-46). 오늘날의 많은 학자들이 주장하는 것처럼 예수님이 자신의 사역을 메시아적 희년의 성취로 이해하셨다면 (레위기 25장 참고) 그것은 어떤 경우든 의심의 여지없이 분명한 사실을 강조한다.[1] 예수님은 가난한 자들에게 무관심한 부유층에 대하여 철저하게 대항하셨다.

부자들에 대한 이 저항의 다른 측면은 가난한 자들과의 강력한 일체감이었다. 마구간에서 태어나, 어린 시절 피난민의 아픔을 겪

---

[1] 희년에 관하여는 다음을 보라. Sharon Ringe, J*esus, Liberation and the Biblical Jubilee* (Philadelphia: Fortress, 1985), Robert Sloan, *The Acceptable Year of the Lord* (Austin: Scholar Press, 1977), 그리고 Donald W. Blosser, "Jesus and the Jubilee" (Ph.D. diss., University of St. Andrews, 1979).

으셨던 떠돌이 선생 예수님은 자신의 집 한 칸도 갖지 않으셨다 (마 8:20). 가난한 자들이 그에게 모여들었다. 그는 궁핍한 이들을 먹이고 치유하셨다.

예수님이 가르치신 메시아적 왕국은 특별히 가난한 자들을 위한 것이라는 사실을 이해하는 것은 대단히 중요하다.

> 너희 가난한 자는 복이 있나니 하나님의 나라가 너희 것임이요 지금 주린 자는 복이 있나니 너희가 배부름을 얻을 것임이요(눅 6:20-21).[2]

세례 요한이 예수님께 메시아이신지 물었을 때, 예수님은 자신이 병든 자를 치유하고 가난한 자들에게 하나님 나라의 복음을 선포하신다는 사실을 말씀하셨다(눅 7:21-22). 나사렛 회당에서의 연설에서도 가난한 자에게 복음을 전한다는 진술이 나타난다(눅 4:18). 예수님이 역사 속에 임한 하나님 나라가 가난한 자들을 위한 좋은 소식이라는 것을 그들이 깨닫는 데 특별한 관심을 기울였다는 사실을 알지 못한다면 하나님 나라에 관한 예수님의 가르침을 제대로 이해하지 못한 것이다. 우리가 예수님처럼 가난한 자들에게 특별한 관심을 기울이지 않는다면 우리의 복음 선포는 분명 비성경적인 것이다.

그렇다고 해서 이것이 "선교의 척도가 교회와 가난한 자들과의 관계"라는 것을 의미하는 것은 아니다.[3] 또한 해방신학자 레오나르도 보프(Leonardo Boff)의 생각처럼, "가난한 자들이 예수님의 메

---

[2] 마태의 단어사용("심령이 가난한 자"-5:3)에 관한 논의에 대해서는 다음을 보라. Sider, *Rich Christians*, 99-100. 『가난한 시대를 사는 부유한 그리스도인』(IVP).

[3] Emilio Castro, "Reflection after Melbourne," *Your Kingdom Come: Mission Perspectives* (Geneva: WCC, 1980), 228. 그러나 최근의 서한에서 Emilio Castro는 자신의 말은 단지 "가난한 자들에 대한 교회의 관계는 신실한 사명에 대한 하나의 근본적인 기준"임을 의미한다고 말한다(Emilio Castro가 Ronald J. Sider에게 보낸 서한, 1992년 5월 25일). 나는 이에 전적으로 동의한다.

시지의 **최우선적** 대상이며 모든 인간의 구원이나 멸망을 결정하는 종말론적 기준을 구성한다"는 것을 의미하지도 않는다.[4] 가난한 자들에 대한 적절한 관심, 그리고 그들과 맺는 관계가 하나님 나라 복음의 신실한 제자도와 신실한 전달의 여부를 판단할 수 있는 유일무이하고, 결정적인 척도는 아니다.[5] 동시에, 가난한 자들에 대한 예수님의 복음 전파와 축복을 영적인 것으로만 환원하거나 예수님이 가난한 자들로 하여금 좀과 동록이 해하지 않는 천국의 보물로 위안을 삼으라고만 가르친다고 주장해서도 안 된다.[6]

많은 유력한 기독교인들이 가난한 자들을 무관심하게 방치하는 행위는 예수님이 교회의 주님이심을 노골적으로 거부하는 행위이다. 만약 예수님이 모든 삶의 척도라면, 복음을 전하는 신실한 기독교인은 오늘날 세상에 존재하는 가난한 사람들에게도 예수님 당시의 가난한 자들과 동일하게 복음이 놀라운 소식이라고 확신하고 가난한 사람들에게 우선권을 둘 것이다. 예수님의 새로운 나라 공동체는 가난한 사람들을 감싸 안았으며, 인격적인 신앙으로 초청하였고, 자신들의 공동체 속에 함께 교제하러 오는 것을 환영했고, 경제적으로도 모든 것을 함께 나누었기 때문에, 사도행전의 말씀대로, "그들 중에는 궁핍함이 없었다."

우리는 이미 예수님이 하신 선포의 중심에 메시아를 학수고대하던 선지자적 소망이 예수님의 생애와 사역에서 이제 성취되고 있다는 선언이 자리 잡고 있음을 보았다. 선지자적인 언약의 핵심에는 메시아가 가난한 자들을 위한 정의를 제공하리라는 믿음이

---

4 Boff and Boff, *Salvation and Liberation*, 48.
5 추가적 논의에 대해서는 8장의 220-223쪽을 보라.
6 Peter Wagner는 그렇게 주장하는 것으로 보인다. *Church Growth and the Whole Gospel*, 17-18. 그러나 최근 개인적인 서한에서(1992년 5월 15일) 그는 "**하나님 나라의 도래**는 문자 그대로 인종차별, 빈곤, 불의, 전쟁, 억압, 그리고 차별의 제거를 포함한다"고 말한다.

존재했다. 예수님과 그의 새로운 공동체는 분명히 그것을 행하였다.[7] 예수님은 제자들에게 자신과 하나님 나라의 복음을 위해 모든 것을 포기한 사람들은 "현세에 있어 집과 형제와 자매와 어머니와 자식과 전토를 백배나 받되 박해를 겸하여 받을 것"이라고 보장하셨다(막 10:30). 그분은 메시아적 정의의 때가 임박하였고 그분의 메시아적 공동체가 이미 모든 자원을 결핍된 사람들에게 다양한 방식으로 나눌 것임을 의미했던 것이다. 그 결과는 사도행전 2장과 4장에서 보여주듯이, 예수님의 제자 공동체 안에서는 아무도 궁핍한 자가 없었다는 사실이다. 가난한 사람들이 기뻐했던 것은 놀랄 일도 아니었다. 또한 예수님이 그들을 복 있는 자들이라 부르신 것도 놀라울 것이 없다.

2) 낮은 자

가난한 사람들에 대한 예수님의 특별한 관심은 모든 천대받고, 약하고, 사회적으로 배척받는 사람들에게까지 확장되었다. 예수님은 동시대인들과 확연한 대조를 이루면서 무능한 자들, 어린아이들, 술꾼들, 창기들, 그리고 나병환자들에게 특별한 관심을 나타내셨다(눅 7:32-50, 19:1-10). 예수님이 살던 당시에, 나병환자들은 가혹한 배척을 당했다(눅 17:12). 그들은 누군가 부지불식간에 자신들과 접촉하지 못하도록, "부정하다, 부정하다" 소리치면서 극심한 빈곤 속에 홀로 거해야만 했다. 예수님은 온유하게 나환자들을 만져주시며 기적으로 그들을 치유하셨다(막 1:41).

사해사본을 통해 우리는 예수님 당시 유대의 종교집단인 에세네파(Essenes)가 실제로 장애를 가진 사람들을 종교적 공동체로부

---

[7] 요한복음 12:6; 13:29.

터 **추방했다는** 사실을 알 수 있다.

> 죄나 오염으로 더러워진 자는 하나님의 총회에 들어올 수 없다…손이 나 발이 불구인 자, 절름발이나 귀머거리나 벙어리나 몸에 문신 있는 자…이들은 공동체 가운데에 들어와서도 안 되며 자리를 차지해도 안 된다.[8]

대조적으로, 예수님은 그의 새로운 메시아 공동체의 일원들에게 **바로** 이 사람들을 초청하라고 명령했다. "잔치를 베풀거든 차라리 가난한 자들과 몸 불편한 자들과 저는 자들과 맹인들을 청하라"(눅 14:13). 큰 잔치의 비유에서, 예수님은 그의 나라가 "가난한 자들, 몸 불편한 자들, 맹인들과 저는 자들"(눅 14:21)을 위한 것이라고 가르치면서, 이 교훈을 반복하신다. 예수님은 동시대의 기준과 사회적 현실에 직접적으로 도전하신다.

예수님이 자주 **죄인들**과 식탁의 교제를 함께 했던 사실은 예수님이 사회적으로 버림받은 이들에게 다가갔던 방식을 역설한다. 바리새인들은 율법을 지킨 이들과 그렇지 못한 이들 사이에 날카로운 선을 그었다. 복음서에서 **죄인들**이라는 단어는 종종 율법을 준수하지 않는 무리들을 가리키기도 한다(많은 가난한 사람들을 포함해서). 그들은 바리새인들이 만족할 만큼 율법을 지킬 수 없었다. 바리새인들은 그들을 **죄인들**이라 부르면서 그들과 한 상에서 먹기를 거부했다.[9] 세리들은 억압적인 로마 제국주의자들과 결탁한 이들로서 가장 경멸당하는 사람들이었다. 그들의 직업은 당시에 자동적으로 유대 시민권과 정치적 권리들을 박탈당하는 일곱 가

---

[8] 다음에서 인용됨. Joachim Jeremias, *New Testament Theology* (London: SCM, 1971), 175-76. 『신약신학』(크리스챤 다이제스트)
[9] Marcus J. Borg, *Jesus: A New Vision* (San Francisco: HarperCollins, 1991), 92, 131.

지 직업 중 하나였다.[10](목자들도 역시 이 목록에 있었으므로, 천사들이 베들레헴 목자들에게 나타난 것은 예수님이 낮은 자들과 같이 되시리라는 분명한 신호였다.)

예수님은 자주 이런 버려진 자들과 함께 식사하셨다. 바리새인들은 바로 정식으로 항의했다. "모든 세리와 죄인들이 말씀을 들으러 가까이 나아오니 바리새인과 서기관들이 수군거려 이르되 이 사람이 죄인을 영접하고 음식을 같이 먹는다 하더라"(눅 15:1-2/ 7:34; 19:7; 막 2:15 참조). 예수님은 잃어버린 양, 잃어버린 동전, 잃어버린 아들의 비유로 대답하셨다(눅 15:3-32). 하나님은 잃어버린 양을 찾는 목자와 같다. 그리고 탕자를 용서하는 아버지와 같다. 예수님은 사회적으로 무시받는 자들이 그의 나라에 들어오는 것을 환영하셨다. 그곳에서 하나님의 변화시키는 능력이 그들을 변화시키실 것이다. 그분은 심지어 **세리 마태**(마 10:3)를 자신의 열두 제자들 중 하나로 택하셨다!

3) 여자들

여자들에 대한 예수님의 태도 역시 당시의 현실체제에 대한 과감한 도전을 반영한다. 예수님의 시대에는, 남성이 여성과 공식적으로 만나는 것 자체가 스캔들이었다. 여자의 말은 법정에서 무용하게 간주되었다.[11] 여자에게 토라(구약의 오경)를 만지도록 허락하는 것보다는 토라의 사본을 태우는 것이 더 나은 일로 여겨질 정도였다. 1세기의 한 진술에 따르면, "만일 어떤 남자가 그의 딸에게 토라를 가르치면, 그것은 그녀에게 음란을 가르친 것과 마찬가

---

10 Joachim Jeremias, *Jerusalem in the Time of Jesus* (Philadelphia: Fortress, 1975), 303-11.

11 다음을 보라. C. F. D. Moule, "The Signifcance of the Message of the Resurrection for Faith in Jesus Christ," in *Studies in Biblical Theology* no. 8 (London: SCM, 1968), 9.

지다."**12** 여자들은 성전의 자리에서 거의 배제되었다. 그들은 회당에서 모임이 성사되기 위한 정족수를 계산할 때 숫자에도 들지 못했다.**13** 내가 이 장의 처음에 인용한 유대인의 기도는 농담이 아니다!**14** 1세기 유대인 남성들은 자신들이 이방인이나, 노예나, 여자들이 아니라는 사실에 하나님께 항상 감사드렸다.

예수님과 그의 새로운 공동체는 수백 년 동안의 남성적 편견을 거부하고 여성을 동등하게 대우했다. 예수님은 공식적으로 여성을 만났고(요 4:27), 그녀들에게 신학을 가르쳤다(눅 10:38-42). 그는 모든 사람들이 정죄했던 여인의 눈물로 자신의 발을 씻도록 허락했고 그녀의 긴 머리로 그 발을 닦으며 키스하고 향유를 붓는 것을 공식적으로 허락했다(눅 7:36-50)! 마리아가 예수님의 신학강의를 듣기 위해 음식 장만이라는 전통적인 역할을 버렸을 때, 마르다는 항의했다. 그러나 예수님은 마리아를 옹호했다(눅 10:38-42). 예수님은 이혼에 관한 모세의 가르침, 즉 여자가 남자의 마음에 들지 않으면 남자에게(그러나 여자는 아니다) 이혼을 허락한 것을 반박했다(신 24:1-2). 예수님은 남편과 아내 모두에게 평생의 언약 안에 함께 살라고 요구했다(막 10:1-12).**15** 예수님이 여자들에게 부활을 처음으로 나타내신 것은 분명 우연이 아니었다!

누가복음 8:1-3은 모티머 아리아스(Mortimer Arias)가 오늘날까지의 "기독교 선교역사에 있어서 가장 놀라운 최초의 전도팀"이라 일컬었던 모습을 묘사한다.**16**

---

12 Mishnah Sotah 3.4. 다음에서 인용됨. Borg, *Jesus*, 146, n. 38.
13 Ibid., 133-34.
14 다음에서 인용됨. W. Ward Gasque, "The Role of Women in the Church, in Society and in the Home," *Priscilla Paper* 2, no. 2 (spring 1988): 9.
15 Craig S. Keener의 최근 저서를 보라. ···*And Marries Another: Divorce and Remarriage in the Teaching of the New Testament* (Peabody, Mass.: Hendrickson Publishers, 1991), 21-45.
16 Arias, *Announcing the Reign of God*, 5.

그 후에 예수께서 각 성과 마을에 두루 다니시며 하나님의 나라를 선포하시며 그 복음을 전하실새 열두 제자가 함께 하였고 또한 악귀를 쫓아내심과 병고침을 받은 어떤 여자들 곧 일곱 귀신이 나간 자 막달라인이라 하는 마리아와 헤롯의 청지기 구사의 아내 요안나와 수산나와 다른 여러 여자가 함께 하여 자기들의 소유로 그들을 섬기더라(눅 8:1-3).

참으로 놀라운 광경이다. 이것은 한 남성 랍비가 그의 남자 제자들과 함께하는 평범한 일종의 모임이 아니다. 오히려, 여자들과 남자들이 함께 공식적으로 하나님 나라를 보여주고 있다. 아리아스는 헤롯왕의 재정 집정관이 그 아내의 명예롭지 못한 행위에 대한 소문을 어떻게 생각했을지 궁금해한다.[17]

> 그들은 자신들의 다양한 모습만큼이나 이질적이었다. 남자와 여자, 성직자와 평신도, 어부, 세리, 주부, 전직 창기, 부자와 가난한 자![18]

예수님의 새로운 나라 공동체의 이러한 급진적인 모습 중심에는 공식적이고 적극적으로 예수님과 함께 사역하는 여자들이 포함되어 있었다.

초대 교회는 여자들을 향한 태도에 있어서, 현실에 맞서는 예수님의 메시아적 도전을 이어받는다. 메시아적 예언은 지난날에 딸과 아들들, 여자들과 남자들이 예언할 것이라고 예시했었다(욜 2:28). 초대 교회에 그 일이 일어났다. 여자들은 예언했다(행 21:9, 골 11:5). 그리고 여자들이 남자들의 신학을 바로잡았다(행 18:24-26).[19] 회당의 구속으로부터 자유로운 여자들은 초대 교회의 경배

---

[17] Ibid., 6.
[18] Ibid.
[19] 바울의 "난해구절들"에 대한 논의는 다음을 보라. appendix 2 of Gretchen Gaebelein Hull, *Equal to Serve* (Old Tappan, N.J.: Revell, 1987) 그리고 나의 *Completely*

와 예배에 열정적으로 참여했다. 바울은 기뻐하며 "유대인이나 헬라인이나 종이나 자유인이나 남자나 여자나 다 그리스도 예수 안에" 있음을 자랑스럽게 여겼다(갈 3:28).

위에서 인용한 이방인, 노예, 그리고 여자가 **아님**을 하나님께 감사드리는 일반적인 유대인의 기도를 바울이 뚜렷하게 염두에 두고 있음을 기억할 때에야 오직 초대 기독교 공동체에 대한 이 놀라운 사실을 이해할 수 있게 된다. 얼마나 놀랍도록 현실체제를 뒤집어놓았는가! 예수님과 그의 새로운 남녀 공동체는 과연 전복된 하나님의 나라였다.[20]

그 당시 사회에 대한 예수님의 도전은 그러나 그가 가난한 이들과 무시당하는 자들에게 다가가신 것으로 끝이 아니었다. 예수님은 또한 권력자들에게 회개하고 변화하라고 강권하셨다. 지도자들은 종이 되어야만 했다. 복수 대신 원수를 사랑해야 한다.

4) 정치적 집권자

예수님이 헤롯을 격노하게 했음에 틀림없다. 어떤 이가 그에게 헤롯이 그를 죽이기 원한다고 경고했을 때, 예수님은 되받아쳐 답하셨다. "가서 저 여우에게 이르되…"(눅 13:32). 그 말은 당시 가장 상스러운 욕설이었다.[21]

예수님의 시대 통치자들도 오늘날과 마찬가지로 백성들 위에 군림하기를 즐겼다. 예수님은 직설적으로 묘사하셨다. "이방인의 집권자들이 그들을 임의로 주관하고 그 고관들이 그들에게 권세

Pro-Life, 220, n. 34에 인용된 문헌.

20 다음을 보라. Donald B. Kraybill, *The Upside-Down Kingdom* (Scottsdale, Penn.: Herald, 1978). 『예수가 바라본 하나님 나라』(복있는사람).

21 다음을 보라. H. W. Hoehner, *Herod Antipas* (Cambridge: Cambridge University Press, 1972), 220-21, 343-47.

를 부리는 줄을 너희가 알거니와." 예수님의 공동체를 위한 그의 나라의 유형은 확연히 달랐다.

> 너희 중에는 그렇지 않을지니 너희 중에 누구든지 크고자 하는 자는 너희를 섬기는 자가 되고 너희 중에 누구든지 으뜸이 되고자 하는 자는 모든 사람의 종이 되어야 하리라 인자가 온 것은 섬김을 받으려 함이 아니라 도리어 섬기려 하고 자기 목숨을 많은 사람의 대속물로 주려 함이니라(막 10:43-45).

예수님은 자신이 달려 죽으실 십자가를 가리키신 것이다. 우리 죄를 대신해서, 그의 새로운 공동체에서 종의 리더십을 세우기 위한 유형으로서 말이다.

5) 무력적인 혁명가

예수님은 또한 당시의 무력적인 해방운동에도 도전하셨다. 대부분의 1세기 유대인들은 다윗 왕의 전통에서 군사적 정복자로 오실 메시아를 기대했다. 그들은 예수님이 억압적인 로마인들의 멍에를 벗겨주실 것이라고 기대했다. 서로 다른 메시아를 사칭하는 사람들에 의하여 계속적으로 조직된 게릴라 운동이었는지, 아니면 단지 반복적이고 지속적인 격발이 있었는지는 분명치 않다.[22] 그러나 1세기 당시에는 메시아 왕국을 세우기 위한 무력적인 방법은 매력적인 일이었다.

예수님의 출생 이후 헤롯 대왕이 죽었을 때, 메시아를 사칭하는 세 명의 다른 사람이 무장봉기를 일으켰다.[23] 시리아의 로마총독

---

[22] 다음의 인용 문헌을 보라. Borg, *Jesus*, 96, n. 23.
[23] 이것과 더불어 이어지는 상세한 언급들을 위해서는 다음을 보라. Ronald J. Sider and Richard Taylor, *Nuclear Holocaust and Christian Hope* (Downers Grove, Ill.: InterVasity,

은 예루살렘으로 진격해 와서 2천여 명의 반란자를 처형했다. 주후 6년에 유다(Judas)라는 이름의 한 남자에 의해 일어난 봉기는 광범위한 지지를 얻었다. 게릴라 부대는 유대 사막의 동굴에서 활동했다. 40여 명 가운데 유다의 두 아들은 메시아 반란의 지지자라고 해서 처형당했다. 마침내 주후 66년, 혁명가들은 로마에 대항하여 반역하도록 모든 민족을 설득했다. 4년 후, 로마 군대는 예루살렘을 돌 위의 돌 하나까지 남기지 않고 파괴했다.

무력 혁명가들은 로마 제국주의자들을 증오했다. 또한 로마에 납세하는 것을 거절했다. 그리고 무력혁명을 주장했다. "누구든 불경한 자들 중 하나의 피를 흘리는 자는 희생제물을 드리는 것과 같다"라는 것이 그들의 격률이었다.[24] 그들은 유대 민족 전체를 설득하여 로마에 맞설 때 메시아가 오실 것이라고 믿었다.[25] 예수님은 그들의 모든 해결방법을 거부하셨다. 그분의 메시아적 전략은 대적을 학살하는 것이 아니라 원수를 사랑하는 것이었다.

> 또 네 이웃을 사랑하고 네 원수를 미워하라 하였다는 것을 너희가 들었으나 나는 너희에게 이르노니 너희 원수를 사랑하며 너희를 박해하는 자를 위하여 기도하라 이같이 한즉 하늘에 계신 너희 아버지의 아들이 되리니(마 5:43-45)

이 말씀 속에서, 예수님은 이웃사랑을 이스라엘 동료에만 한정했던 표준적인 유대의 해석을 거부한다.[26] 대신에, 그는 보복과 복

1982), 101-4.

24 Edward Schweizer, *The Good News According to Matthew* (Atlanta: John Knox, 1975), 132. 그리고 John Piper, *Love Your Enemies* (Cambridge: Cambridge University Press, 1979), 40-41을 보라.

25 Martin Hengel, *Victory over Violence* (London: SPCK, 1975), 58.

26 Piper, *Love Your Enemies*, 21-48. 그리고 다음에 인용된 다른 문헌, Sider and Taylor, *Nuclear Holocaust*, 335, n. 51.

수를 정죄하고 이웃사랑의 범위를 사랑이 필요한 자라면 누구나, 심지어 압제적인 로마 제국주의자들에게까지 확장한다.

예수님은 스가랴 9:9-10에 묘사된 겸손하고 평화적인 메시아상에 정확히 일치한다. 군중들은 예수님이 예루살렘에 입성하실 때 메시아를 연호했다(마 21:9, 눅 19:38). 그러나 메시아는 군마가 아닌 겸손한 나귀를 타셨다![27]

예수님은 자기 백성들 속에 민족주의적인 열정과 무력적인 메시아 소망이 거세지는 것이 재난을 초래할 것임을 감지하셨다. 임박한 재난의 징후와 경고들이 반복되고 있었다.[28] 메시아를 소망하던 대중들이 예수님의 평화로운 입성에 실망한 직후 예수님은 예루살렘을 위하여 우셨다.

> 가까이 오사 성을 보시고 우시며 이르시되 너도 오늘 평화에 관한 일을 알았더라면 좋을 뻔하였거니와 지금 네 눈에 숨겨졌도다 날이 이를지라 네 원수들이 토둔을 쌓고 너를 둘러 사면으로 가두고 또 너와 및 그 가운데 있는 네 자식들을 땅에 메어치며 돌 하나도 돌 위에 남기지 아니하리니 이는 네가 보살핌 받는 날을 알지 못함을 인함이니라 하시니라(눅 19:41-44).

메시아적 샬롬을 향한 예수님의 평화의 노정은 그 당시의 대중적이고 종교적인 혁명가들을 향한 근본적인 대안이며 직접적인 도전이었다.

---

[27] 다음을 보라. Vincent Taylor, *The Gospel according to Mark* (London: Macmillan, 1952), 452.

[28] 다음의 많은 언급들을 보라. G. H. C. MacGregor, *The New Testament Basis of Pacifism and the Relevance of an Impossible Ideal* (New York: Fellowship Publications, 1960), 48.

6) 종교지도자

우리는 경제적, 사회적 생활, 그리고 정치를 포함한 현실을 향한 예수님의 도전이 어떠한가를 알아보았다. 그러나 예수님은 종교적 현실 또한 간과하지 않았다. 예수님은 종교지도자들을 눈먼자, 외식하는 자, 회칠한 무덤, 뱀, 그리고 독사라고 공공연히 비난하셨다. 그들이 박하와 회향 같은 작은 것들의 십일조에는 엄격하면서도 "율법의 더 중한 바 정의와 긍휼과 믿음은 버렸다"고 비판하셨다(마 23:23).

예수님의 성전 청결은 불의한 현실에 대해 끊임없이 도전하는 이런 모습에 완벽하게 일치한다. 예수님은 부유한 제사장 귀족들이 제사를 위한 동물을 독점적으로 판매하여 막대한 이익을 끌어모으던 현실에 격분하시면서 그들의 경제 활동을 강도라고 부르셨다.

> 그들에게 이르시되 기록된바 내 집은 기도하는 집이 되리라 하였거늘 너희는 강도의 소굴을 만들었도다 하시니라(눅 19:46).

멀리서부터 예루살렘으로 예배드리러 온 유대인들은 예루살렘에서 번제할 짐승을 구입해야 했다. 제사장 귀족층은 비유대인들을 위한 기도 공간으로 제공된 이방인의 뜰을 양도하여 희생 제물을 터무니없는 가격으로 독점 판매하고 교환하는 장소로 사용했다. 격노한 예수님은 그들을 다 바깥으로 쫓아내버렸다. 이것은 성전에 대한 무장공격은 아니었지만, 그곳에 만연한 경제적 탄압과 성전의 오염 모두에 대항하고자 했던 시민 불복종의 극단적 행동이었다. 성전에서 행하신 예수님의 비폭력적인 시민 불복종에 대한 묘사에 바로 뒤이어 대제사장들과 다른 종교지도자들이 예수님을 죽이려고 모의했다는 사실을 말해준다(눅 19:47).

그것은 그리 놀랄 만한 일도 아니다. 그보다 현실종교체제가 두 가지 이유에서 예수님을 해치려고 움직였다는 사실을 아는 것이 중요하다. 첫째는 현실체제에 대한 예수님의 급진적인 사회 · 경제적 도전 때문이고, 둘째는 그의 신성모독적인 주장 때문이다. 종교적, 경제적, 그리고 정치적 현실에 대한 예수님의 공격이 매우 위협적인 것으로 느껴졌다는 것은 충분히 이해할 만하다. 그들은 명백하게 자신들의 가치와 행동을 근본적으로 변화시키거나 그렇지 않으면 이런 소란을 일으키는 선지자를 제거했어야만 했다.[29] 예수님을 처형한 것은 근본적으로 새로운 종류의 삶으로 이끄는 새로운 공동체를 창조함으로써 사회를 위협하는 한 사람을 처형한 것이다. 이러한 사실을 놓쳐버린다면 우리는 무엇이 십자가에 이르게 했는지 전혀 이해하지 못한 것이다.[30]

예수님의 신학적 주장들은 또한 그들을 격노케 했다. 예수님이 죄를 용서하는 신성한 권세를 주장했을 때, 그들은 항의했다(막 2:6-11). 예수님이 자신의 권세를 모세보다 높이 두었을 때, 그들은 격노했다(마 5:31-39). 예수님이 주인의 포도원을 부순 소작인들의 비유에서 주인이 보낸 아들과 자신을 동일시하자(눅 20:9-18), 그들은 예수님을 체포할 방법을 모색하기 시작했다(19절). 예수님

---

[29] 예수님의 시대 사람들이 현실체제에 대항한 이런 급진적 대항자를 엘리야나 예레미야 같은 선지자로 보았던 것은 놀라운 일이 아니다. 다음의 언급들을 보라. C. René Padilla, "The Politics of the Kingdom of God⋯" in Vinay Samuel and Albrecht Hauser, eds., *Proclaiming Christ in Christ's Way* (Oxford: Regnum, 1989), 187.

[30] Yoder, *Politics of Jesus*, 63. 『예수의 정치학』(IVP). 또한 다음을 보라. David Peterson, "Jesus and Social Ethics," in B. G. Webb, ed., *Christians in Society*, 88-91. Peterson은 Yoder에게 몇 가지 점에서 도전한다. 그러나 예수님이 현실체제에 대해 급진적인 도전을 했다는 기본적인 논제에는 동의한다. 그 이상은 다음을 보라. Vishal Mangalwadi, "Compassion and Social Reform: Jesus the Troublemaker," in Vinay Samuel and Chris Sugden, eds., *The Church in Response to Human Need* (Oxford: Regnum, 1987), 193-205.

이 안식일에 병자를 치유함으로써 그들의 엄격한 규칙들을 어겼을 때, 그들은 예수님을 죽이기로 결의했다(마 12:9-14). 법정에서, 예수님 자신이 "찬송 받을 이의 아들 그리스도"라고 인정했을 때, 그들은 자기 옷을 찢고 그에게 신성모독을 선고했다(막 14:62-64).

신성모독, 사회적 급진분자, 그리고 메시아 사칭. 그것이 죄목이었다. 그것이 정치적이고 종교적인 지도자들이 예수님을 죽이려고 공모했던 이유이다. 그들이 빌라도에게 예수님의 메시아 주장이 로마에 정치적 위협이 된다는 사실을 인정하라고 압력을 넣었을 때, 빌라도는 예수님을 십자가에 매달라고 동의해 주었다. 십자가의 명패('유대인의 왕')는 예수님에게 씌운 죄목이 자신을 메시아라고 주장한 것이었음을 보여준다. 1세기 로마 통치자들은 유대의 메시아를 사칭하는 자들을 항상 십자가에 처형했다.

사실상, 빌라도와 제사장 계층은 옳았다. 예수님은 그들의 불의하고, 억압적이며, 부정한 권력과 체제에 위협이었다. 예수님은 자신이 유대인의 메시아임을 주장하면서 등장하셨다. 예수님은 모든 사회에게 하나님의 근본적인 용서를 받아들이고 그 새로운 나라의 가치를 따라 살라고 촉구했다. 그러나 이를 위해서, 그들은 자신들이 권력과 지도력을 휘두르고 가난한 자들과 무시 받는 자들을 위협했던 방식에 대한 예수님의 근본적인 도전을 수용해야만 했다. 이와 동일하게, 그들은 예수님을 하나님이 보낸 독생자요 메시아로 수용해야만 했다. 그들은 예수님을 죽이는 것이 더 나은 선택이라 여겼다.

3. 예수님의 도전을 거절함

현실체제에 대한 예수님의 광범위한 도전은 너무나 자주 묵살

되어 버린다. 어떤 이들은 그것을 예수님의 신성과 속죄에 무지한 사회복음적인 민중이 가르친 견해라고 해서 아예 제외시켜버린다. 다른 이들은 "나의 나라는 이 땅에 속한 것이 아니다"라는 예수님의 진술을 오도한다(요 18:36). 여전히 알버트 슈바이처(Albert Schweitzer) 같은 이들은 예수님의 종말론적인 주장들이 혼돈스럽고 잘못되었으므로 오늘날 신앙의 내용으로 삼기에는 부적절하다고 본다. 이런 생각들은 모두 옳지 않다.

예수님의 메시아이심, 신성, 그리고 속죄는 현실체제에 대한 그분의 근본적인 도전과 떼려야 뗄 수 없다. 정확한 사실은 예수님이 우리 죄를 대신하여 죽으러 오셨기에 하나님의 무조건적인 용서를 제공해주실 수 있었다는 사실이다. 이와 같은 용서는 예수님의 용서를 받고 그를 본받아 용서하는 죄인들로 구성된, 근본적으로 새로운 공동체의 기반이었다. 예수님은 분명 선지자 이상이며, 메시아요, 하나님의 독생자이시기 때문에, 현실에 대한 그분의 포괄적인 도전은 신비주의적 주관성이나 별스러운 과대망상증이 아니라 오히려 기독교인들에게 있어 규범이 되는 것이다.

예수님은 한 가지 특정 의미에서는 그의 나라가 이 땅에 속한 것이 아니라고 설명했다. 다시 말해 자신의 제자들이 그 나라를 세우기 위해 무력투쟁을 해서는 안 된다는 의미에서다(요 18:36). 예수님의 새로운 나라의 가치는 이 세상에서 나온 것이 아니지만, 너무나도 분명하게 그의 나라는 이 세상 안에 있다. 만약 그렇지 않다고 말한다면, 그것은 우리가 앞서 보았던 것처럼 메시아 왕국이 이제 예수님의 인격과 사역을 통해 역사속으로 들어오고 있다는 그분의 중심적인 가르침은 허황된 것이 되어버린다. 백성들의 육체적 결핍과 만나주시고 가난한 자들과 무시당한 자들을 자신과 동일시하신 것은 틀림없이 도래하고 있는 나라의 표적이었다.

금세기의 급진적인 학자들은 종종 예수님의 종말론이 단지 실수였다고 주장했다. 예수님은 종말론적 하나님 나라의 성취가 당대에 도래하리라는 근거 없는 추정을 했으며 결국 그는 틀렸다는 것이다. 그러나 전문적인 신약학자 집단들도 이러한 생각을 바꾸고 있는 추세이다.[31] 우리가 살펴 본 것처럼, 예수님은 그의 나라가 실제로 그의 인격과 사역 안에서 시작되고 있다고 믿었다. 그러나 예수님은 그 나라가 미래적으로 성취될 것이라고 보았음에 분명하다.

예수님이 가르치신 윤리적 진의의 근본적인 핵심은, 분명하게 시작된 그의 나라의 가치들과 요구들에 따라 살기를 지금 이 타락한 세상 안에서 시작하라는 부르심이다. 표적과 기사를 행하시는 성령의 능력 안에서, 현실에 대한 예수님의 새로운 도전을 따라 살아가는 것은 지금도 가능하다. 그 나라에 관한 예수님의 복음은 급진적 공동체를 생산한다. 그러나 그것은 분명 현실의 악에 대해 사랑으로 도전하는 공동체이다. 왜냐하면 그것은 선한 피조세계를 위하여 창조주의 사랑을 함께 나누는 것이며 그리스도가 재림하실 때 완성하실 개인적, 사회경제적, 정치적 삶의 전부를 향하여 지금 과감하게 투쟁하는 것이기 때문이다.

4. 하나님 나라의 복음을 전파함

예수님은 전도하시고 치유하셨다. 그는 가르치고 행하셨다. 육신이 되신 영원한 말씀은 말씀과 행함의 완전한 결합이셨다.

피터 와그너(Peter Wagner)는 많은 사회운동가들이 예수님이 가난

---

[31] 3장의 각주 11번을 보라. 그리고 Borg의 연구들을 보라. 그는 현대 북미의 "예수 연구가들" 대다수가 예수님은 그의 생애에 세상의 종말이 오리라고 생각하지 않았다고 믿는다고 보고한다(Borg, *Jesus*, 20, nn. 25, 26).

한 자들과 억눌린 자들을 돌보신 사실은 기억하면서, 예수님이 기적들을 행하시고 마귀를 내쫓으신 사실은 소홀히 여긴다고 지적한다.[32] 물론 일부의 은사주의자들은 그 반대다. 예수님은 분명히 둘 다 행하셨고 그렇기에 우리도 그래야 한다.[33]

마태복음 9:35은 예수님의 모든 공적인 사역을 가르침, 전도, 그리고 치유라는 세 가지 항목으로 요약한다. "예수께서 모든 도시와 마을에 두루 다니사 그들의 회당에서 가르치시며 천국 복음을 전파하시며 모든 병과 모든 약한 것을 고치시니라." 예수님은 열두 제자를 파송하실 때, 그들에게도 동일한 총체적 임무를 주셨다. "하나님의 나라를 전파하며 앓는 자를 고치게 하려고 내보내시며"(눅 9:2). 말씀과 기사, 전도와 기적, 온유한 초청과 예리한 정면대결 모두 예수님이 그 나라를 전하는 일의 중심에 있었다.

예수님은 자신의 가르침을 몸소 실천하셨다. 그는 단지 가난한 자들과 억눌린 자들을 위한 정의와 평화의 메시아 시대의 도래를 선언할 뿐만 아니라, 또한 가난한 자들을 먹이고 사회적으로 추방된 자들을 그의 새 공동체에서 환대했다. 남녀와 빈부, 그리고 장애인과 건강한 자를 포함한 그의 복합적인 집단은 그가 알린 하나님 나라의 가시적인 입증이었다.

사실상, 예수님이 구속하신 새로운 공동체의 실재는 그 나라에 관한 복음의 일부였다. 예수님은 분명 어디에서도 명시적으로 그것을 말씀하지 않으셨다. 그러나 바울은 그렇게 했다. 에베소서 3:1은 다민족적인 교회의 실존이 복음의 일부라고 명시적으로 말

---

32 Wagner, *Church Growth*, 17-19.
33 예를 들면, 다음을 보라. Christopher Sugden, "Evangelicals and Wholistic Evangelism," in Samuel and Hauser, eds., *Proclaiming Christ*, 47. 그리고 은사주의, 오순절파, 그리고 복음주의 사회운동가들 사이에서 계속진행중인 국제적인 대화에 관하여 보고하는 **변혁**에 관한 두 가지 논문 *Transformation* 5, no. 4 (October-December 1988)과 7, no. 3 (July-September 1990): 1, 5-11.

한다.³⁴ 예수님이 말씀하시고 행하신 것은 이런 바울의 말과 똑같은 결론에 다다른다.

다드(C. H. Dodd)는 예수님의 목적이 하나님의 백성이라 이름하기에 합당한 공동체를 형성하는 것이었다고 말한다. 곧 "예수님을 따르는 새로운 이스라엘"이다.³⁵ 예수님이 정확하게 열두 제자를 선택하신 것도 이런 의도를 강조해주었다. 예수님은 회개한 창기들, 직권남용을 멈춘 세리들, 고침 받은 장애인들, 더 이상 배척받지 않는 여자들, 더 이상 굶주리지 않는 가난한 사람들, 그리고 폭력의 의지가 없어진 혁명가들 등의 매우 다양한 공동체를 이끌었다. 구속된 하층민의 이 새 공동체는 정의와 평화의 메시아 왕국이 시작되고 있다는 살아있는 증거였다. 그 온전한 실존은 예수님의 나라의 복음의 선포를 확고히 할 뿐만 아니라 그 내용의 핵심부분을 구성했다.

예수님은 모든 사람들을 위하여 사역하셨다.³⁶ 병든 몸, 부서진 영혼, 하나님과의 관계가 깨어진 자들 모두가 예수님의 온유한 치유의 손길을 받아들였다. 예수님은 죄를 용서하시고, 나병환자들과 타락한 여자들 같은 사회적으로 추방당한 자들을 공동체 안으로 받아들이시고, 눈먼 자들과 저는 자들을 기적적으로 치유하시고, 회개와 변화를 요구함으로써 강력한 경제적, 종교적 지도자들과 맞서면서, 육체와 영혼, 개인과 공동체까지 포괄적인 치유를 가져다주셨다.

분명, 많은 이들은 예수님의 메시지와 치유를 거부했다. 그러나 유대의 메시아로서, 예수님은 자기의 모든 백성을 메시아 왕국에

---

34 이에 관한 그 이상의 논의에 대해서는 10장의 281-286쪽을 보라.
35 C. H. Dodd, *The Founder of Christianity* (New York: Macmillan, 1970), 90, 102.
36 상황적인 면에 관한 강조에 대해서는 다음을 보라. Vinay Samuel and Chris Sugden, *Christian Mission in the Eighties: A Third World Perspective* (Bangalore: Partnership in Mission-Asia, 1981), 8-12.

들어오라고 그리고 모든 것을 포용하시면서, 성령이 주시는 완전함을 체험하라고 초대하셨다.

5. 초대교회와 하나님 나라

그러나 당시의 대다수의 사람들은 용서받은 세리들, 창기들, 그리고 어부들로 이루어진 한 목수의 작은 공동체가 정말로 선지자들이 약속한 영광스러운 메시아 왕국의 시작이라고 믿기는 어렵다고 생각했다. 예수님의 공동체는 너무 미약하고, 중요하게 여겨지지도 않았다. 그분의 가르침은 너무 요구가 많고 대가는 컸다. 그분의 주장들은 신성모독은 아니라 해도 너무나도 주제넘은 것처럼 여겨졌다.

예수님이 틀렸다는 사실을 입증하기 위해, 종교와 정치 지도자들은 그분을 십자가에 못 박았다. 위르겐 몰트만(Jürgen Moltmann)이 주장했듯이, 예수님의 놀라운 메시아 주장들의 신뢰성을 파괴했던 것이다.

> 예루살렘까지 예수님을 따라갔던 제자들에게는, 그분의 수치스런 죽음이 하나님께 대한 순종의 완성이나 진리에 대한 순교의 증거가 아니라, 반대로 예수님의 주장에 대한 기각이었다. 그것은 예수님을 향한 그들의 소망을 확고하게 하는 것이 아니라 오히려 그것들을 영구적으로 파괴했다.[37]

그러나 곧 하나님은 예수님을 죽은 자 가운데서 일으키셨다! 부활은 낙심한 제자들에게 예수님이 진실로 메시아였다는 것과 그

---

[37] Jürgen Moltmann, *The Crucified God* (New York: Harper, 1974), 132. 『십자가에 달리신 하나님』(한국신학연구소).

의 메시아 왕국이 시작되었다는 것을 증명해주었다. 오순절은 그것을 확고하게 해주었다. 사도행전 2장의 베드로의 설교를 읽는다면, 초대교회로 하여금 선지자들이 예고한 메시아 시대가 진실로 시작되었음을 확신하게 했던 것은 십자가에서 죽으신 예수님의 부활과 성령의 충만한 역사라는 것을 분명하게 볼 수 있을 것이다(행 2:17, 29). 유대의 메시아 소망은 메시아가 오실 때 성령을 주시리라는 기대였다. 요엘의 메시아 예언(욜 2:28-29)은 예수님의 메시아 주장을 이처럼 확고히 하면서, 오순절에 실현되었다.

비록 신약성경은 아직 완전히 실현되지는 않았지만 메시아 시대가 진실로 시작되었다고 하는 초대기독교의 신앙을 표현하기 위해 두 개의 흥미로운 단어들을 쓰고 있다. 그것은 아파르케(*aparche*, 첫 열매)와 아라본(*arrabon*, 보증)이다. 고린도전서 15:20과 23절에서 바울은 말하기를, 예수님의 부활은 유대의 메시아 소망이 메시아 도래를 기대했던 전체적인 부활의 첫 열매라고 한다. 고린도후서 1:22에서 그리고 5:5에서, 바울은 성령을 보증이라고 묘사한다(롬 8:23, 엡 1:14).

첫 열매라는 단어는 구약에서 새 곡식들이 처음 나온 것을 기념하는 처음 추수를 가리키는 데에 사용되었다(출 23:16, 19, 신 26:2, 10). 풍성한 추수는 아직 오지 않았지만 그러나 추수의 시작은 이미 온 것이다. 그러한 첫 열매의 등장은 풍성한 추수가 확실히 올 것이라는 사실에 대한 가시적이고, 실제적인 증거였기 때문에 큰 기쁨을 주는 것이었다. 예수님은 유대인들이 처음 익은 한 다발의 추수를 여호와께 바치는 바로 그 예배의 날에 죽은 자들 가운데 실제로 살아나셨다.[38]

아라본은 셈족언어에서 기원한 대출용어이다. 그것은 무역 시

---

[38] 레위기 23:10-11, 15. 그이상은 다음을 보라. Murray J. Harris, *From Grave to Glory* (Grand Rapids: Zondervan, 1990), 220. 『신약에 나타난 부활』(CLC).

장에서 나온 말이며 전체 채무의 일부를 지불하고 전액 상환에 대한 법적인 요구를 제공하는 보증금을 의미한다. 그것은 계약을 비준하는 당장의 명백한 보증이다. 『신약신학사전』(*Theological Dictionary of the New Testament*)에 나온 대로, "그것은 항상 더 큰 무엇인가를 약속하는 행동을 의미한다."[39]

이 단어들은 특히 부활과 오순절이 메시아 왕국의 시작을 가시적으로 명백하게 하는 증거라고 하는 초대 기독교 신앙을 표현하기에 적절하다. 추수의 첫 열매처럼, 메시아 시대는 진실로 시작되었다. 초대 기독교인들은 이미 도래하는 시대의 능력을 맛보았던 것이다(히 6:5). 그러므로 구약의 시대가 여전히 크게 작용하고 있다는 현저한 증거에도 불구하고, 초대 기독교인들은 메시아 왕국의 완성이 분명히 하나님의 선한 때에 이루어지리라고 확신했던 것이다.[40]

6. 하나님 나라의 보편적 차원들

하나님 나라의 신약적 기대들이 모두 이루어지고 있다는 것을 이해하는 것은 결정적으로 중요한 일이다.[41] 그리스도가 그의 재

---

[39] *TDNT*, I. 475.
[40] 바울은 복음을 전할 때 하나님 나라라는 용어를 좀처럼 사용하지 않는다. 실제로, 그는 **하나님 나라**라는 단어를 열네 번 사용한다(Kirk, *New World Coming*, 55). 그러나 대개 그는 구원의 복음 또는 예수 **그리스도**의 복음이라고 말한다. 그러나 바울은 예수님의 중심적인 메시지를 포기한 것은 아니었다. 예수님은 메시아적 왕국을 선포했으며 자신을 메시아로 인식하셨다. 바울의 예수 **그리스도**의 복음에 대한 지속적인 강조(즉, 예수님이 메시아이시라는)는 메시아이신 예수님이 메시아적 왕국을 시작하셨음을 재확인하는 방식이다. 유대인으로서, 그는 메시아 왕국의 도래 없이는 메시아의 오심을 상상할 수 없었다. "No Kingdom, no Messiah!"(Kirk, *New World Coming*, 57).
[41] 그것은 보편주의를 의미하지 **않는다**. 137-139쪽, 201-210쪽을 보라.

림 시에 완성할 시작된 나라는 단지 영혼이나 교회 혹은 개인에게만 관계된 것이 아니다. 그것은 개인들과 사회적 구조들, 심지어는 인간 외의 피조물에게도 관련이 있다.

초대 기독교인들이 품었던 이러한 놀라운 보편적 소망을 견고하게 뒷받침하고 있던 것은 이미 시작된 메시아 왕국의 현재적 실재였다. 그들은 십자가에 달리고 부활한 그 목수가 역사를 여는 열쇠라는 사실을 담대히 믿었다. 또한 예수님의 재림 시에 모든 지배와 권세, 심지어 죽음 자체에 대한 그분의 승리를 완성하실 것과 하나님께 만물을 순복하게 하실 것임을 담대히 믿었다(고전 15:20-26). 심지어 "피조물도 썩어짐의 종노릇 한 데서 해방되어 하나님의 자녀들의 영광의 자유에 이르는 것"을 믿었다(롬 8:21). 비록 그들이 강력한 이교도 제국에서 홀대 당하던 극히 미미한 소수였을지라도, 하나님이 하늘과 땅의 모든 만물을 이 유대인 목수의 십자가를 통하여 회복시키실 것이라고 확신있게 선포했다(골 1:15-20). 또 예수님이 분명하게 예고했던 그 나라의 보편적 완성을 담대히 소망했다. 왜냐하면 예수님의 생애와, 죽음과 부활, 그에 덧붙여 오순절이 메시아적 통치가 이미 시작되었다고 하는 확고하고, 명백한 증거였기 때문이다.

7. 그것이 만들어내는 차이

복음을 단순히 용서의 좋은 소식이나 개인적 구원의 좋은 소식이 아닌 하나님 나라의 좋은 소식으로 정의한다는 것은 대단히 중요한 일이다.[42] 한편으로, 예수님을 길이요 진리요 생명이라 고백

---

[42] 다음의 실례를 보라. Chris Sugden and Oliver Barclay, *Kingdom and Creation in Social Ethics* (Bramcote, Nottingham: Grove Books, 1990), 특히 19.

하는 사람들은 그분의 핵심 가르침을 포기하지 않도록 주의를 기울여야만 한다! 다른 한편으로, 그리스도의 핵심 메시지가 그의 나라의 복음이라고 이해하는 것은 편향적, 분파적 관점을 초월하는 포괄적이고, 총체적인 틀을 제공해준다.

예수님의 나라는 분명 총체적이다. 그의 나라가 성령의 능력 안에서 하나님의 용서와 개인적이고 내적인 성화를 가져다준다는 것에 대하여 하나님께 감사하라. 그러나 그것은 거기서 그치는 것이 아니라 또한 사회적 질서에 도전하며 변화시키기까지 한다.[43] 하나님 나라는 영과 육에 충격을 주며, 개인과 사회에도 마찬가지다. 교회는 당연히 말씀과 행위라는 도구로써 즉, 선포, 기적, 자비와 정의의 행위, 그리고 복음을 따라 다른 이들에게 설득력 있는 모범으로 살아감으로써, 예수님의 나라의 좋은 소식을 전한다.

하나님 나라의 좋은 소식은 교회가 가진 내면에 치중한 편견을 제거한다. 이에 관하여 하워드 스나이더(Howard Snyder)는 다음과 같이 예리하게 지적한다. "교회의 사람은 사람들을 어떻게 교회로 데려갈 것인가에 대해서 생각한다. 하나님 나라의 사람은 어떻게 교회를 세상으로 데려갈 것인가를 생각한다. 교회의 사람은 세상이 교회를 바꾼다고 걱정한다. 하나님 나라의 사람은 교회가 세상을 바꾸는 것을 보고자 일한다."[44]

확신컨대 교회는 중요하다. 과연 예수님의 새로운 구속의 공동체가 좋은 소식의 일부라는 사실은 매우 중요하다. 하나님은 교회가 도래하는 하나님 나라의 현재적 축소판이 되기를 원하신다. 그런 이유 때문에, 예수님의 첫 공동체와 마찬가지로, 교회는 세상

---

[43] 그것은 우리가 정의가 세속 사회에서 확장될 때 하나님 나라가 도래한 것이라고 말해야 한다는 의미가 **아니다**. 315-340쪽의 부록을 보라.
[44] Howard Snyder, *Liberating the Church* (Downers Grove, Ill.: InterVarsity, 1983), 11. 『참으로 해방된 교회』(IVP). 또한, Hathaway, *Beyond Renewal*, 161-62.

에게 맞춰주는 안락한 사교 모임이기보다는 오히려 모든 종류의 악에 대한 급진적인 도전이 되어야 한다. 교회는 모든 창조세계를 온전하게 회복하려는 하나님의 우주적 계획의 두려운 비밀을 배웠다. 그러므로 기독교인들은 메시아가 언젠가 어둠의 왕국에 대한 승리를 완성하기 위해 재림하실 것을 확신하면서, 사람들을 그리스도께 대한 믿음으로 인도하며 동시에 부서진 세상 나라 속으로 도래하는 하나님 나라의 표적들을 세워나가기 위해 세상으로 전진하는 것이다.

우리는 이제 복음을 예수님의 방식대로 정의할 때 그의 나라가 만들어내는 차이를 더욱 선명하게 알 수 있다. 예수님이 정의하신 복음은 **단지** 죄의 용서에서 그치는 것이 아니라, 다른 영역에까지 나아간다. 예수님의 복음은 메시아적 통치가 사실상 시작되었고 거기에는 이제 회복되었고 또 회복중인 공동체가 있다는 사실을 포함하고 있다. 이와 더불어, 이 공동체에서 가시적으로 드러나는 삶은, 이미 시작되었고 언젠가는 완전하게 임할 하나님 나라의 강력한 표적이 된다는 사실도 그 복음에 포함되어 있다. 나는 기독교인들이 예수님의 핵심적인 가르침을 정의할 때, 예수님이 자신의 핵심적인 가르침에 대해 정의할 때 사용하신 방법을 사용해야 한다는 중요한 사실에 덧붙여 하나님 나라의 복음이 만들어내는 일곱 가지 차이에 대해 설명하려고 한다.

1. 만일 복음이 죄의 용서에만 국한되지 않는 하나님 나라의 좋은 소식이라면, 우리는 하나님과의 회복된 관계와 그리스도의 몸 된 형제자매와의 회복된 관계를 분리할 수 없다. 두 관계가 하나라고 말하는 것이 아니다. 그것들은 구분된다. 그러나 그것들은 또한 **분리할 수 없다**. 만일 우리가 그리스도의 몸의 일원과 화해하기를 거절한다면, 우리는 하나님과의 회복

된 관계를 지속할 수 없다. 하나님 나라의 복음은 구원을 단지 개인영혼의 용서로 축소시키는 비성경적, 개인주의적 신령주의로부터 우리를 보호한다.

2. 만일 복음이 죄의 용서에만 국한되지 않는 하나님 나라의 좋은 소식이라면, 우리는 그리스도의 몸 안에서 회복된 사회적 경제적 관계가 구원의 일부임을 더 잘 이해하게 된다. 삭개오 이야기는 그것을 우리에게 매우 선명하게 시사해 준다. 그리스도의 몸 안에서의 경제적인 나눔과 인종 화해는 우리가 기호에 따라 선택할 수 있는 선택사양 품목이 아니다. 그것들은 복음을 받아들임에 있어서 필수불가결한 부분이다. 교회가 그런 방식으로 사는 데 실패한다면, 교회는 메시아 왕국이 이미 시작되었다는 예수님의 선포를 확연히 거절하는 것이다.

3. 만약 복음이 죄의 용서만이 아닌, 하나님 나라의 좋은 소식이라면, 우리는 사람들의 육체적인 필요와 영적인 필요, 양자를 위해 사역하는 것이 선택의 문제가 아니라 복음의 본질적인 것임을 더 선명하게 이해하게 된다. 선지자들은 메시아의 때에, 메시아가 하나님과의 관계 및 이웃과의 관계를 회복시켜주실 것이라고 약속했다. 영적인 필요와 물질적인 필요, 양자가 모두 채워져야 하는 것이다. 메시아이신 예수님은 말씀과 행함으로써 그분의 시작된 나라를 선포하시고 입증하시면서 오셨다. 예수님의 전도와 치유 모두가 그의 나라가 도래하고 있다는 증거였다. 예수님의 이름으로 사람들의 물질적 필요를 위해 긍휼히 사역하는 것은 신실한 제자들이 하나님 나라의 복음을 공유하는 방법의 일부다.

4. 만약 복음이 죄의 용서만이 아닌, 하나님 나라의 좋은 소식

이라면, 신실한 기독교공동체는 항상 잘못된 현실 상황에 도전해야 함을 우리는 잘 알 수 있을 것이다. 예수님의 메시아 공동체는 결코 어떠한 타락한 사회에도 편안하게 안주할 수 없다. 시작된 하나님 나라의 비전을 통해 인도받고 성령에 의하여 권능을 받은 대로, 신실한 교회는 항상 애정 어린 비판자요, 대항문화적인 공동체다. 그들은 자신들의 사회 속에 선한 것을 보존하며 파괴된 것에 도전할 것이다. 왜냐하면 그들은 만유의 창조주께서 이 선한 창조에 들어온 사탄의 침략을 되돌리기를 항상 열망하시는 구속주이심을 알기 때문이다.

5. 만약 복음이 죄의 용서만이 아닌, 하나님 나라의 좋은 소식이라면, 가난한 자들을 위한 관심을 포함하지 않는 복음의 전파는 비성경적이다. 그렇다고 해서 하나님이 부자들보다 가난한 자들을 더 생각하신다거나 모든 복음전도의 노력이 가난한 자들에게 힘을 주는 말씀과 행동을 포함해야만 한다는 말은 아니다. 하나님은 모든 사람에 대하여 동등하게 관심을 기울이신다. 불행하게도, 거의 모든 안락한 사람들은 결핍된 사람들이나 뒤처진 사람들에 대해서 보다 자신들에게 더 많은 관심을 갖는다. 하나님은 그리스도를 영접하고 창조주께서 만드신 모든 것을 향유하는 모든 사람들에게 평등한 관심을 가지신다. 죄의 본성을 가진 인간은 필연적으로 가난한 자들을 무시하거나 억압하기에, 하나님의 백성은 필연적으로 가난한 이들의 편에 서 있다는 것을 보여주어야 한다. 왜냐하면 그들은 모든 사람에 대한 하나님의 공평한 관심을 함께 나누기 때문이다.

가난한 자들을 향한 관심이 모든 복음전도행위에서 노골적으로 표현될 필요는 없다. 그러나 총회나 선교 담당자에 의한 복음의 모든 확장된 나눔은 복음이 가난한 자들을 위한다는 것을 분명히 해야 하며, 또한 그들이 나누는 좋은 소식의 일부는 새로운 기독교 공동체 안의 작은 자들과 가장 가난한 자들을 위한 인간의 존엄, 사회적 권리의 부여, 그리고 경제 정의가 성령의 능력으로 현재 형성되고 있으며 증진되고 있음을 보여주어야 한다. 여기에 미치지 못하는 것은 예수님의 복음에 대한 부정과도 같다.

6. 만약 복음이 죄의 용서만이 아닌, 하나님 나라의 좋은 소식이라면, 교회와 세상 사이에 첨예한 구별이 항상 있어야만 한다는 것을 우리는 더욱 분명하게 알 수 있다. 지금껏 수 세기에 걸쳐 기독교인에게 주어졌던 최대의 유혹은 그리스도의 나라의 기준에 충성하는 삶이 아니라 오히려 주변 사회에 천천히 융화되라는 유혹이었다. 기독교인들은 단지 용서받음에서 그치는 것이 아니라 성령의 능력으로 말미암아 성화된 자들이기 때문에, 자신들을 둘러싼 손상된 세상과 완전한 대조를 드러내는 회복의 삶을 살 수 있으며 또한 살아야만 한다. 초대교회에서, 유대인들과 이방인들, 종들과 주인들, 남자들과 여자들은 조화를 이루었다. 그런 모습은 분명 완전하지는 않았지만, 이교도 이웃들이 이들의 근본적인 변화를 보며 경탄할 정도로 강력한 것이었다. 이웃들은 깜짝 놀라서 왜 그들이 그렇게 다른지 물었다. 이에 대한 대답으로 초대 기독교인들은 그들에게 예수님에 대해 이야기했다. 오늘날, 교회는 세상과 너무 많이 닮아있다. 그래서 이웃들은 좀처럼 그런 물음을 묻지 않는다. 그러므로 우리는 복음전도의 기회를 잃어버리는 것이다.

교회와 세상 사이의 선명한 구별은 두 번째 방식에서도 역시 결정적인 것이다. 하나님의 통치가 더 넓은 세상에서는 나타나지 않는 방법으로 교회에서 가시적으로 드러난다는 사실이 넓은 사회에서의 사회적 변화가 부적절하다는 것을 의미하지는 않는다. 그것은 우리가 교회에서와 같은 광범위한 회복을 세상에 기대하지는 않는다는 것을 의미할 뿐이다. 결론은 두 가지다. 첫째, 우리의 첫 임무는 교회가 실제로 예수님의 새로운 회복공동체라고 확신하게 하는 것이다. 지금 그렇게 함으로써 더 큰 사회에 큰 충격을 주게 된다. 둘째, 우리는 또한 더 넓은 사회를 개선하기 위해 노력한다. 언젠가는 예수님이 오실 것이고 이 세상 나라들은 우리 주님의 나라가 될 것이다. 그러므로 우리는 지금 온전함, 정의, 그리고 회복이 도래하게 하는 방향으로 사회를 자극하고자 노력한다. 왜냐하면 우리는 그것이 그리스도의 재림 시에 완전히 도래할 것을 알기 때문이다.

7. 마지막으로, 만약 복음이 죄의 용서만이 아닌, 하나님 나라의 좋은 소식이라면, 우리는 마땅히 그저 전도로만 복음을 공유할 수는 없다. 우리는 또한 그대로 살아야만 한다. 말씀과 행함은 병행되어야만 한다.

나는 이 충만한 성경적 복음이 우리의 손상된 세계가 필요로 하는 것임을 절대적으로 확신한다. 그것은 분명히 놀라운 용서의 소식을 필요로 한다. 그러나 또한 상처 입은 사람들이 바로 지금 들어갈 수 있고 온전함을 향하여 양육될 수 있는 회복되고 회복하는 공동체가 존재한다는 놀라운 진리를 듣고 보게 되기를 갈망한다. 만일 세상의 기독교인들의 4분의 1만이라도 예수님의 나라의 충만한 복음을 선포하며 삶으로 살아간다면, 우리는 이전에 결코 본적이 없는 엄청난 규모의 부흥과 교회성장을 보게 될 것이다. 이에 더하여, 세상은 더 나은 곳이 될 것이다. 형제 자매여, 세 번째 밀레니엄을 준비하면서 하나님 나라에 대한 예수님의 온전한 복음을 받아들이자.

여기서 1차 로잔 세계복음화대회에서의 한 담화문을 소개하려고 한다. 이보다 더 하나님 나라에 대한 예수님의 복음의 의미를 총체적이고, 포괄적으로 포착한 진술은 거의 없기에, 나는 그 진술을 소개하면서 이 장을 마치고자 한다.

> 복음은 예수 그리스도 안에 있는 하나님의 좋은 소식이다. 그것은 그가 선포하고 구현한 통치의 좋은 소식, 그리스도와 그분의 십자가를 통해서만 온전히 세계를 회복시키신다는 하나님의 사랑의 사명의 좋은 소식, 파괴와 죽음의 사악한 권력에 대한 그분의 승리의 좋은 소식, 전 우주에 대한 그분의 주되심의 좋은 소식, 새로운 인성의 새 창조라는 좋은 소식, 그를 통하여 그의 생명을 주시는 성령에 의한 거듭남의 좋은 소식, 예수님 안에 내재하고 그의 성령에 의해 그를 통해 전달된 메시아적 통치의 선물에 관한 좋은 소식, 그리고 만물 앞에 지금 여기서 그의 평강의 통치를 구현할 권세를 받아서 그의 좋은 소식을 보게 하고 알게 하는 은사적인 공동체에 관한 좋은 소식이다. 그것은 개인적이고, 사회적이며, 세계적인 그리고 우주적인 자유와 회복과 온전함과 구원의 좋은 소식이다. 예수님은 주님이시다! 할렐루야![45]

---

[45] "Radical Discipleship" statement. Douglas, ed., *Let the Earth Hear His Voice*, 1294.

Good News and Good Works

제 3 부

구원에 대한 편향적 관점의 극복
OVERCOMING ONE-SIDED VIEWS ABOUT SALVATION

Good News and Good Works
by Ronald J. Sider

chapter 5

하나님의 구원의 충만함을 깨달음

"만일 하나님이 우리와 그 분의 사이를 화해시키실 수 있지만 우리가 서로 화해하도록 만드실 수는 없다면 이 모든 것은 사기임에 틀림없을 거예요."

― 에디 뱅크스(Addie Banks)

　1991년 가을 쯤 이었다. 인종적인 긴장 및 여러 가지 문제들이 극에 달해 있었으며, 여러 인종이 혼합된, 도심에 위치한 우리의 공동체를 절망에 빠뜨렸다. 그런 가운데 교단의 지도자들은 최후의 수단으로 흑인 부부를 초대했다. 마이클 뱅크스(Michael Banks) 목사와 그의 부인 에디(Addie)였다. 매주 진행되던 주말 특강 시리즈의 일환으로 화해라는 주제를 가지고 그 주말을 인도해 달라고 브롱크스(Bronx)로부터 그들을 청했다.
　어느 저녁에 뱅크스 목사는 그들의 회심에 관한 이야기를 나누었다. 20년 전 그들의 결혼은 파탄 직전에 이르렀다. 그는 도심에서 마약 상담가로 일하면서 얻는 긴장을 풀기 위해 술을 많이 마셨다. 그와 부인 에디는 그들이 함께하는 유일한 이유가 서로를 파멸시키기 위해서인 양 서로에게 깊은 상처를 안겨 주었다.

그러던 어느 날 에디가 그리스도를 영접했다. 그녀의 분노가 모두 사라지지는 않았지만 그녀의 반응은 새롭고 다른 것이었다. 마이클에게 이런 현상은 처음에는 놀랍고 어리둥절한 일이었지만 머지않아 강력하게 그를 사로잡았다. 그 역시 새로운 신앙에 이끌리게 되었다. 그리고 그의 삶을 그리스도께로 열게 되었다. 하지만 예수님은 즉각적으로 그들의 결혼생활을 고치지 않으셨다. 오래된 고통은 옛 습관들을 불러일으켰다.

계속된 언쟁과 다툼 끝에 마이클은 하나님이 그들의 결혼을 회복시키실 수 있다는 모든 소망을 마침내 버리기에 이르렀다. 어느 날 그는 에디에게 말했다. "당신은 당신 갈 길을 가고 나는 내 갈 길을 가는 것이 어떻겠소?"

에디의 즉각적인 반응은 신학적으로 훌륭한 것이었다.

"만일 하나님이 우리와 그분의 사이를 화해시키실 수 있지만 우리가 서로 화해하도록 만드실 수는 없다면 이 모든 것은 거짓에 불과할 거예요."

에디 뱅크스의 반응이 신학적으로 옳은 것인지는 구원을 어떻게 정의하는가에 따라 달라진다. 구원이라는 단어는 오늘날 교회에서 많은 사람들에게 각각 다른 의미를 가지고 있다. 어떤 기독교인들의 경우에 구원은 죄 용서와 하늘나라에 이르는 편도티켓이다. 그들은 구원과 그들의 깨어진 결혼 생활, 인종적 편견, 혹은 경제적 불의 사이의 연관성을 찾지 못한다. 다른 한 편 세속적인 기독교인들에게 구원은 사회가 더 평화롭게 변하고 정의롭게 변했을 때 일어나는 무언가에 불과하다. 구원을 이해할 때 죽음 후의 영생으로 이해하는 것은 더 이상 합리적이고 신뢰성이 있는 이야기가 아닌 것으로 받아들인다는 것이다. 이런 두 극단 가운데 여러 가지 중립적인 입장들이 존재하기도 한다.

만약 복음이 단지 법정적 칭의에 불과하다면 구원은 용서를 받을 가치가 없는 자들을 하나님이 용서해주시는 것에서 끝나게 된다.[1] 용서받은 죄인들이 그리스도를 영접하기 전의 삶과 다르게 살아가는 문제는 그들의 구원과는 아무런 관련이 없게 되는 것이다. 만약 복음이 단지 칭의에서 그치는 것이라면 마이클과 에디는 기독교인이 될 수 있고 구원을 경험할 수는 있지만 그와 동시에 그들이 가지고 있는 자기 파괴적 괴로움과 분노에는 아무런 변화가 일어나지 않을 수도 있다. 또한 도심 안의 공동체 가운데 뒤섞여 살아가는 흑인과 백인들이 인종적인 불신과 증오를 극복해내기를 기대해서도 안 된다. 그와는 상관없이 어쨌거나 그들이 복음을 받아들였다면 말이다.

하지만 만일 복음이 도래하는 메시아의 나라에 대한 좋은 소식을 의미하는 것이라면 에디 뱅크스의 생각이 옳다. 마가복음 10:23-26이 말하고 있는 바와 같이 하나님 나라에 들어가는 것과 구원을 경험하는 것이 역으로도 성립한다면 구원은 단순히 받을 자격 없는 용서에서 그치는 것이 아닌 그 이상(당연히 그것보다 이하일 수는 없다)이라고 말할 수 있다. 구원 안에는 성령께서 사람들 **안에서** 그리고 사람들 **사이에서** 역사하시면서 모든 것을 깨끗하게 하시는 변화의 요소가 포함되어 있다.

그러므로 구원은 마이클과 에디 뱅크스 부부와 같은 새로운 기독교인들의 결혼생활이 변화하는 것을 포함한다. 또한 구원

---

[1] 믿음으로 말미암는 칭의는 "모든 기독교 교리의 원칙이 되는 조항"이라는 마틴 루터의 진술을 보라. *Commentary on the Epistle to the Galatians* (James Clarke, 1953), 143. 또한, 최근의 복음주의적 서술을 보라. "믿음에 의한 칭의는 우리에게 드러날 때, 모든 복음전도자들에게, 하나님이 구원하시는 은혜의 모든 경륜의 심장과 축에, 패러다임과 본질에도 드러난다. 아틀라스가 어깨로 세상을 떠받치고 있듯이, 그것은 그리스도 안에서 죄인들을 향한 하나님의 사랑의 복음주의적 지식 전체를 떠받치고 있다." R. T. Beckwith, G. E. Duffield, 그리고 J. I. Packer, *Across the Divide* (Marcham Manor Press, 1977), 58. 성경 전체를 신뢰하는 복음주의자로서 나는 엄밀하게 그것이 과장되고 편향적인 진술이라고 생각한다.

이 포함하고 있는 요소는 내가 예전에 예배드리던 필라델피아(Philadelphia) 북부의 17번가와 다이아몬드 거리(Diamond Street)의 도심 공동체에서 흑인들과 백인들이 사랑하고 서로를 존중하며, 예수 그리스도께서 새롭고 구속받은 인성을 형성하시도록 허락하는 것이다. 예수님이 만드시는 이 새로운 인성은 미국 내 인종차별의 비극과 억압을 초월할 수 있는 인성이다. 예수 그리스도를 고백하는 공동체 안에서 구원은 인격적인 동시에 사회적이며, 개인적인 동시에 공동체적이다.

하지만 더 넓은 사회에서는 어떻게 되는 것인가? 우리는 제 2장에서 세 번째 양상을 따르는 자들(교회일치운동을 추구하는 기독교인)은 새로운 필라델피아의 시장이 소수자들을 위해 더 위대한 정의를 만들어내고 동구권에서 민주주의가 나타나게 될 때 그것을 구원이라고 부른다는 것을 보았다. 식용으로 사용할 수 없는 고기들이 살고 있는 오염된 스쿨킬 강(Schuylkill River)은 또 어떤가? 이런 것들을 제쳐두고 구원을 말할 수 있는가?

구원에 대한 우리의 정의는 복음주의와 사회적 관심 사이에 있는 관계를 이해하기 위해 매우 중요하게 작용한다. 이 장에서 우리는 구원에 대한 성경적 관점이 무엇인지 간략하게 살펴볼 것이다. 이 연구과정에 대해 인내해주시기를 부탁드리는 바이다. 나는 성경의 한 부분만을 골라내서 말하고 싶지는 않다. 성경 전체가 무엇을 말하고 있는지에 대해서 듣고 싶다. 이에 대해 살펴볼 때 중요하게 여겨야 할 두 가지 요소가 있다. 첫째는 구원에 대한 성경적 용어이다. 그리고 두 번째로는 그리스도의 구원 사역(속죄)에 대한 신약성경의 이해이다.

1. 구원과 관련한 성경적 용어들

1) 구약에서의 구원[2]

야샤(*yasha'*), **예슈아**(*yeshu'a*), 그리고 **예샤**(*yesha'*)는 구약에서 구원의 개념을 전하기 위해 가장 흔하게 사용되는 단어들이다(이 용어들은 요셉이 천사로부터 들었던 마리아의 아기의 이름 예수의 히브리어적인 기원을 제공한다. "이는 그가 자기 백성을 그들의 죄에서 구원할 자이심이라"[마 1:21]).

구약을 이해하는 데 있어 특히 중요한 것은 다음 두 가지이다.

첫째, 구원은 하나님의 사역이다. 구약은 언제나 구원의 주권자로 하나님을 꼽는다. 하나님이 사람들을 구원하셨다(호 1:7). 그분은 스스로 신자들을 구원하실 수 있으시다(겔 34:22). 또한 그분 외에 이런 일을 행할 수 있는 분은 없으시다(사 43:1). "우리의 구원이신 하나님"(시 68:19)이라는 찬양을 받기에 합당하신 분은 오직 그분 뿐이다. 그 하나님의 구원을 받을 수 있는 유일한 방법은 겸손하고 신뢰하는 믿음이다.

둘째, 구원은 역사 가운데 발생하고, 사회적이며, 공동체적이고, 공적이다. 다음 구절은 이에 대한 대표적인 예이다.

> 그날에 여호와께서 이같이 이스라엘을 애굽 사람의 손에서 구원하시매(출 14:30)

마이클 그린(Michael Green)은 이 구절에 대해 이렇게 주석한다.

---

[2] 더 상세한 것은 다음을 보라. Ronald J. Sider 와 James Packer III, "How Broad Is Salvation in Scripture?" in Nicholls, ed., *In Word and Deed*, 89–99, 그리고 그 안에 인용된 문헌들. 그 장은 초기의 저작에서 자유롭게 빌려왔다.

가혹한 공사감독들의 손아래 마치 당장이라도 찾아올 것만 같은 죽음의 위협 아래 있었던 괴로운 속박의 땅 이집트로부터 그들을 건져낸 구출은 이스라엘 백성의 구원에 대한 이해의 관점을 결정지었다.[3]

이스라엘에게 하나님이 일으키신 구원의 가장 중요한 단 하나의 사건은 이스라엘 공동체 전부를 자유롭게 한 명백한 역사적 사건이었다.

법정적 정의와 구원은 밀접한 관련을 가지고 있다. 시편 72편은 "그가 가난한 백성의 억울함을 풀어 주며 궁핍한 자의 자손을 구원하도록"(4절) 신성한 의로움을 이스라엘의 왕에게 부여해 달라고 하나님께 부탁하고 있다. 본문에 포함된 가난한 자들과 압박받는 자들에 대한 변호로써의 구원의 개념은 이스라엘의 법률 체계와 관련이 있다.[4]

구약에서 구원은 명백하게 사회적이고 공동체적이었으며 삶의 모든 면면들을 포함하고 있었다.[5] 하나님의 구원은 물질적인 번영, 재판 체제 가운데 가난한 자와 궁핍한 자에 대한 의, 그리고 계속되는 이스라엘 백성의 역사적인 경험과 관련되어 있다. 구약에 나타나는 하나님의 구원 사역의 핵심은 이스라엘 공동체의 회복이 실존 가운데 드러나는 것이었다.

동시에 수직적인 면 또한 동일하게 중요하고 모든 부분에 드러나 있다. 하나님이 구원의 시작이 되신다. 하나님은 출애굽기에서 구원을 시작하신 분으로 나타나신다. 이스라엘 백성 개개인과 공동체 모두 오직 여호와만을 믿는 가운데 구원을 기뻐했다.

---

3 E. M. B. Green, *The Meaning of Salvation* (London: Hodder and Stoughton, 1965), 16.
4 그 이상은 이사야 51:4-5; 59:15-17을 보라.
5 Perry B. Yoder가 히브리어 **샬롬**(평화, 완전함)을 구원에 관한 구약성경의 이해에 밀접하게 연결시킨 것은 옳다. *Shalom: The Bible's Word for Salvation, Justice, and Peace* (Newton, Kans.: Faith and Life Press, 1987), 특히 1, 2, 4장.

사실 구약은 여호와를 믿는 언약 공동체의 맥락이 아닌 다른 곳에서 하나님의 구원의 실재에 대해 말하지 않는다. 당연하게도 여호와께서는 모든 열방의 주이시다. 그리고 하나님은 그 열방 가운데서 그가 뜻한 바를 이루시기 위해 이스라엘에서 일하셨듯이 일하신다. 그의 뜻에는 가난한 자를 위한 의가 포함되어 있다(단 4:27). 하지만 구약은 하나님이 직접 선택하시고 하나님을 의식적으로 주라고 고백하는 자들과 맺으신 언약과 하나님의 구원을 따로 분리해서 다루고 있지 않다.

2) 신약에서의 구원

1_ 복음서에서의 구원

중요한 점을 세 가지로 나누어볼 수 있다.

첫 번째는 예수님이 구원을 하나님 나라와 분리할 수 없도록 연결시키신다는 것이다. 젊은 부자 청년이 어떻게 영생을 얻을 수 있는지 물을 때 예수님은 그의 모든 좋은 것을 팔아서 가난한 자들에게 주고 자신을 따르라고 말씀하셨다. 안타깝게도 이 젊은 청년이 값진 초대를 거절했을 때 예수님은 부자가 하나님 나라에 들어가는 것이 거의 불가능하다고 설명하셨다. 이에 대해서 제자들은 이렇게 말한다. "그렇다면 누가 구원받을 수 있는가?"(막 10:17-26). 구원을 받는 것과 하나님 나라에 들어가는 것은 실질적으로 동일한 것이다.[6]

두 번째로 구원은 공적인 것이다. 새롭게 회복된 공동체는 구약의 하나님의 구원에 그 핵심이 있었다. 그래서 예수님은 도래하는 그 나라의 구원을 받고 예수님의 나라의 가치를 가지고 살아가기

---

6 그 이상은 다음을 보라. Green, *Salvation*, 102.

시작하는 공동체를 만들기 위해 제자들을 부르셨다.

예수님이 공포하신 나라의 구원을 경험하는 것은 가치, 행동, 그리고 관계의 완전한 변화를 뜻하는 것이었다. 때로 사람들은 젊은 부자 청년의 경우와 같이 이 나라의 구원을 거절한다. 부를 버려 그것을 가난한 자들에게 나누어 주고 싶어하지 않기 때문이다. 그러나 때로 그들은 삭개오처럼 죄(부정직함, 공식적 부패행위, 그리고 불의)를 회개하기도 했다. 그리고 그들이 불의하게 얻은 돈을 가난한 자들에게 돌려주는 행위를 통해서 불의한 관계들을 바로잡았다. 이 때 예수님은 이렇게 말씀하신다. "오늘 구원이 이 집에 이르렀다"(눅 19:9).

이 본문은 예수님이 죄인 삭개오에게 용서를 선언하셨음을 분명히 드러내고 있지는 않다. 그럼에도 불구하고 문맥을 통해서 예수님이 공적으로 죄인이라고 알려진 자의 집을 찾아가시는 행동은 그를 용서하시는 행동이었음을 분명히 알 수 있다. 이 때 구원은 단순히 죄에 대한 수직적 용서만을 포함하고 있는 것이 아니다. 물론 죄의 용서는 구원의 중요한 구성요소로 작용한다. 이 삭개오의 이야기에서 발견할 수 있는 구원의 핵심적인 요소는 은혜를 통해 회개하고 용서받은 압제자의 삶 속에 새로운 사회적 관계들이 생겼다는 것이다. 예수님의 도래하고 있는 나라의 구원은 인격적이고 개인적인 동시에 그만큼 공동체적이며 사회적이다.

세 번째로 육체적인 회복은 구원의 일부이다. 우리는 구약에서 **구원**이라는 용어가 모든 삶의 영역에서의 완전함 혹은 **샬롬**(*shalom*)을 뜻하고 있음을 보았다. 복음서에 있어서도 이와 같다. 복음서에 드러난 구원의 개념은 죄 사함과 그 이상을 포함하고 있다. 복음서에서 구원에 대한 용어는 우리가 일반적으로 '영적인 중요성'이라고 생각하는 것보다 많은 대상에 적용되고 있다.

공관복음에 기록된 예수님의 치료하시는 기적 중 거의 네 번의

한 번꼴로 **구원하다**(*sozo*)라는 용어가 등장해 육체적인 치료의 현상을 설명한다.[7] 사마리아인 문둥병자는 "구원받았다"(눅 17:19). 또한 소경 바디매오(막 10:52)와 자유롭게 된 귀신 들린 남자(눅 8:36) 또한 문둥병자와 같은 경우였다. **구원하다**라는 용어는 임사하여 죽어가는 죽음의 위험(마 8:25, 14:30) 가운데 육체적으로 구출하시는 내용을 설명하기 위해 사용되기도 했다. 이 때 구원은 인성으로써 예수님의 역사 안으로 메시아의 나라가 점점 들어올 때 부서진 육체적 몸이 변화하는 것을 포함한다.

이런 내용은 만일 우리가 충분한 믿음이 있다면 어떠한 질병도 없을 것이라는 것을 뜻하는 것인가? 구원은 육체적으로나 혹은 감정적으로나 흠이 없는 것 그 이상의 내용을 담아내지 못하는가? 십자가의 열매는 육체적 회복에 국한되며 그 육체적 회복은 죄를 사함 받은 기독교인이라면 누구든지 쉽게 얻을 수 있는 것인가?[8] 그렇지 않다. 바울은 죽음을 가리켜 없어질 마지막 적이라고 가르친다(고전 15:26). 그리스도의 재림까지 신자와 비신자 모두 죽음으로 고통 받을 것이고, 죽음을 불러오는 질병 가운데 있을 것이다. 온전히 순종하며 성령으로 충만한 기독교인은 가난 혹은 암

---

7 **소조**(*Sozo*)는 치유를 언급하기 위해 열여섯 번 사용된다. **테라퓨오**(*Therapeuo*)는 서른세 번, **라오마이**(*laomai*)는 열다섯 번 치유를 언급하기 위해 사용된다. *TDNT*, VII, 990. 사도행전 4:9, 14:9에서도 마찬가지다. 야고보서에서, **소조**(*sozo*)는 육체적 치유(5:15)와 최후의 심판때에 하나님의 형벌을 면하는 것(5:19)을 동시에 지칭하기 위해 사용된다. 영어번역은 종종 그 사실이 불명료하게 나타난다. 마가복음 6:56은 기록한다. "손을 대는 자는 다 성함을 얻으니라." 그러나 "성함을 얻으니라(healed)"로 번역된 **소조**(*sozo*)는 보통 "구원얻다(save)"라고 번역된다 (마태복음 14:36참조).

8 일부 급진적 오순절파가 그렇게 주장한다. 다음을 보라. Miroslav Volf, "Materiality of Salvation: An Investigation in the Soteriologies of Liberation and Pentacostal Theologies," *Journal of Ecumenical Studies* 26, no. 3 (summer 1989): 458, nn. 74-75. 엄밀하게 John Stott는 이러한 주장에 대해 거절한다(*Christian Mission*, 85-87). 또한 다음을 보라. Robert Jackson, "Prosperity Theology and the Faith Movement," *Themelios* 15, no. 1 (October 1989): 16-24.

으로 죽기도 하겠지만 그는 용서받았으며 영생으로 가는 길을 확보하였다. 속죄는 기독교인들에게 육체적인 회복을 보증하는 그런 것이 아니다.

한편 지금까지 우리가 살펴 본 본문들은 때때로 하나님이 주권적으로 우리의 육체를 치료하기로 택하심을 나타낸다. 이미 시작된 하나님 나라의 징조로써, 그리고 그리스도의 재림 시에 일어날 완전한 구원의 맛보기로써 말이다. 신약에서는 이러한 맥락에서 구원의 용어를 사용하고 있기 때문에 기독교인들도 이에 동의해야 한다. 이렇게 인식하는 것은 우리로 하여금 구원은 육체를 위한 것이 아니라 오직 영혼만을 위한 것이라고 주장하는 비성경적인 영육이원론으로부터 벗어날 수 있도록 돕는다.[9] 이 점이 강조하는 것은 하나님의 구원은 죄로 인한 완전한 파멸을 바로잡으시는 것이라는 사실이다. 그것은 단순히 어떤 내면적이고 비물질적인 영역에 국한된 것이 아니라 모든 창조 질서 가운데서 바로잡으시는 것이다.

네 번째로 하나님과의 바른 관계 역시 구원의 중심에 있다. 만약 우리가 배타적인 자세로 구원의 수평적인 면모들에만 집중했더라면 우리는 복음을 엄청나게 왜곡하고 있었을 것이다. 구원의 핵심은 예수님이 우리의 죄를 위해 십자가에서 죽으심으로 인해 하나님과의 바른 관계가 가능하게 되었다는 것이다. 인자이신 예수님은 우리의 죄를 위해 고난 받으시려고 이 땅에 오셨다.[10] 예수

---

[9] Miroslav Volf는 "Materiality of Salvation" 450-51 에서 Martin Luther의 고전적 예증을 논한다. 나는 John Stott가 "구원은…도덕적이며 물질적이지 않다"고 말한 것에 대해서도 동의하지 않는다. *Christian Mission*, 87 (84-101전체를 보라). 『현대기독교선교』(성광문화사). 구원은 둘 다 포함한다. 그러나 이것은 우리가 세 번째 양상의 확장된 용법을 사용해야 함을 의미하지 않는다(다음을 보라, appendix 1, "How Broad Is Salvation?").

[10] 예수님은 그분이 고난 당하실 것과(막 8:31; 9:31; 10:33, 45; 14:21) 영광 중에 다시 오실 것을(막 8:38; 13:26; 14:62)말씀하실 때에 고난 받는 종의 과업(사

님은 죄에 대한 하나님의 진노에 대해 대신 고난 받으시기 위해 태어나셨다. 예수님의 십자가는 하나님의 진노와 하나님의 자비를 모두 가져 온다. 이 점은 구원에 대한 복음의 설명에 있어 절대적 중심에 있다.

십자가의 도리는 기독교인의 삶에 있어서도 동일하게 중요하다. 기독교인들은 결혼 생활과 교회 안에서 실패한다. 우리는 회개할 때 하나님이 변함없이 우리를 사랑하시고 용서하신다는 그 놀라운 지식 없이는 결코 살아남을 수 없다.

앞서 나는 도심에 있는 나의 교회 내부의 갈등에 대해서 언급했다. 남아공의 소우에토(Soweto)에서 이 책을 교정하는 지금, 우리의 교회가 다민족에 대한 비전을 포기했다는 슬픈 사실을 알려야겠다. 알부터스(Arbutus)와 나는 떠났다. 나는 하나님이 필라델피아 북부 17번가와 다이아몬드 거리에 사는 신자들에게 인종혼합적인 지체의 몸을 원하신다는 사실을 확신한다. 하지만 편견과 상처의 길고 슬픈 역사가 현재로는 그것을 불가능하게 만들고 있다. 하나님 나라의 삶을 이루어 가려는 우리의 노력들이 우리의 죄로 인해 실패할 때, 우리의 교회 생활과 결혼 생활이 실패해 갈 때, 그 거룩한 용서하심의 영광스러운 진리에 우리가 연합되어 있을 수 있다는 사실로 인해 하나님께 감사하는 바이다.

누가복음은 우리가 지금까지 다루었던 구원의 다양한 상호 연

53장)과 이 하늘로부터 나신 인자의 과업(단 7장)을 결합시켰다. 그는 **많은 사람**(*anti pollun*)을 섬기고 자신의 목숨을 **희생제물**(*lutron*)로 주시기 위해 오셨다. 신약학자 Joachim Jeremias는 성만찬 때에 하신 예수님의 말씀 "몸을 주심"과 "피 흘리심"은(막 14:21-24, 마 26:24-28, 눅 22:20, 고전 11:24) 거의 확실하게 "많은 사람들에게" 효력을 미치는 희생으로서의 폭력적 죽음을 지칭한다고 말한다(*The Eucharistic Words of Jesus* [New York: Macmillan, 1955], 140이하). 그 배경은 이사야 53장이며 이것은 피로 인쳐진 "새 언약"에 대한 언급을 발전시킨다. 그의 피는 죄의 용서를 가능하게 하고 선지자 예레미야가 갈망했던(렘 31:31-34) 새 언약을 이루는 것을 가능하게 한다. 그러므로 인자는 잃어버린 죄인들을 얻고자 하시고 구원하셨다.

관적인 면면들에 대한 설득력 있는 완성을 제시하고 있다.[11] 누가는 이방인 백부장의 종을 치료할 때(눅 7:3), 타락한 여인을 용서하실 때(눅 7:50), 귀신들린 사람을 회복시키실 때(눅 8:36), 그리고 죽은 여자아이에게 새로운 생명을 주실 때(눅 8:50), 그 상황들을 설명하기 위해서 구원의 용어를 사용한다. 누가는 이런 상황들이 구원에 대한 설명이 되기를 의도하고 있는 것이다. 그는 우리가 구원이란 이런 것임을 알기 원하는 것이다. 구원이 영생, 흠 없음, 용서, 그리고 치료와 같은 것이라는 점을 말이다. 그리스도의 실재와 이에 대한 시인이라는 맥락에서 육체적 치료는 구원이라고 부를 수 있다. 하지만 예수님의 전능하신 행위들은 단순히 불쌍히 여기심의 행동들이 아니었다. 이것은 그분의 위격 가운데서 드러난 하나님 나라의 실재에 대한 징조이기도 했다. 구원은 사람들이 믿음으로 예수님의 말씀에 반응할 때 일어나는 것이다(눅 8:15). 그리고 이 말씀은 그분, 메시아로 오신 예수님에 대한 선포이다. 그리고 점점 다가오고 있는 그 나라에 대한 선포이다.[12]

2_ 바울과 신약의 나머지 부분에서의 구원

바울에게 구원이란 그리스도 안에서 하나님이 진행하고 계시는 과거, 현재, 그리고 미래의 구원사역이다.[13] 이 구원이란 십자가의 희생, 칭의의 경험, 중생, 그리고 성화를 포함하고 있다. 그리고 또한 예수님의 새로운 나라의 실재, 그리고 그리스도 안에서 일어난 모든 것의 궁극적인 우주적 회복을 모두 포함하고 있다. 복음

---

11 누가는 구원이라는 단어를 매우 자주 사용한다. 다음을 보라. W. C. Van Unnik, "The Book of Acts, True Confirmation of the Gospel," in *Novum Testamentum* IV (1960), I. H. Marshall, *Luke: Historian and Theologian* (Exeter and Grand Rapids: Paternoster and Zondervan, 1971).

12 Green, *Salvation*, 126.

13 John Stott의 탁월한 논의를 보라. *Christian Mission*, 103-14. 『현대기독교선교』(성광문화사).

서에서 나타나는 바와 같이 바울에게 있어서도 구원이란 개인적인 동시에 공동체적인 것이다. 수직적인 동시에 수평적인 것이다. 그리고 실질적으로는 언제나 그리스도에 대한 의식적인 고백과 관련되어 있다.[14]

구원의 과거 시제. 과거의 사건으로 구원은 특히 십자가에서 우리를 구원하신 그리스도의 못 박히신 사건에 그 초점을 맞추고 있다. 바울은 세 가지 종류의 핵심 단어를 사용하고 있다.[15] 우리는 복음을 들었을 때 구원(*soteria*)을 얻는다. 그리고 우리의 행위가 아닌 믿음으로 의롭게 된다(롬 1:16-17). 그리고 우리는 십자가로 인해 하나님의 진노로부터 자유롭게 된다(롬 5:9). 구속(*apolutrosis*)은 이와 유사하게 십자가에서 일어난 그리스도의 보혈의 속죄로 인해(롬 3:24-25) 우리에게 주어진 죄의 용서이다(롬 8:23, 골 1:13-14). 그리고 화평(*katallage*)은 강력한 수평적 요소를 가지고 있다. 우리가 하나님과 화평한 관계에 놓일 수 있도록 그리스도께서 십자가에서 우리의 죄를 위해 하신 일에 근거를 두고 있다(고후 5:18-21).

구원의 현재 시제. 사도 바울은 구원의 **현재적인 실재**의 많은 부분을 매우 중요한 용어인 의로움(*dikaiosune*)으로 설명한다. 그렇다면 이 단어가 의미하는 것은 무엇인가? 마이클과 에디 뱅크스 부부가 옳았던 것인가? 하나님은 우리를 용서하시기만 하고 바꾸지는 않으시는가?

성 어거스틴과 가톨릭 전통의 많은 사람들은 의로움을 이해할 때 성령께서 속사람 가운데 점점 그리스도의 형상에 닮아가도록 만드시는 진정한 의를 뜻하는 것으로 이해했다.[16] 마틴 루터는 의

---

14 부록 331쪽 골로새서 2:15에 관한 논의를 보라.
15 *soteria* (구원), *apolutrosis* (구속), 그리고 *katallage* (화목). John Stott는 다음 책에서 *apolutrosis* 와 *katallage* 에 관한 심도 깊은 논의를 했다. *The Cross of Christ* (Downers Grove, Ill.: InterVasity, 1986), 175-82, 192-203. 『그리스도의 십자가』(IVP).
16 다음의 예를 보라. John Burnaby, *Amor Dei* (London, 1960), 220. Driver,

로움이라는 단어를 칭의로 보았다. 다시 말해 죄인들이 그리스도의 공로를 "오직 믿음으로" 신뢰함으로 말미암아 십자가를 통해 그리스도의 공로가 그들의 것으로 인식되어 의롭다 칭함을 얻고 그들의 죄가 사함받았다고 선언하는 하나님의 행위라는 것이다.[17] 그렇다면 바울이 의도하는 의미는 과연 무엇인가?

사도 바울의 글을 주의 깊게 읽어보면 둘 다라고 대답하게 됨을 알 수 있다. 바울은 때때로 루터가 "법정적 칭의"(롬 4:5-8)라고 부르는 의미로 의로움을 사용한다. 그리고 어떤 경우에는 이 인격의 진정한 성화를 뜻하기도 한다(롬 6:1-20).[18]

의로움은 개인의 용서와 성화에 제한된 것은 아니다. 로마서 14:17에서 의로움은 신자들의 구원받은 공동체에서 변화된 사회적 관계를 뜻하고 있기도 한다. 13절과 이어지는 내용에서 바울은 어떠한 음식도 그 자체로 더럽지는 않다고 이야기한다. 하지만 만약 형제나 자매가 그 음식을 더러운 것으로 인식한다면 우리는 그것을 계속해서 먹음으로 인해 그들을 시험에 들게 해서는 안된다. "하나님의 나라는 먹는 것과 마시는 것이 아니요 오직 성령 안에

Understanding the Atonement, 201-3 또한 여기에 강조점의 대부분을 둔다.

[17] 다음의 예를 보라. Gordon Rupp, *The Righteousness of God: Luther Studies* (London: Hodder and Stoughton, 1953).

[18] 로마서 4:7-8에서의 시편 32:1-2 인용은 이 구절에서 *dikaiosune*가 정확하게 하나님이 우리 죄를 용서하시고 우리의 죄를 계산하지 않으시도록 하는 하나님과의 올바른 관계를 의미한다는 것을 충분히 분명하게 밝혀준다. 그것은 법정적 칭의로써 루터가 의미했던 바이다. 그러나 바울은 또한 이 동일한 헬라 단어를 성령에 의하여 신자들 안에 창조된 순전한 의를 지칭할 때 사용한다. 로마서 6장에서, 바울은 신자들이 감히 그들의 삶 속에서 죄에 계속 매여 있어서는 안 된다고 단호하게 주장한다. 오히려, 그들은 자신들을 "의(*dikaiosune*)의 무기"(13절)로 드려야 한다. "죄로부터 해방되어 의(*dikaiosune*)에게 종이 되었느니라"(18절, 또한 20절 참고). 또한 에베소서 4:22-24를 보라. *Theological Dictionary of the New Testament*에서 저자는 이 핵심단어에 관해 잘 논하고 있다. "그러므로 바울에게 있어, *dikaiosune*는 무죄한 의와 죄의 속박을 깨뜨리는 생명의 능력을 함께 지칭할 수 있다"(II, 209-10).

있는 의(*dikaiosune*)와 평강과 희락이라"(롬 14:17). 이 본문에서 의와 평강은 기독교인의 공동체 안에서 흠 없는 바른 관계를 뜻한다.[19] 오늘날 도래하는 그리스도의 나라의 일원으로 살아가는 것은 평화롭고, 온전하고, 진정한 교제의 구원을 즐거워하는 것이다.

에베소서 2:11-3:7은 충격적인 방법으로 구원의 공동체적인 면모를 설명하고 있다. 에베소서 2:11 이후의 내용은 십자가를 통해 나타나는 구원의 수직적인 면과 수평적인 면을 설명하고 있다. 십자가에서 하나님은 유대인들과 이방인들을 하나님과 화목하게 하셨다. 그러므로 고대사회의 가장 적대적이었던 두 사회 공동체 사이의 수평적인 화평함 또한 가능하게 되었다. 바울은 이 두 가지 면의 화평(하나님과, 그리고 다른 신자들과)이 그리스도 안에서 유대인과 이방인들 사이의 장벽을 무너뜨렸다는 것을 강조한다(2:11-17). 그리고 바울은 계속해서 자신에게 나타났고 자신이 전하고 있는 그리스도의 "신비"에 대해서 설명한다.

> 이는 이방인들이 복음으로 말미암아 그리스도 예수 안에서 함께 상속자가 되고 함께 지체가 되고 함께 약속에 참여하는 자가 됨이라 **이 복음**을 위하여 그의 능력이 역사하시는 대로 내게 주신 하나님의 은혜의 선물을 따라 내가 일꾼이 되었노라(엡 3:6-7).

구원받은 새로운 공동체의 실체는 이 두 적대적인 사회적 공동체가 이제 어떻게 존재하는지를 통해서 볼 수 있다. 그들이 그리스도의 지체로써 화해하는 것은 복음의 일부이며 그러므로 바울이 선언한 구원의 일부라고 할 수 있다.

사도 바울에게 있어서 구원의 현재 시제는 용서, 성화, 그리고

---

[19] 물론 바울은 단지 위대한 히브리어 *shalom*과 *ṣedaqa*의 충만성을 끌어내고 있다.

새롭게 구속받은 공동체를 포함하고 있다.[20]

구원의 미래 시제. 구원은 바울에게 있어 많은 미래적 면모를 가지고 있다. 우리 안에 일을 시작하신 하나님은 현재에도 그 일을 계속하고 계시며 미래에 그 일을 완성하실 것이다(빌 1:6). 우리가 이미 경험한 구원은 완전한 유산의 첫 단계일 뿐이고 그리스도께서 다시 오실 때 그 완전한 유산을 받게 될 것이다(엡 1:13-14). 그 때 우리의 육체 또한 **구속**을 경험하게 될 것이다(롬 8:23).

사실 바울이 로마서 8:18-23에서 설명하고 있는 구속은 전 인격적인 부분 보다 한참 더 나아간 구속이다.[21] 그 구속은 온전한 창조를 포함한다! 바울은 그리스도께서 다시 오실 때 하나님이 이 물질계 또한 회복하실 것이라고 말한다.

우주적인 구원. 로마서 8:18절과 그 이후에 이어지는 내용은 놀라운 본문이다. 20절에 등장하는 바울의 출발점은 피조물이 "허무한 데 굴복했다"는 사실이다. 아마 바울은 인간의 죄가 우리의 본성에 파괴가 일어나고 악하게 변화한 원인으로 작용했다는 내용(17-18절)이 나오는 창세기 3장과 관련해서 말하고 있는 것일 수도 있다. 하지만 바울은 예언적인 소망에 친숙했다. 우리가 3장에서 살펴 본 것과 같이 선지자들은 우리의 본성이 결국 회복될 것이라는 사실을 믿었다(사 11:6-10).[22] 바울은 그 소망을 다시 확언하고 있다. "피조물이 고대하는 바는 하나님의 아들들의 나타나는 것이니"(롬 8:19). "피조물이 다 이제까지 함께 탄식하며 함께 고통을 겪고 있는 것을 우리가 아느니라"(22절). 바울은 하나님의 자녀

---

20 Richard Longenecker는 "그리스도 안에서"라는 바울의 구절이 어떻게 이 모든 것을 통합시키는 지 보여준다. *The Ministry and Message of Paul* (Grand Rapids: Zondervan, 1971), 98.『바울의 선교와 메시지』(대한기독교서회).

21 다음에 나오는 광범위한 논의를 보라. Murray J. Harris, *From Grave to Glory* (Grand Rapids: Zondervan, 1990), 245-52.『신약에 나타난 부활』(CLC).

22 3장의 78-79쪽과 Driver, *Understanding the Atonement*, 231-32.

들이 언제 "나타나게 될" 것인지 알고 있다. 나타나게 되는 시점은 그리스도가 다시 오시고 우리가 육체의 부활을 경험하게 되는 때이다. 그 때가 되면 모든 창조 질서가 새롭게 될 것이다. "그 바라는 것은 피조물도 썩어짐의 종 노릇 한 데서 해방되어 하나님의 자녀들의 영광의 자유에 이르는 것이니라"(21절).[23]

복음주의 학자인 브루스(F. F. Bruce)는 다음과 같이 결론을 맺고 있다.

> 바울의 이 말들은 종말의 날에 현존하는 물질적 세계가 파괴된다는 것을 의미하는 것이 아니다. 완전히 새로운 세계로 대체될 것이지만 현재 있는 세계의 변화로 이루어지게 될 것이다. 그래서 하나님이 창조하셨을 때 가지셨던 목적을 성취하게 될 것이다.[24]

골로새서의 첫 장은 구원의 우주적인 성격에 대한 또 다른 깜짝 놀랄 만한 내용을 가지고 있다.

> 아버지께서는 모든 충만으로 예수 안에 거하게 하시고 그의 십자가의 피로 화평을 이루사 만물 곧 땅에 있는 것들이나 하늘에 있는 것들이

---

[23] Harris는 빌립보서 3:21이 로마서 8:18-23과 같은 것을 지칭한다고 생각한다. *From Grave to Glory*, 246.

[24] F. F. Bruce, *The Epistle of Paul to the Romans: An Introduction and Commentary* (Grand Rapids: Eerdmans, 1963), 170. 『틴델 신약주석 시리즈:로마서』(CLC). 사도행전에서 예수님과 다른 이들의 짧은 진술은 또한 사도 바울이 기대한 창조의 회복을 가리킨다. 예수님은 그의 열두 제자들에게 약속했다. "세상이 새롭게 되어(*palingenesia*) 인자가 자기 영광의 보좌에 앉을 때에 나를 따르는 너희도 열두 보좌에 앉아 이스라엘 열두 지파를 심판하리라"(마 19:28). 결정적인 단어(*palingenesia*)는 아마도 우주가 그 본래의 온전함으로 회복되는 것을 가리킨다(Harris, *From Grave to Glory*, 249). 사도행전 3:21은 그리스도에 대해 말씀한다. "하나님이 영원 전부터 거룩한 선지자들의 입을 통하여 말씀하신바 만물을 회복하실 때까지는 하늘이 마땅히 그를 받아 두리라." 신약학자 Murray Harris는 이 구절이 또한 "물질세계가 이러한 본래적 순수성과 완전함으로" 회복됨을 지칭한다고 생각한다(ibid.).

그로 말미암아 자기와 화목하게 되기를 기뻐하심이라(골 1:19-20).[25]

여기서 구원의 영역은 사람으로부터 "땅과 하늘에 있는 모든 것들"[26]에까지 미치고 있다.

이와 동일하게 놀라운 것은 요한계시록 21:22-22:2의 아름답고 상징적인 용어이다. 이 본문에서 하나님의 말씀은 인간 문명의 영광에 있는 죄가 일소될 것이며 미래의 하나님의 나라로 가지고 가게 될 것이라고 말한다. "**땅의 왕들이** 자기 영광을 가지고 그리로 들어가리라"(계 21:24), 즉 새 예루살렘으로 가지고 올 것이라는 말과 "**만국의** 영광과 존귀를 가지고 그리로 들어가겠고"(26절)라는 말씀이 그런 내용을 말하고 있다.

인간 문명에서 악한 요소들은 물론 제거되어져야 한다. 그것이 하나님의 보좌로부터 흘러 나오는 맑고 투명한 강 옆에 선 생명나무의 역할이다. "그 나무 잎사귀들은 **만국을 치료하기** 위하여 있더라"(계 22:2).

역사 안에 있는 우리는 이런 말씀들이 무엇을 의미하는지 전부 알 수 없다. 하지만 최소한 그 말씀들이 우리에게 말해주는 것은 인간 문명의 최선은 그 악이 모두 일소되어지고 다가올 나라에서 그 자리를 찾는 것이다.[27] 그것이 그리스도의 재림 때 있을 우주적

---

25   이 일이 일어나는 때에 관한 논의에 대해서는 333-335쪽을 보라.
26   세 절 앞에서(16절, 또한 엡 1:10 참조) 바울은 그리스도께서 또한 "통치자들이나 권세자들"을 포함한 만물의 창조주이시라고 주장했다. 8장의 238-241쪽에서, 나는 이 단어가 우리 세계의 사회경제적 구조들과 그러한 구조들 배후에 도사린 채 영향을 끼치는 강력한(타락한) 영적 존재들 모두를 지칭하는 것으로 보인다고 주장한다. 따라서 골로새서 1장의 바울의 주장은 우리 세계의 사회 구조들과 그 배후의 타락한 영적 세력들이 마침내 하나님과의 온전하고 바른 관계로 회복되리라는 것이다.
27   또한 요한계시록 11:15을 보라. 그 외에 다음의 논의를 보라. Vinay Samuel and Chris Sugden, "Evangelism and Social Responsibility," in Nicholls, ed., *In Word and Deed*, 205-12.

구원의 일부이다.

　세 가지의 질문들이 즉각적으로 부상한다. 이 본문들은 모든 사람들이 결국 구원받을 것을 의미하는가(만인구원설)? 역사와 다가올 나라 사이에 어떤 불연속성이 존재하지는 않는가? 마지막으로 러시아, 중국, 혹은 미합중국에서 지속적으로 성장하고 있는 민주주의도 구원이라고 할 수 있는가?

　다른 신약 본문들은 만인구원설을 배제하고 있다. 바울은 물론 십자가로 인해 모든 사람들이 하나님과 화평한 관계에 놓이게 되었다고 믿지 않았다. 바울은 하나님이 그리스도 안에서 세상을 그와 화평하게 하셨다고 언급한 직후에 우리가 그리스도의 대사들이라고 덧붙인다. 그리스도를 대신해서 이렇게 사람들에게 요청하는 것이다. "하나님과 화목하라"(고후 5:19-20).[28] 바울이 의미하는 것은 그들이 이미 화목하게 되었다는 사실을 전해 주라는 것이 아니다. 그가 가르치는 것은 모든 사람들이 죄인인 것과 하나님의 진노 아래 있다는 사실을 전하라는 것이다. 7장에서 보게 되겠지만,[29] 예수님은 하나님으로부터의 영원한 분리에 대해 신약의 그 누구보다도 많이 말씀하셨다. 하나님이 우주적인 구원을 계획하고 계시며 결국 모든 만물이 하나님과 화목하게 될 것이라는 말은 모든 사람들의 구원을 의미하는 것이 **아니다**. 그 말이 의미하는 것은 사람들, 인간 문명, 그리고 심지어는 인간이 아닌 피조물에 이르기까지 창조 질서의 모든 부분들이 하나님의 궁극적인 구원에 참여하게 될 것이라는 사실이다.

　그렇다면 베드로후서 3:10-13와 같은 본문은 왜 하늘이 불로 멸망하게 되고 땅의 모든 일이 "드러날 것"이라고 말하는 것인가?

---

[28] John Stott의 로잔연설, "The Bibilical Basis of Evangelism," in Douglas, ed., *Let the Earth Hear His Voice*, 76.

[29] 199-200쪽을 보라.

그리고 요한계시록 21:1은 왜 처음 하늘과 처음 땅이 없어질 것이라고 이야기하는가? 현재의 역사와 다가올 나라에는 어떠한 연관성도 없는가? 현재의 사회운동과 그리스도의 재림 때 있을 온전함 사이에는 어떠한 연관성도 없는 것인가?

존 커트니 머레이(John Courtney Murray)는 초기 기독교 수도사에 관한 어떤 이야기를 말해준다.[30] 이 수도사는 하루 종일 성실하게 바구니를 짜고 있다. 그리고 그 다음날은 조심스럽게 그것을 다시 한 올 한 올 풀어낸다. 수도사는 두 번째 날이 끝날 때 쯤 되었을 때 이틀 동안의 지루한 노동이 아무런 가시적 결과를 내지 못했다는 점에 대해서 일말의 신경을 쓰지 않는다. 그의 모든 관심사는 그의 영혼의 내면적 성화였고 영원에 대한 준비였다. 그 바구니는 그것 외에 어떠한 의미도 가지지 않았다. 그렇다면 역사와 모든 기독교인의 사회적 행위들은 단순히 "바구니를 짜는 것"인가? 아니면 우리가 이 땅에서 하는 선한 일과 다가올 나라에는 어떠한 연관성이 존재하는 것인가?

성경은 우리가 결국 유토피아를 이룰 때까지 우리의 탁월한 정치적 참여가 더 나은 사회를 이루게 될 것인지에 대해 명백하게 가르치고 있지는 않다. 그리스도의 재림 때 하나님의 전능하신 간섭만이 우주적인 구원을 가져올 것이라는 것은 신약의 약속이다. 인간의 노력은 다가올 나라의 무엇도 이루어낼 수 없다.

하지만 우리가 베드로후서 3:10-13과 요한계시록 21:1이 지금까지 살펴본 본문들과 모순된다고 생각하지 않는 이상 우리는 불연속성에 대해 생각하는 만큼 연속성의 측면에서도 생각할 필요가 있다.[31] 사실 이 두 본문은 연속성에 대해서 말하고 있다. 베드

---

30 John Courtney Murray, *We Hold These Truths: Catholic Reflections on the American Proposition* (Kansas City: Sheed and Ward, 1960), 186.
31 복음주의 신학회에서 한 그의 대표자 연설에서, H. Wayne House는 베드로후서

로후서 3:13은 새 하늘과 새 **땅**에 대해서 약속하고 있다. 요한계시록 21:1-5은 하나님이 우리와 함께 거하시면서 우리의 눈물을 닦아내실 새 **땅**과 새 **예루살렘**에 대해서 예언하고 있다. 게다가 같은 장에서 같은 저자가 이 땅의 왕들이 열방의 영광을 가져올 것이라고 말하는 부분은 새 예루살렘에 관한 이야기일 것이다.

나사렛 예수님의 부활하신 몸은 아마 연속성과 불연속성에 대해 우리에게 주어지는 최고의 힌트일 것이다.[32] 부활절 아침에 무덤에서 부활하시고 나타나셔서 깜짝 놀란 제자들과 함께 잡수신 분은 갈릴리의 목수였다. 하지만 그의 몸은 더 이상 죽음과 부패함 아래 있지 않았다. 그리고 그것은 우리가 이해하지 못하는 일들을 할 수 있었다.

하지만 틀림없는 사실은 예수님의 육체적인 부활과 성육신이 믿을 수 없이 놀라운 성경적 진리의 갓돌이 된다는 사실이다. 피조물에게 있어 하나님이 그 피조물의 악을 일소하기 원하시며 그것을 완전한 상태로 이끌어 가신다는 점은 놀라운 축복이다.[33]

우리는 우리가 소망하는 변화된 땅의 지질이나 지리에 대해 깊이 알려고 할 필요가 없다. 창조자이시며 구원자이신 분이 이 모든 피조물을 온전함 가운데로 끌고 가시려고 한다는 점을 아는 것으로 충분하다. 이런 점을 요약하면서 트리니티복음주의신학교(Trinity Evangelical Divinity School)의 신약학 교수로 있는 머레이 해리

3:9-14과 요한계시록 21:1에 관하여 언급한다. "우리는 이것들을 물질의 삭제가 아니라, 옛 질서의 지나감 또는 물리적 세계의 정화를 진술하는 것으로 이해해야 한다." "Creation and Redemption: A Study of Kingdom Interplay," *Jounal of the Evangelical Theological Society* 35, no. 1 (March 1992): 9.

32 다음의 내 글을 보라. "Jesus' Resurrection and the Search for Peace and Justice," *Christian Century* (November 3, 1982): 1103-8.

33 다음에 나오는 "종말론과 사회적 책임"에 관한 Stephen Williams와 Miroslav Volf의 논문에서 그들 사이의 연속된 질문 관한 왕성한 논쟁을 보라. *Transformation* 7, no. 3 (July-September 1990): 24-31.

스(Murray Harris)는 부활과 창조 사이의 관계에 대한 조심스러운 분석을 한다. 다음은 그의 분석이다.

> 인간은 피조물의 일부이다…각 개인의 운명은 창조된 전 세계의 운명과 맞물려 있으며 신약의 증거를 심각하게 훼손시키지 않고는 전 세계의 운명과 분리해서 생각할 수 없다. 피조물의 해방은 우리의 해방에 포함되어야 한다. 우리는 피조물과 하나이기에 단지 피조물의 작은 조각이라고 할 수 있는 인간만을 구원한다는 개념은 생각할 수조차 없다…물질계 전체가 그리스도의 사람들의 운명을 공유할 것이다…과거와 마찬가지로 미래에도 인류와 자연 사이에 분리시킬 수 없는 단일성이 존재하기 때문에 영과 물질의 이원론은 존재할 수 없다. 어떤 신약 기자도 눈에 보이는 물질계를 망각한 채로 혼 혹은 영이 구원받게 된다고 예견하고 있지 않다.[34]

야고보서는 이 모든 내용을 짧은 구절에 담아 말하고 있다. 그리스도 안에서 믿음을 가진 자는 "그 조물 중에 첫 열매"(약 1:18)이다. 구원에 대한 하나님의 우주적 계획의 내용은 바로 모든 피조물의 온전함을 위해 계획되었다는 것이다.

그렇다면 이런 내용들이 의미하는 바는 환경 운동이 더 큰 생태적인 온전함을 이루고, 민주주의 혹은 경제적인 정의가 중국, 러

---

34 Harris, *From Grave to Glory*, 250-51.『신약에 나타난 부활』(CLC). 그리스도의 부활된 몸을 위한 "당연한 주거지"는 "천국"이며, 마찬가지로, 기독교인들을 위한 최후의 집이 땅이 아니라 천국이라는 Harris의 주장은 거의 확신하기가 어렵다. 그는 데살로니가전서 4:16-17을 논거로서 인용한다(p. 181). 그러나 이 본문은 단지 신자들이 그리스도 재림 시에 그를 공중에서 만날 것을 말하는 것이다. 그것은 그와 함께 영원히 존재할 장소에 대해서는 아무 것도 말해주지 않는다. 마찬가지로 그는 고린도전서 15:44을 언급하면서 "천국에 있는" 우리를 위한 "영적인 몸"을 이야기한다(p. 192). 그러나 그 본문 역시 "영적인 몸"을 위한 장소로서의 천국에 대하여 아무것도 말하지 않는다. "영적인 몸"에 대한 다른 관점은 나의 다음 글을 보라. "The Pauline Conception of the Resurrection Body in 1 Cor. 15:35-54," *New Testament Studies* 21 (1975): 428-39과 나의 글 "St. Paul's Understanding of the Nature and Significance of the Resurrection in 1 Cor. 15:1-19," *Novum Testamentum* 19 (1977): 1-18.

시아, 혹은 미합중국에서 발전하는 모습을 보일 때 구원이 바로 이런 것이라고 말해야 한다는 것인가? 전혀 그렇지 않다. 사람들이 의식적으로 예수 그리스도에 대한 신앙을 고백하는 것을 제외하고는 신약 그 어디에서도 그리스도의 재림 전에 일어나는 일에 대해서 구원의 용어를 사용하지 않는다. 만약 전쟁이 끝난 후에 베트남이 잘 보존되었다면 어떤 사람들은 이것을 두고 베트남 사람들이 어떤 의미에서는 교회의 일부가 되었다고 이야기할 것이다. 하지만 이런 접근은 만인구원설로 향하고 있는 것이며 교회와 세상 사이에 대한 성경적인 구별을 상실하는 것이다.

부록에서 다루겠지만 구원은 사람들이 그리스도를 영접하고 새롭게 구속된 공동체 가운데 참여하는 일과 교회에 관한 것이다. 또한 그리스도의 재림 때 일어날 우주적 변화에 관한 것이기도 하다. 그 때까지 기독교인들은 교회뿐만 아니라 더 큰 사회의 불의한 구조들을 바꿀 수 있도록 최선을 다해 일해야 한다. 하지만 그 일의 최상의 결과에 대해서는 사회적 정의라고 불러야 하는 것이지 구원이라고 불러야 하는 것이 아니다.

그렇다고 해서 구원이 개인적이기만 하다는 것은 아니다. 구원은 개인적이면서 공동체적이다. 개별적이면서도 사회적이다. 성령의 능력으로 회복된 관계에 있는 신자들로 구성된 예수님의 새로운 공동체 안에서 이러한 특징을 가진다.

2. 속죄, 구원, 그리고 선교

속죄에 관한 교리를 간략하게 살펴보는 것은 우리가 그 동안 살펴본 구원에 관한 넓은 이해를 확립시켜줄 것이다.

신약에서는 그리스도의 구원 사역에 관해 분명하게 설명하고 있는 부분이 없다. 그보다는 우리에게 있는 것은 신학자들이 속죄에 관해 발전시킨 세 가지의 주요한 이론 혹은 유형의 근거가 되는 몇 가지 용어들과 이미지들이다. 그 세 가지는 도덕적, 대속적, 그리고 고전적인 관점이다.[35]

1) 도덕적 유형[36]

이 유형에서 예수님의 기본적인 역할은 선생과 모범이다. 왜냐하면 인류의 근본적인 문제는 무지이기 때문이다. 예수님이 일하신 중심 지역은 그가 가르치셨던 갈릴리와 그가 십자가에서 하나님의 사랑을 드러내셨던 골고다이다. 핵심은 하나님의 사랑과 뜻을 가르쳐주고 그 모범이 되는 행동들에까지 우리의 지식을 넓히고 이해하는 것이다. 그 결과는 예수님의 말씀과 모범을 통해서 우리의 가리워진 마음들이 가르침을 얻는 것이다. 그렇게 우리는 하나님을 사랑하고 이웃을 사랑하는 법을 배우게 된다.

이 방식은 분명 신약의 핵심적 가르침에 그 근본을 두고 있다.[37] 복음서는 예수님이 갈릴리에서 가르치셨던 사역(갈릴리 외의 지역에서도)에 대해서 두드러지게 주목하고 있다. 십자가에 관해서도 그렇다. 십자가에서도 예수님은 계시의 말씀을 전하신다. "그가 우리를 위하여 목숨을 버리셨으니 우리가 이로써 사랑을 알고"(요일

---

[35] 정통 기독교 역시 여기서 내가 논하지 않은 네 번째 양상을 갖고 있다. 이 양상들에 관해 매우 도움이 되는 논문에서, Gabriel Fackre는 각 양상의 여섯 가지 국면들을 아는 것이 유용하다고 주장한다. (1)예수님의 역할, (2)해결해야 할 문제, (3)활동의 위치 혹은 장소, (4)양상의 초점, (5)수행된 활동 그리고 (6)초래되는 성과. Gabriel Fackre, *The Christian Story* (Grand Rapids: Eerdmans, 1978), 111-27.

[36] 특히 Peter Abelard(12세기 신학자)와 현대 자유주의로 규정됨.

[37] 또한 다음에서 John Stott의 탁월한 논의를 보라. *The Cross of Christ*, 8장. 『그리스도의 십자가』(IVP).

3:16). 이 유형은 기독교인의 믿음에 요구되는 윤리적 측면에 대해서 잘 조명하고 그 나라의 선포에 대한 중요성을 잘 조명한다.

하지만 **이것 자체로는** 속죄의 이론으로 불충분하다. 안타깝게도 세상의 악은 단순히 무지에서 그치는 것이 아니라 더 깊이 존재한다. 근본적으로 자기중심적인 인간에게는 단지 지식이 필요한 것이 아니라 하나님의 용서와 변화의 능력이 필요하다. 악은 이런 내용이 왜곡되도록 돕는 사탄의 세력과 사회적 구조 안에도 존재하고 있다. 우리는 우리를 노예상태로 몰아넣는 세력을 정복하고 다스릴 수 있는 강력한 구원자가 필요하다.

2) 대속적 유형[38]

이 유형에서 예수님의 역할은 대속적인 역할이다. 왜냐하면 우리의 기본적인 문제는 거룩하신 하나님 앞에 죄인들이 죄책에 대해서 정죄 당한 상태로 서 있다는 것이다. 구원 사역의 중심지는 갈보리이다. 그 핵심은 하나님의 사랑과 의의 화목이 하나님이 죄인들을 향해 마땅히 내리셔야할 진노와 심판을 돌리기 위해서 그리스도께서 죄에 대한 책임을 대신 지심으로 말미암아 성취되는 것이다. 그 결과는 용서이고 하나님과의 새로워진 관계이다. 그리고 거룩하신 한 분과 영원히 분리된 상태에 있는 것이 아닌 영생을 얻는 것이다.

성경의 많은 부분이 속죄에 대한 대속적 관점을 뒷받침하는 역할을 수행한다. 사도 바울은 죄를 범하는 자는 모두 하나님의 진노와 심판 아래 서게 된다고 명백히 가르치고 있다(갈 3:10-13). 하지만 "하나님이 죄를 알지도 못하신 이를 우리를 대신하여 죄로

---

[38] 특히 Anselm(또 다른 12세기 신학자), 루터, 그리고 현대 복음주의자들로 규정됨.

삼으신 것은 우리로 하여금 그 안에서 하나님의 의가 되게 하려 하심이라"(고후 5:21). 존 스토트(John Stott)가 주장하는 바와 같이, 기독교인이 모든 측면에서 이 대속적 이론을 유용하다고 생각한 것은 아니다. 하지만 하나님이 행하신 "스스로의 대속하심을 통한 스스로의 만족"은 속죄에 대한 신약의 이해의 핵심이라고 할 수 있다.[39] 비참하게 가운데 십자가에 달리셨던 분이 삼위일체의 제 2위격이시라는 사실은 하나님이 그의 사랑과 거룩하심을 우리와 조화시키시기 위하여 우리가 받아야 할 진노의 십자가의 자리를 대신 감당하셨음을 보여주고 있다. 십자가에 대한 그런 이해가 없을 때 우리는 죄를 하찮게 여기거나 소망을 단념하게 된다.

하지만 속죄에 대한 대속적 관점 역시 **그 자체만으로는** 불충분하다. 대속적 관점은 그리스도께서 갈릴리에서 행하신 가르치심의 모범과 하나님 나라의 선포를 상당부분 무시하며 그의 삶과 부활 때에 악한 세력을 이기시고 승리하신 부분을 많이 놓치고 있다. 만약 속죄에 대해서 말할 때 예수님이 우리의 죄를 위해 죽으셨다는 부분만 말한다면 그것은 하나님 나라의 복음에 대한 신약의 이해를 버리는 것이고 십자가와 제자도 사이의 연결을 단절시키는 것이다. 그 결과는 성적인 문제, 사업에서의 협상, 그리고 정치적인 입장에 있어서 비기독교인들과 하나도 다를 바가 없다고 고백하게 되는 기독교인의 수치인 것이다.

이런 관점은 성경적이지 않다. 우리는 복음이 단순히 믿음으로 의롭다 함을 얻는 것 그 이상임을 확인했다(결코 그보다 작지 않다!). 예수님의 가르치시는 사역과 큰 희생의 제자훈련은 그의 속죄 사역의 일부였다.[40]

---

[39] *Cross of Christ*, 338. 4-6장 전체를 보라. 『그리스도의 십자가』(IVP).
[40] Driver, *Understanding the Atonement*, 34, 249 (그 외 다른 곳)을 보라.

우리는 입바른 말을 잘 하는 사람들일 수도 있고 속죄의 교리에 있어 전문가일 수도 있다. 하지만 우리가 그의 고난에 참여하지 않고 "그의 죽으심을 본받지"(빌 3:10) 않는다면 십자가의 원수일 뿐이다.[41]

3) 고전적 유형

속죄에 관한 이 관점은(때로는 **승리자 그리스도**[*Christus Victor*] 유형이라고 부르기도 한다) 예수님의 근본적인 역할을 악의 정복자로 간주한다. 왜냐하면 핵심적인 문제가 악의 세력이기 때문이다. 그 악의 세력은 사탄적인 존재, 타락한 사회 구조, 혹은 죽음 그 자체에서도 발견될 수 있다. 구스타프 아울렌(Gustav Aulen)의 책 『승리자 그리스도』(*Christus Victor*)[42]에서는 이 유형에 대한 가장 흔한 호칭이 무엇인지 말하고 있다. 아울렌은 이것이 초기(그러므로 **고전적**이라는 용어를 붙인 것이다) 기독교에서 주된 지지를 받고 있던 방식이라고 주장했다. 이는 오늘날 자유주의 신학의 핵심이기도 하다. 중심 장소는 이중적이다. 그리스도께서 귀신들을 쫓아내시는 갈릴리와 그리스도께서 죽음을 정복하신 부활절 아침이다. 여기서 핵심으로 작용하는 것은 죄책을 없애는 것이 아니라 악의 세력을 무찌르는 것이다. 그리스도는 그 일을 사탄을 몰아내는 일, 병을 고치시는 일, 당시의 불의한 상황에 도전하는 것, 그리고 결국은 죽음을 정복하시는 것으로 이루어내신다.

이 유형은 신약에 그 뿌리를 견고히 내리고 있다. 요한일서 3:8은 이 부분에 있어 매우 분명하다. "하나님의 아들이 나타나신 것은 마귀의 일을 멸하려 하심이라." 히브리서는 아들이 육신이 되

---

41 Webster, *A Passion for Christ*, 153.
42 Gustav Aulen, *Christus Victor*, trans. A. G. Hebert (New York: Macmillan, 1951). 『승리자 그리스도』(정경사). 또한 Stott, *Cross of Christ*, 9장을 보라. 『그리스도의 십자가』(IVP).

었고 "그 죽음을 통하여 죽음의 세력을 잡은 자 곧 마귀를 멸하시며 또 죽기를 무서워하므로 한평생 매여 종 노릇 하는 모든 자들을 놓아 주려 하심이니"(히 2:14-15)라고 기록하고 있다. **승리자 그리스도** 사상은 죄에 대한 개별적인 이해와 구원에 그 중점을 두는 것이 아니라 구원의 사회적, 보편적 면모만 짚어낸다. 따라서 갈릴리와 예루살렘에서 행하신 예수님의 사역에 초점을 맞춘다. 무엇보다도 부활절 아침의 승리를 강조한다.

르네 파디야(René Padilla)는 이 유형의 중요성에 대해 다음과 같이 강조한다.

> 오늘날의 교회는 개인화된 신앙의 예배적인 상징들보다 십자가의 경험이 긴급히 필요하다. 어둠의 권세를 이기신 하나님의 승리로써 십자가를 경험해야 한다. 그러므로 십자가를 현대세상에서 삶을 파괴하는 비인간화의 힘, 가령 군사주의 혹은 소비지상주의, 국가 통제주의 혹은 물질주의, 개인주의 혹은 쾌락주의와 같은 것들에 대항할 수 있는 기초로 삼아야 한다.[43]

그러나 이 관점 역시 **그 자체 만으로는** 너무나도 불충분하다. 이 방식은 개인적 영역 **밖에서** 악한 세력에게만 초점을 맞추기 때문이다. 이 관점의 지지자들은 죄, 죄책, 그리고 책임의 개인적인 면모를 충분히 강조하지 않을 수도 있다. 이것이 특히 분명하게 드러나는 곳은 우리가 살펴 본 것처럼 죄의 핵심적인 부분이 불의한 사회구조 속에 있다고 생각하는 일부 자유주의 신학진영이다. 그 결과로 그들이 꿈꾸는 것을 파괴하는 것이 사람 안에 있는 근본적인 악함이라는 것을 인식하지 못하고 새로운 사람과 새로운 사회를 이루어나가는 유토피아를 이루고자 하는 계획을 세우게 된다.

---

[43] René Padilla, "The Politics of the Kingdom of God and the Political Mission of the Church," in Samuel and Hauser, eds., *Proclaiming Christ in Christ's Way*, 191.

속죄에 관한 이 3가지 다른 관점이 상호보완적이거나 양립할 수는 없는가? 어떤 사람들은 이 관점들이 양립할 수 없다고 생각한다. 하지만 나는 하나를 확립시키기 위해 다른 하나의 성경적 관점을 반대해야 할 필요는 없다고 생각한다. 그것이 문제시 될 때에만 한쪽 면 혹은 독점적인 방법을 강조하여 한 가지의 관점을 채택하면 될 것이다. 우리는 이 3가지의 관점이 어떻게 서로를 보완할 수 있는지 생각해 보려 한다. 앞의 장들에서 간략하게 정리했던 하나님 나라에 관한 내용의 맥락에서 살펴본다면 도움이 될 것이다.

4) 속죄의 메시아적인 유형[44]

속죄에 대한 메시아적(혹은 하나님 나라의) 접근은 선생, 승리자, 그리고 대속자라는 예수님의 상호 연관된 역할들을 강조한다.

예수님은 하나님 나라의 메시아적 선포자로 그 나라의 근본적인 윤리를 가르치셨다. 당시 상황을 그 뿌리까지 흔들어 놓으셨다. 산상수훈에서부터 십자가상의 죽음까지 그는 사랑의 방법을 가르치셨고 모범을 보이셨다. 심지어 원수들에게까지 말이다. 큰 희생이 뒤따르는 그의 윤리대로 사는 것은 용서받은 죄인으로서 성령의 도우심을 통해서만 가능한 것이다.

비폭력적인 메시아적 통치자로서 예수님은 사탄과 모든 악한 세력들과 싸우셨다. 그는 공생애 기간 동안 질병과 귀신들을 정복하셨다. 십자가에서 그는 사탄의 권세를 깨뜨리셨고 부활절 아침에 그는 죽음을 넘어서 승리로 부활하셨다. 그리고 다시 오실 것

---

[44] 다음을 보라. John Sobrino, *Christology at the Crossroads* (Maryknoll: Orbis, 1979), 179, 184-86, 190, 227, 304. Driver, *Understanding the Atonement*, 일정 범위까지 해당(예를 들면, 57, 249). 그러나 *Mission and Evangelism*, 7항의 균형을 보라.

과 선한 피조물에 대한 사탄의 왜곡을 넘어서는 전우주적 승리를 완성하시겠다고 약속하셨다. 그를 따르는 우리는 어둠의 나라에 맞서는 그의 전투에 참여한다. 우리는 그의 놀라운 설계에 대한 우리의 지식에 확신을 가지며 우리가 실패하더라도 용서받을 것이라는 확신을 가지고 있다.

이사야의 고난 받는 종으로서의 예수님은 죄인들을 용서하셨고 그들을 대신해서 십자가에서 죽으셨다. 우리는 우리가 얼마나 큰 죄인이며 약한 존재이든지간에, 우리가 얼마나 가난하고 억압되고, 나약하든 간에, 그런 것과는 전혀 상관없이, 우리의 죄에 대해서 회개할 수 있으며, 하나님의 용서를 받을 수 있고, 거룩하신 창조자와 인격적이며 생명이 있는 관계로 들어갈 수 있다. 예수님이 우리의 죄를 위해 대신 죽으셨기 때문이다. 그렇기에 우리는 기아, 압제, 혹은 전쟁으로 죽는다 해도 전능하신 하나님과의 화목한 관계 속에서 기쁨을 누리며 영생의 소망을 알 수 있다. 용서받은 딸과 아들로써 우리는 예수님의 나라의 가르침대로 살며 모든 악에 맞서 싸우는 전투를 수행하는 삶을 살 수 있는 성령의 능력을 받게 된다. 모든 악이라 함은 인격적, 사탄적, 혹은 구조적인 모든 악을 포함한다.

마지막으로 속죄에 대한 메시아적인 접근은 예수님의 구원 사역에서 공동체를 만들어 가시는 면을 강조한다. 3장과 4장에서 본 것처럼 예수님은 하나님 나라의 복음만 전파하신 것이 아니다. 그는 여자와 남자, 창녀와 충성된 종, 세리와 존경받는 사람으로 구성된 새로운 나라의 공동체를 만드셨다. 이스라엘을 구원받은 공동체로 부르시는 것과 예수님의 제자들과 초대교회의 공동체까지 모두 하나님과 화목한 공동체를 만드는 것이 하나님의 구원의 계획에서 핵심적인 부분임을 보여주고 있다.[45] 그렇기 때문에 에베소서 3장이 유대인과 이방인의 다민족적인 교회가 복음의 일부라고 이야기하는 것이다. 그리고 디도서 2:14이 그리스도께서 "우리를 대신하여 자신을 주심은 모든 불법에서 우리를 속량하시고 우리를 깨끗하게 하사 **자기 백성**이 되게 하려 하심"이라고 말하고 있는 것이다.[46]

메시아적 방식은 속죄에 대한 도덕적, 대체적, 그리고 고전적인 관점의 통찰들을 보완하여 완전하게 만들고 있다. 그리스도의 구원 사역은 십자가에서만 일어난 것이 아니라 갈릴리의 공생애 사역과 부활절 아침에도 일어났던 것이다.[47] 우리의 문제는 단순히 우리의 죄책뿐만 아니라 우리의 무지와 무력함이기도 하다. 우리는 계몽된 마음, 사탄을 이긴 승리, 우리가 아는 것을 살아낼 새로운 힘, 회복된 이웃과의 관계, 그리고 하나님의 용서가 필요하다. 그러므로 하나님은 예수님 안에서 우리의 죄를 용서하신다. 그리고 힘을 주시는 성령으로 우리를 충만하게 하신다. 그리고 사탄을 무찌르게 하시며 새사람을 만드신다. 우리의 구원자 예수님은 모범적인 선생이시며, 승리하신 정복자이시며, 대신 죽으심으로 용서하시는 분이시며, 그리고 새롭게 회복된 공동체의 머리이시다. 할렐루야! 얼마나 크신 구원자이신가!

성경에서의 구원의 단어사용과 속죄의 교리에 대해 살펴봄으로

---

45 이 생각은 Yoder, *Shalom*, 63ff.에서 도움을 받았다. 그러나 나는 그가 대속의 양상에 더 큰 강조점을 두고 칼케돈 기독론에 더욱 명백히 근접한 근거를 두었으면 하는 바람이 있다.

46 WCC의 샌 안토니오 회의에서 동방정교회 신학자 Androussa의 Anastasios가 한 위대한 진술을 보라. "Address by the Moderator," in Frederick R. Wilson, *The San Antonio Report* (Geneva: WCC, 1990), 107.

47 다음을 보라. Driver, *Understanding the Atonement*, 247. 불행하게도, Driver는 공동체의 회복이 "하나님의 구원활동의 중심요점"이라고 말하여, 이 결정적인 진술을 과장하고 있다. 그것은 하나의 중심적인 측면일 뿐이다.

구원이 개인적인 동시에 공적이고, 개별적인 동시에 공동체적이라는 것을 알 수 있다.[48] 우리는 구원을 이웃과의 관계에서 일어나는 상호적 개인 간의 변화에 국한시키려 하지 않을 것이다. 구원의 중심에는 하나님과 새롭게 된 관계가 있기 때문이다. 기독교인들은 거룩하시고 사랑하시는 하나님과의 화목한 관계 가운데 그 기쁨을 누리는 용서받은 죄인이다. 또한 우리는 구원을 칭의와 성화의 과정 가운데 나타나는 하나님과의 개인적 관계만으로 국한시키려 하지도 않을 것이다. 구원의 중심에는 새롭게 회복된 공동체가 있기 때문이다. 기독교인들은 감정적, 사회적, 또는 실용적인 측면에서 성령께서 모든 관계를 변화시키신 예수님의 회복된 새 공동체의 지체들이다. 또한 우리는 구원에 대한 미래적 소망을 눈에 보이지 않고 무형적인 영의 세계에 국한시키지 않는다. 왜냐하면 우리 소망의 중심에는 모든 것을 새롭게 하시리라는 하나님의 약속이 있기 때문이다. 우리는 새 예루살렘에서 변화된 육체로 살게 된 하나님의 우주적 구원을 고대하며 기다린다. 그 때 우리는 열방의 영광과 피조물 자체의 아름다움을 즐길 것이다. 그 때 피조물은 우리의 죄로 인해 유입되었던 속박과 타락으로부터 자유로울 것이다.

우리가 구원의 완전한 성경적 도식을 이해했다면 이제 어떻게 자신을 복음전도와 사회적 활동 가운데 헌신하도록 할 것인가?

---

[48] 또한 Stott, *Cross of Christ*, 10장을 보라. 『그리스도의 십자가』(IVP).

chapter 6

변화가 뒤따르는 회심

> 오늘날의 기독교인들은 안타깝게도 두 종류의 사람들로 나누어져 있다. 한 편은 회심을 강조하지만 그 목적을 잊어버린 사람들이다. 다른 한 편은 기독교인의 참여를 강조하지만 회심의 필요성은 잊어버린 사람들이다.[1]
> – 짐 월리스(Jim Wallis)

내가 이 책을 쓰던 어느 주일이었다. **틴 챌린지**(Teen Challenge) 출신의 젊은 여성들이 도심지역에 있는 나의 교회를 방문했다. 그들은 여러 인종으로 구성되어 있었다. 한 아름다운 젊은 여성은 자신에게 일어났던 끔찍한 근친상간, 육체적인 학대, 그리고 끔찍했던 마약 중독에 대해서 나누었다. 레지나(Regina)는 자신이 가치 없는 존재라고 생각했다. 그녀는 하나님이 끔찍하게 무서웠다. 그녀의 생각에 하나님은 마치 남자들이 그녀를 다루었던 것처럼 그녀를 다룰 것 같았기 때문이다. 그녀는 자신이 무가치하게 여겨졌다. 그렇게 비참한 삶과 8번의 낙태 후에 그녀는 자살하기로 마음먹었다. 그녀는 계속해서 자살을 시도했다.

그 후 그녀는 예수님을 만났다. 놀라울 만큼 성령이 충만했던

---

1 Jim Wallis, *The Call to Conversion* (New York: Harper, 1981), 8. 『회심』(IVP).

틴 챌린지의 마약 회복 프로그램을 통해서 하나님은 그녀의 삶을 다시 제자리로 되돌려 놓으셨다. 그녀는 이제 순결하고 깨끗하다고 느낀다. 그녀가 갓 태어났을 때보다 더 순결하다고 느낀다.

자신의 이야기를 나눈 후 그녀와 다른 여성들은 회심이 가져오는 새로운 존엄성과 변화를 찬양했다.

> 그것은 내가 무엇인가를 했기 때문에 얻어지는 것이 아닙니다. 이것은 내가 누구인가에 관한 문제입니다. 나는 왕에 의해서 양자로 택함 받았습니다.

틴 챌린지에서는 최소한 일 년에 한 번은 우리 교회를 방문해서 간증을 나누었다. 그 아침에는 언제나처럼 그들의 비참한 과거의 아픔과 변화된 삶의 기쁨이 나로 하여금 울게 만들었다.

회심은 얼마나 놀라운 선물인가. 레지나의 어려움이 끝났다고 생각하는 것은 어리석은 생각이다. 하지만 그녀와 하나님과의 관계는 새로운 존엄성, 가치, 그리고 소망을 가져왔다. 그녀의 다른 관계 또한 바뀌기 시작했다.

짐 월리스(Jim Wallis)는 이와 다른 이야기를 들려준다. 그는 헌신적인 복음주의 가정에서 자랐고 어렸을 적에 그리스도를 영접했다. 하지만 교외의 복음주의 교회에서 이어나갔던 그의 신앙과 삶은 디트로이트 도심에서 몇 마일 떨어지지 않은 곳에 살고 있는 흑인들이 겪는 인종차별과 곤궁함과는 아무런 관계도 없었다. 짐이 아직 10대의 청소년이었을 때 그는 도심에 가게 되었고 그곳의 흑인 아이들과 친구가 되었다. 하지만 짐이 그의 교회로 하여금 인종차별에 반대하는 운동에 참여하도록 독려했을 때 차가운 반대에 직면하게 되었다. "너의 누나나 여동생이 흑인과 결혼한다고 해도 좋겠느냐"는 것이었다. 교회 지도자들은 회심과 사회적인 문제가 아무런 관련이 없다고 생각했다. 가령 인종차별, 경제적 억압, 그리고 군사주의와 같은 문제에 있어서 말이다.² 짐은 매우 실망했고 그리스도에 대한 믿음을 상실했다.

오늘날 기독교인들에게 회심은 근본적으로는 하나님과의 수직적 관계에 대한 것이다. 회심은 죄의 용서와 영생에 대한 확신을 가져온다. 또한 거기서 그치지 않고 우리의 개인적 삶의 상당한 내면적 변화를 의미하기도 한다. 하나님의 은혜는 우리로 하여금 도둑질, 거짓말, 성적 문란으로부터 돌아서게 만든다. 개인의 윤리와 가족의 관계도 변화한다. 하지만 짐 월리스가 다니던 복음주의 교회에서처럼 회심은 인종차별, 경제적 착취, 환경오염, 그리고 군사주의와 같은 문제에 거의 아무런 영향도 주지 못한다.

반대로 사회의 평화와 정의를 위해 열정적으로 뛰는 세속적인 사람들과 세속화된 기독교인들이 존재한다. 그들은 그런 정치적인 행동과 회심 사이에 아무런 연관성도 발견하지 못한다. 그들은 만약 사회적인 구조와 좋은 교육을 증진시킨다면 오직 그 자체로써 새로운 사람들을 만들 수 있다고 생각한다.

회개와 회심에 대한 성경적인 이해를 자세히 잘 살펴본다면 이 두 입장이 얼마나 편향적인 것인지 알 수 있을 것이다. 신약에서 회심은 근본적인 변화를 일으키며 사람을 완전히 돌아서게 만든다. 그리스도를 영접하는 것은 모든 영역에 임하는 그의 나라를 받아들이는 것이다. 이것이 뜻하는 바는 우리가 교회에 참여할 때 예수님이 우리의 주가 되시는 것처럼 정치와 경제의 영역에서도 그분이 우리의 주가 되시도록 받아들인다는 뜻이다.

회심에 대한 성경적 이해는 지식이나 정치적인 변화가 사회적인 문제를 해결할 수 있다고 단순하게 생각하는 것이 얼마나 어리

---

2 Wallis, *Conversion*, xiv-xv. 『회심』(IVP). Jim Wallis, *Revive Us Again: A Sojourner's Story* (Nashville: Abingdon, 1983), 35-51.

석은 것인지에 대해서 잘 보여준다. 사회적인 불의는 인간의 이기성과 창조주에게 저항한 죄악으로 가득한 반란에 그 기초를 두고 있다. 우리 모두는 예수님의 가르침대로 살기 위해 하나님의 변화시키시는 은혜가 필요하다. 우리가 복음전도와 사회운동의 복잡한 상호관계를 이해하고자 한다면 회심에 대한 성경적 이해를 아는 것이 매우 중요하다.

1. 성경적 이해

신약이 회개와 회심에 대해서 말할 때는 주로 세 가지 단어를 사용한다. 에피스트레포(*epistrepho*)의 문자 그대로의 뜻은 돌아서다라는 뜻이다.[3] 이 헬라어 단어의 어원은 히브리어 단어인 슈브(*shub*)이다. 이 단어는 구약에서 1050번 정도 등장한다. 에피스트레포와 같이 슈브는 물리적으로 돌아선다는 단순한 세상적 의미를 가지고 있다. 하지만 120번 정도의 경우에 슈브는 이스라엘이 여호와를 대적하는 악한 모반으로부터 언약에서 드러나는 하나님의 뜻에 대한 철저한 순종으로 돌아선다는 매우 중요한 신학적 의미를 가지고 있다.[4] 이와 비슷하게 에피스트레포 또한 신학적인 의미를 가지고 있는데 사탄의 길에서 돌아서서 그리스도에 대한 믿음과 복종으로 향한다는 의미를 가지고 있다.[5]

메타노이아(*metanoia*: 보통 회개로 번역된다)는 두 번째 핵심적인 단

---

3 다음 항목을 보라, "Conversion" in Colin Brown, ed., *The New International Dictionary of the New Testament*, 3 vols. (Grand Rapids: Zondervan, 1975-78), I, 354 (이후부터 NIDNT).

4 *TDNT*, IV, 984-86.

5 Brown, ed., *NIDNT*, I, 355.

어이다. 이 헬라어 단어는 **누군가의 마음을 바꾼다**라는 뜻이 있다.⁶ 『신약신학사전』(*Theological Dictionary of the New Testament*)에 따르면 예수님이 메타노이아를 사용하셨을 때는 **하나님께 무조건적으로 돌아서는 것**과 **하나님께 대적하는 모든 것으로부터 무조건적으로 돌아서는 것**을 의미한다.⁷ "그것은 하나님의 인도하심에 지배당하는 사람의 모든 걸음을 포함하고 있다."⁸

세 번째(덜 자주 쓰인다) 종류의 단어는 메타멜로마이(*metamelomai*)이다. 이 단어는 누군가의 마음을 바꾸거나 무언가를 후회한다는 뜻을 지니고 있다.⁹

이 세 단어는 각각 미묘하게 다른 의미를 가지고 있다. 하지만 우리의 목적을 이루기 위해서 우리는 그 단어들이 뜻하는 바의 공통적인 실체에 대해 살펴볼 것이다. 그 단어들은 모두 사람이 그리스도 안에서 신앙을 가지고 그분을 무조건적인 주로 받아들이고 순종할 때 일어나는 생각과 행동의 근본적인 변화의 과정(거룩한 은혜로 인해 가능한 것)을 의미하고 있다. 과거의 죄에 대한 후회, 용서의 경험, 세례, 그리고 점점 성장하는 제자도의 삶은 모두 성경적 회심의 일부이다.¹⁰

회개와 회심은 예수님과 초대교회가 전했던 말씀의 중심에 위치하고 있다. 마가는 예수님의 모든 말씀에 대한 그의 첫 번째 편지에서 회개와 그의 나라를 연결시키고 있다. "이르시되 때가 찼

---

6 *TDNT*, IV, 976. 또한 Verkuyl의 탁월한 정의를 보라. *Contemporary Missiology*, 200. 『현대선교신학 개론』(CLC).

7 *TDNT*, IV, 1000-1006.

8 Ibid., 1002-3.

9 Brown, ed., *NIDNT*, I, 356.

10 "회개, 믿음, 그리고 제자도는 동일한 것의 다른 측면이다." Ibid., 358. 또한 회심의 네 가지 측면들: 회개, 믿음, 세례, 그리고 봉사에 관한 Gabriel Fackre의 논의를 보라. *Word in Deed: Theological Themes in Evangelism* (Grand Rapids: Eerdmans, 1975), 78-98.

고 하나님의 나라가 가까이 왔으니 회개하고 복음을 믿으라 하시더라"(막 1:15).[11] 예수님은 그가 오신 목적이 우리가 회개하도록 하기 위함이라고 하셨다(눅 5:32). 회개는 예수님이 그의 나라를 선포하신 것에 대한 유일한 믿음의 반응이다. 누가복음에서 지상명령을 말씀하실 때 예수님은 그의 제자들에게 "죄 사함을 받게 하는 회개"를 전하라고 명령하신다(눅 24:47). 바울은 아테네에서 설교할 때 이렇게 말했다. "하나님이 어디든지 사람에게 다 명하사 회개하라 하셨으니"(행 17:30). 고린도교회의 교인들에게는 이렇게 말했다. "하나님의 뜻대로 하는 근심은 구원에 이르게 하는 회개를 이루는 것이요"(고후 7:10). 성경에 의하면 회개는 구원의 과정에 있어서 필수적인 부분이다.[12]

성경적인 회개와 회심은 하나님과 이웃과 맺은 우리의 관계에 근본적인 변화를 불러온다. 그 회개와 회심에는 하나님을 거역한 죄에 대한 진심어린 슬픔이 포함되어있다. 진정으로 회개하는 자들은 거룩하신 분과의 관계에 있어 새롭게 용서받고 화목하게 된 관계를 즐길 수 있게 된다.[13] 하지만 삭개오의 이야기가 보여주는 것처럼 이웃과의 관계에서도 근본적인 변화를 가져온다. 억압적인 세리 삭개오에게 회개는 그의 사회적인 죄로부터 돌아서는 것과 그의 불의한 억압으로부터 벗어나는 것을 의미했다. 그 때 비로소 예수님이 그의 집에 구원이 이르렀다고 선언하신다(눅 19:9). 바울이 아그립바에게 말했던 것과 같이 기독교인들은 "회개에 합

---

11 또한 마태복음 4:17.
12 사도행전 3:19. *Mission between the Times*, 80-81에서 René Padilla의 탁월한 논의를 보라.
13 그것은 회개를 우리가 하나님의 용서를 획득하는 일을 행하는 선행이 되게 하지는 않는다. John Calvin은 "복음의 회개"(하나님의 용서에 대한 필연적 반응)를 "법적 회개"(하나님의 용서를 얻으려는 노력)와 구별했다. 다음을 보라, James Torrance, "The Ministry of Reconciliation Today," in Kettler and Speidell, eds., *Incarnational Ministry*, 137.

당한 일을 행함으로 그들의 회개를 증명"해야 한다(행 26:20).

이에 대한 설명으로 르네 파디야(René Padilla)가 로잔(Lausanne)에서 했던 연설보다 적합한 것은 없을 것이다. "회개는 한 개인과 하나님 사이에 있는 개인적인 일 그 이상이다. 세상에서 살아가는 삶의 완전한 방향의 전환이다…그리스도 예수 안에서 이루어지는 하나님의 사역에 대한 반응으로 그렇게 된다."**14**

만약 우리가 진정으로 성경의 회개를 이해하고 실행에 옮긴다면 우리는 회심과 기독교적 사회책임 사이의 중요한 불가분의 연관성을 확립시키게 된다.**15** 성경적인 회개는 **사회적** 죄를 포함한 모든 죄로부터 돌아서는 것을 말한다.**16** 그것은 인종차별적인 자세를 버리고 가난한 자들을 무시하지 않으며 인류 공동체를 왜곡시키는 모든 것들을 버린다는 것을 의미한다. 현대 복음주의의 비극은 오직 개인적인 측면에서만 죄를 다루는 식의 성경적으로 불충분한 시각으로부터 시작하고 있다는 것이다. 그 결과로써 오직 개인적인 죄로부터 돌아서고 하나님과의 수직적인 관계를 회복하는 측면에 대해서만 초점을 맞추는 성경적으로 회개와 회심에 대한 불충분한 이해로 귀결되었다.

회개에 대해서 편향적으로 바라보고 개인적인 측면에서만 이해하는 것은, 제자도를 이해할 때 회심과 사회적 정의 사이에 있는 관계는 전부 무시하고 개인적인 측면에만 편향되어 이해하는 결과로 이어졌다.

---

14 "Evangelism and the World," in Douglas, ed., *Let the Earth Hear His Voice*, 129.
15 *Christian Mission*, 53에서 Stott는 Padilla에 동의한다. 이것은 Carl Henry가 "사회적 관심은 복음주의적 메시지의 필수불가결한 구성요소이다"라고 말했을 때 의미했던(그리고 Peter Wagner가 잘못 비평했던) 것의 일부이다. 다음에서 인용, Wagner, *Church Growth*, 143.
16 사회적 죄의 개념에 대해서는 8장의 236-242쪽을 보라.

2. 하나님과 이웃과의 분리의 화해

회개와 회심에 대한 온전한 성경적 관점은 하나님과의 바른 관계가 이웃과의 바른 관계와 분리할 수 없는 것이라는 성경 전체를 흐르는 가르침에 기초한다. 이것은 그 둘이 동일하다는 이야기가 아니다. 그렇지만 하나님과의 바른 관계가 필연적으로 교회에서 만나는 형제와 자매를 사랑하게 만들고 더 큰 범위의 공동체에서도 사랑의 관계를 맺도록 한다.

아마도 성경에서 이 부분에 대해서 가장 잘 설명하고 있는 부분은 예수님의 말씀일 것이다. 예수님은 다른 사람을 용서하지 않는 자를 하나님은 용서하지 않으신다고 지속적으로 말씀하신다.

> 너희가 사람의 잘못을 용서하면 너희 하늘 아버지께서도 너희 잘못을 용서하시려니와 너희가 사람의 잘못을 용서하지 아니하면 너희 아버지께서도 너희 잘못을 용서하지 아니하시리라(마 6:14-15).

예수님이 제자들에게 가르쳐주신 기도에서 명백하게 드러나기도 한다. 그는 우리에게 말씀하시길, 하나님께 "우리가 우리에게 죄 지은 자를 사하여 준 것같이 우리 죄를 사하여" 주실 것을 기도해야 한다고 하신다(마 6:12). 무자비한 종에 관한 훌륭한 비유에서 왕은 자신의 자비를 본받지 않은 종에게 분노하여 은혜를 알지 못하는 그 무지한 종을 감옥에 던져버린다. 예수님이 이 말씀을 하신 대상은 회심 없이 의롭다 함을 얻고자하는 이들이었다. "너희가 각각 마음으로부터 형제를 용서하지 아니하면 나의 하늘 아버지께서도 너희에게 이와 같이 하시리라"(마 18:35).[17]

구약과 신약 모두 하나님에 대한 진정한 지식과 사랑이 다른 사

---

[17] 또한 에베소서 4:30-32, 골로새서 3:13, 로마서 15:7을 보라.

람을 향한 관심, 특히 가난한 자와 억압된 자들을 향한 관심과 분리될 수 없다는 점에 있어서 단호하다.[18] 예레미야 22:13-14에서 선지자는 권위적인 왕 여호야김이 노동자들을 억압하면서 어마어마한 자신의 궁전을 지으려고 하는 것에 대해 비난했다. 그리고 여호야김의 아버지에게로 시선을 돌린다. 그는 선한 왕 요시야였다. 그는 가난한 자와 궁핍한 자를 보호했다. "'이것이 나를 앎이 아니냐?' 여호와의 말씀이니라"(16절). 하나님을 제대로 안다는 것은 가난한 자를 위한 의를 행하는 것과 분리할 수 없다. 요한일서 3:17은 이 말씀과 거의 유사하다. "누가 이 세상의 재물을 가지고 형제의 궁핍함을 보고도 도와 줄 마음을 닫으면 하나님의 사랑이 어찌 그 속에 거하겠느냐?" 만일 우리가 하나님을 사랑한다고 하면서 이웃을 사랑하지 않는다면 우리는 거짓말을 하는 것이다.

가난한 자를 외면한다면 우리의 예배조차 하나님을 격노케 할 것이다. 아모스의 날에 사람들이 가난한 자들을 억압하면서도 전례에 따라 하나님께 예배드림으로 그분을 기쁘게 하려 하자 하나님은 격노하시며 이렇게 말씀하셨다. "내가 너희 절기를 미워하여 멸시한다"(암 5:21/ 사 1:10-15; 58:3-7 참조). 예수님은 "과부의 가산을 삼키며 외식으로 길게 기도하는" 서기관들을 향하여 이와 같이 진노하셨다(막 12:40).

마태복음 25:31과 그 이후의 내용은 필연적으로 다음과 같은 결론을 이끌어낸다. 가난한 자를 먹이거나 입히지 않고 벌거벗은 자를 입히지 않는 자는 "영벌에 들어가게 된다"(46절). 하나님과 바른 관계를 유지하는 동시에 궁핍한 이웃을 외면하고 억압하는 것

---

18 Vinay Samuel과 Chris Sugden이 "구약성경에서 다른 사람들과의 관계와 독립적으로 단절될 수 있으면서 하나님을 사랑하라는 율법은 없다"고 말한 것을 참고하라. "Evangelism and Social Responsibility," in Nicholls, ed., *In Word and Deed*, 200.

은 불가능하다.

이런 본문들은 행위로 인한 의를 가르치지 않는다. 우리가 3장에서 보았던 것과 같이 예수님의 다른 가르침들은 하나님 나라가 선물로 주어지는 것이라는 부분에 있어서 매우 분명하다. 우리는 하나님의 용서를 얻을 근거를 가지고 있지 않다. 눅 12:32은 분명히 이렇게 말한다. "아버지께서 그 나라를 너희에게 **주시기를** 기뻐하시느니라." 하지만 바로 다음의 절은 이렇게 명령조로 말한다. "너희 소유를 팔아 구제하라."

바울도 똑같이 말한다. 용서함은 믿음으로 얻는 하나님이 주신 선물이다. 하지만 우리는 "그리스도 예수 안에서 선한 일을 위하여 지으심을 받은 자"(엡 2:10)이다.[19]

창조주께서는 우리에게 공동체를 만들어주셨다. 하나님은 인간 공동체에서 형제와 자매들을 외면하고 억압하면서 공동체를 무너뜨리는 자들에게 그의 자비와 용서를 베푸시지 않으신다. 디오티스 로버츠(J. Deotis Roberts)의 말처럼 "형제를 배제한 채 오직 개인과 하나님 사이에만 있는 사랑의 표현"은 있을 수 없다.[20]

어떤 기독교인들은 그들이 가진 그리스도에 관한 교리와 속죄가 정설이라면 그 외의 다른 모든 것은 이차적인 문제라고 생각한다. 이런 관점은 이단적인 생각이다. 더글라스 웹스터(Douglas Webster)는 이 부분에 대해 다음과 같이 말하고 있다.

> 나는 예전에 초월적인 성육신이 현대의 사람들에게는 믿을 수 없는 일이라고 주장한 적이 있다. 하지만 값비싼 제자도란 많은 보수주의자들에게 믿을 수 없는 일이 아닌가? 그리스도를 위해서 한 사람이 목숨을 버린다는 말은 보수주의자들에게는 단순히 상징적이고 신화적인 이야

---

19 또한 고린도후서 5:15, 로마서 6:4, 디도서 2:14, 마태복음 5:16, 베드로전서 2:12 참고.
20 J. Deotis Roberts, *A Black Political Theology* (Philadelphia: Westminster, 1974), 219.

기에 불과할 수도 있다. 자유주의자들에게 처녀의 잉태와 대속하심이 그러하듯이 말이다.[21]

신약에서는 16번 정도 예수님이 구원자라고 언급되었으며 420번 정도 그분을 주라고 언급한다.[22] 값비싼 순종은 구원하는 믿음과 분리할 수 없다. 이웃과의 바른 관계는 인간 공동체를 만드신 창조주와의 바른 관계에서 흘러나와야 한다. 만약 회개와 회심이 이웃, 사업체, 고용주, 고용자를 포함해서 우리와 관련된 모든 사람들과의 근본적으로 변화된 관계를 포함하지 않는다면 우리의 교리는 비성경적이고 우리의 삶은 불순종으로 가득 찬 것이다.

회개와 회심의 이런 측면을 외면하는 것은 우리가 심각한 오류에 빠질 수 있는 단 한 가지 길이다. 또한 회심에 대해서 하나님과의 관계는 단절된 채로 평화와 정의를 향해 가는 새로운 삶의 방식이라고 생각할 수도 있다.[23] 하지만 그렇게 생각하는 것 또한 이단적인 생각이다. 모든 죄의 첫 번째 원인은 시편 51:4에서 딱 짚어 말하듯이 거룩한 하나님과 맞선 것이다. 우리는 용서와 전능하신 하나님과의 화목하게 됨을 고통스러움 가운데 청원하는 죄인이 회개의 중심에 있다는 것을 감히 잊어버릴 수 없다.

3. 값싼 은혜, 값비싼 은혜, 그리고 회심

나는 1977년 애틀랜타에서 교회성장 연구자인 피터 와그너(Peter Wagner)와 벌였던 늦은 밤의 격렬한 토론을 결코 잊지 못할 것이

---

[21] Webster, *Passion for Christ*, 49.
[22] Hathaway, *Beyond Renewal*, 102.
[23] Boff and Boff, *Salvation and Liberation*, 91-92에서 이런 경향이 나타난다.

다. 피터는 나와 같은 복음주의 사회운동가들이 조직한 인종적 화해를 위한 국제대회에 참석했다. 그는 이 주제에 깊은 관심이 있었으며 또한 우리를 이해하고자 했기에 이 대회에 참가했다. 자연히 우리는 회심의 윤리적인 부분에 대한 격한 논쟁을 펼치게 되었다. 구체적으로 **어떤 것으로부터** 우리는 회심한 것인가?

많은 사람들이 도날드 맥가브란(Donald McGavran), 피터 와그너, 그리고 그 외의 또 다른 교회성장 연구자들을 값싼 은혜라는 측면에서 고발했다. 그들을 비판하는 자들은 그들이 오직 수적인 성장에만 마음이 온통 빼앗겨 교회에 등록하는 자를 더하기 위해서 복음의 값비싼 요구들을 약하게 만들거나 혹은 무시하고 있다고 주장한다.[24] 게다가 그들이 설정한 제자 삼는 것(그리스도 안에서 믿음을 가지도록 사람들을 인도하는 것)과 완성시키는 것(성화와 윤리적인 성장을 할 수 있도록 양육하는 것)에 대한 구별이 주해적으로 그리고 신학적으로 문제가 된다고 말한다.

이에 대한 반응으로 와그너는 나와 같은 복음주의 사회운동가들에게 **터무니없이 비싼 은혜**와 **영적 착취**에 대한 개념을 발전시키며 책망하고 있다. 그는 우리가 잠재적 회심자들에게 군사주의를 반대할 것과 제 3세계에서의 경제적 불의를 거부해야 할 것을 요구할 때 특정한 정치적 의식을 실천하기 위해 복음전도를 조작하고 있다고 말한다. 사회운동가들이 "회심에 그들이 지지하는 주장을 부가하는 것"은 잘못된 것이라고 이야기 한다.[25]

그 늦은 밤의 논쟁은 빠르고 맹렬하게 지나갔다. 내가 기억하기로는 그 논쟁 가운데 회개의 내용에 대해서 논쟁했던 순간이 있었다. 새롭게 회심한 자는 무엇을 회개해야 하는가? 그리고 고백해야 할 죄는 누가 혹은 무엇이 정하는 것인가?

---

[24] Wagner는 그의 많은 비평들을 인용한다. *Church Growth*, 133-34.
[25] Ibid., 134, 138.

와그너는 사람이 그리스도를 **감정적 욕구**(felt needs)의 대상으로 고려함에서 출발하는 것에 대한 중요성을 강조했다. 물론 모든 사람은 각기 다른 필요가 있고 전도자는 복음을 전할 때 그 사람의 명백한 어려움을 치유해 줄 좋은 소식으로써 복음을 전해야한다.

나는 동의했다. 하지만 나에게는 한 가지의 의문이 남아 있었다. 만약 그 사람이 성경이 강하게 말하는 부분에 대해서 죄에 대한 어떠한 인식도 없다면 어떻게 해야 하는가? 매우 압제적인 사업가가 자신이 사무실에서 저지른 성적 불륜에 대해서는 죄책감을 느끼지만 그의 불의함, 인종차별적인 고용정책에 대해서는 아무런 죄책감을 느끼지 못한다고 가정해보자. 내가 강조했던 것처럼 복음전도자는 하나님이 인종차별을 혐오하시며 경제적 불의를 싫어하신다는 점 또한 설명해야 한다. 그러므로 예수님께 온다는 것은 인종차별적 착취라는 사회적 죄를 회개하고 그의 사업의 모든 면면을 그리스도의 주권 앞에 맡긴다는 것을 의미한다.

와그너는 이 말에 동의하지 않았다. 그는 말했다. 복음전도자라면 그 사람의 **감정적 욕구**에 대해 집중하고 성령께서 언젠가 그의 도덕의식을 민감하게 하실 것이라는 사실을 신뢰해야 한다고 말했다. "그것은 성경이 아닌 죄인과 타락한 사회가 죄를 규정하는 기준이 되게 하는 것 아닙니까?"하고 내가 그에게 물었다. 그리고 이어서 이렇게 물었다. "그리고 성경이 죄에 대해 말하는 것보다 사회가 죄에 대해 규정짓는 것을 더 신뢰한다면 그것은 신학적 자유주의의 근본적인 특징이 아닙니까?"

나는 이에 대한 와그너의 답을 기억하지는 못한다. 하지만 분명 그의 대답은 무게 있는 것이었다.

그 친근하면서도 강경했던 논쟁 전후로도 많은 신학자들과 선교학자들은 이 핵심적인 질문에 대해 빈번히 토론했다. 이를 통해서 몇몇 실질적인 진보와 성장하는 깨달음이 나오게 되었다.

이 두 진영은 이제 최소한 네 가지 점에 대해서는 같은 의견을 보이고 있다.

첫째로 피터 와그너나 도날드 맥가브란 같은 교회성장 연구자들을 포함한 거의 모두가 구원의 초청에는 본질적으로 윤리적 요소가 있어야 한다고 믿는다. 예수 그리스도를 믿는다는 것은 단지 죄를 사함받기 위한 것이 아니고 그분을 무조건적인 주로 받아들이고 순종한다는 뜻도 포함되어 있기 때문이다.[26] 회심하지 않은 자도 순종적인 제자도가 무엇을 말하는 것인지 알고 있다. 하지만 그럼에도 복음을 전할 때는 예수님을 영접한다는 것이 그분을 주로 받아들인다는 것을 의미한다는 사실을 같이 전해야 한다.

두 번째로 우리는 회심이 삶에서 지속적으로 이어지는 과정이라는 사실에 동의한다. 그리스도께 온 자들 중 그 누구도 믿음이 시작하는 지점에서 순종적인 제자도의 삶이 말하는 윤리적 의미를 전부 이해할 수는 없다. 그러므로 그리스도를 처음 영접하는 것과 점점 그를 닮아가는 것 사이에는 약간의 구별이 필요하다. 그리스도와 함께 걷는 것은 매 해마다 그의 형상으로 변한다는 것이 무엇인지 점점 알아가는 것이다. 그렇게 "영광에서 영광에 이르는 것이다"(고후 3:18).

세 번째로 복음전도자가 복음을 전할 때 그 복음을 듣는 사람의 특정한 **감정적 욕구**는 매우 중요하다. 복음이 좋은 소식으로써 그 사람의 감정의 깨진 부분에 하나님의 평안을 가져올 것이라는 현실에 대한 기초적인 중요성 또한 잊어서는 안 된다.

네 번째로 서양 문화의 파급적인 영향에 대한 깊은 인식은 상황화된 복음전도의 중요성을 강조하게 만들었다. 레슬리 뉴비긴(Leslie Newbigin)을 비롯한 많은 사람들은 일부 서양 선교사들이 세

---

26 Ibid., 136.

례를 줄 때 그 자격 요건을 근본적인 성경의 기초가 아닌 그들 자신이 지닌 문화적인 가치들로 부과시켰다는 사실에 대해서 탄식했다.[27] 우리는 세례를 베풀기 전에 일부다처주의자가 그의 부인들 중 첫째 부인을 제외한 다른 모든 부인들을 쫓아내야만 하는 비극에 대해서 슬픈 자세로 회개할 수밖에 없다(다른 예로 가난함에 대한 정죄와 매춘 행위에 대한 정죄가 있을 수 있다).[28] 복음전도자, 특히 타문화 복음전도자는, 뉴비긴이 말하는 것처럼 살아계신 그리스도께서 "선교사의 말의 잔향으로 존재하는 것이 아니라 새로운 회심자에게 직접적으로 말씀하실 것을 믿어야 한다."[29] 누군가를 그리스도 안에 있는 구원하는 믿음으로 초청하기 전에 복음전도자가 요청해야 하는 반드시 회개해야 할, 보편적으로 적용 가능한 죄의 목록이라는 것은 있을 수 없다.

위에서 설명한 부분에 대해서는 동의하는 바이다. 하지만 두 진영은 몇몇 다른 중요한 분야에 있어서는 이견을 보이고 있다.

그 중 첫 번째로 **제자 삼음**(그리스도에 대해 처음 고백하는 순간으로 사람들을 인도하는 것)과 **완전케 함**(윤리적인 성장)을 대조시키는 것은 주해적인 측면에서 틀렸으며 잠재적으로 잘못 가고 있을 가능성이 있다. 교회성장 연구자들은 이런 주장을 뒷받침하기 위해서 마태복음 28:19을 사용한다. "그러므로 너희는 가서 모든 민족을 제자로 삼아 아버지와 아들과 성령의 이름으로 세례를 베풀고 내가 너희에게 분부한 모든 것을 가르쳐 지키게 하라."[30] 그들의 용어와 이런 구별은 주의 깊은 주해와 전혀 일치하지 않는다.

---

27 Newbigin, *Open Secret*, 152. 『오픈 시크릿』(복있는사람).
28 케냐의 성공회주교 David Gitari의 중요한 논문을 보라. "The Church and Polygamy," *Transformation* 1, no. 1 (January–March 1984): 3–10.
29 Newbigin, *Open Secret*, 152. 『오픈 시크릿』(복있는사람).
30 다음을 보라. McGavran, *Understanding Church Growth*, 169. 『교회성장이해』(한국장로교출판사). 그리고 Wagner, *Church Growth*, 130–45.

"제자를 삼으라"는 구절은 헬라어 명령법이 사용되었다. 두 개의 분사("세례를 주고"와 "가르쳐")는 "제자를 삼으라"는 것이 어떤 내용인지 가르쳐준다. 그리스도께서 분부하신 모든 것을 가르쳐 지키게 하는 것은 그리스도를 주로 고백하는 맨 처음에 일어나는 일, 세례를 경험하는 것, 그리고 교회에 참여하는 것과 함께 "제자 삼는 것"에 포함된다.[31] 그러므로 **제자 삼음**이라는 단어를 회심의 맨 처음 행위를 설명하기 위해 사용하고 성화의 부분에 있어 윤리적인 성장과 구별해 사용하는 것은 이 본문에서조차 어떠한 주해적인 근거도 찾지 못한다.

더 큰 문제는 예수님이 **제자**라는 단어를 사용하실 때 의도하셨던 근본적인 취지를 이해하지도 못했다는 것이다. 『신약신학사전』(*Theological Dictionary of the New Testament*)은 **제자**(*mathetes*)라는 단어에 대해 "항상 **제자**의 삶 전체를 만들어가는 존재와의 인격적 접촉을 의미한다"고 설명한다.[32] 제자도에 관한 예수님의 가르침의 핵심은 그분을 주인으로 인정하고 총체적으로, 지속적인 삶 가운데, 무조건적으로 그에게 순종하는 것이다. "누구든지 나를 따라오려거든 자기를 부인하고 자기 십자가를 지고 나를 따를 것이니라"(마 16:24). 제자도를 통해서 예수님이 말씀하고자 하셨던 것은 삶 전체의 순종이지 처음의 결단이 아니었다.[33]

제자 삼음이라는 단어를 처음 그리스도를 영접하는 것에 국한

---

[31] 예를 들면, Donald Anderson McGavran, *The Bridges of God: A Study in the Strategy of Mission* (New York: Friendship Press, 1955), 13-16. 『하나님의 선교전략』(한국장로교출판사).

[32] Costas도 마찬가지다. *The Church and Its Mission*, 142. Wagner는 (다음의 풀러 학위논문) "모든 것(all things)"보다 오히려 "지키게(to obey)"가 분사 "가르쳐(teaching)"의 목적어라는 논증을 시도한다. "모든 것을 지키게…" 전체의 절이 "가르쳐" 동사에 의존하는 목적절이라는 것은 문법상으로 아주 분명하다. 목적절의 두 부분을 따로 떼어내려고 하는 것은 문법상 아무런 의미가 없다. Wagner의 *Christian Growth*, 135-36을 보라.

[33] Costas, *Church and Its Mission*, 142.

시키는 것은 예수님의 풍성한 윤리적 관심을 최소화시켜버리거나 잃어버릴 위험이 있다.[34] 모든 성경적인 복음전도자는 예수님의 명령을 그대로 순종하는 것에 근본적인 관심이 있어야 한다. 예를 들자면 그가 말한 방법 그대로 제자 삼는 것과 같은 것이다. 그가 분부하신 것을 그대로 한다고 했을 때 예수님의 나라에 존재하는 윤리에 대한 가르침을 중요하게 강조하셨다는 것을 잊어서는 안 된다.[35] 최초의 회심을 윤리적인 자각과 순종에 있어서 지속적인 성장과 구별하는 것은 중요하다. 하지만 **제자 삼음**과 **완전케 함**은 잘못된 단어선택이다.

우리는 사람들을 처음 믿음으로 초청할 때와 성장해 가는 성화의 과정을 살아가는 삶 전체적인 과정의 차이에 대해서 규정할 수 있는 단어가 필요하다. **제자 삼음**과 **완전케 함**은 적절하지 못하다. 그보다는 오히려 사역의 처음 단계를 이야기할 때는 비기독교인들을 복음화한다고 표현하고 성화의 과정에 대해서는 신자들이 점점 더 그리스도의 형상을 닮아갈 수 있도록 양육하는 것이라고 표현하는 것이 나을 것이다. 첫 번째 활동의 결과는 최초의 회심일 것이고 두 번째의 결과는 점점 성장해나가는 성화일 것이다.

---

34 *TDNT*, 441 (441-61 모두를 보라).
35 Wagner는(*Church Growth*) 133에서 다음을 주장한다. (1)**제자**라는 단어는 복음서와 사도행전에서만 사용되고 서신서에서는 사용되지 않았으므로, 그리고 (2)복음서와 사도행전은 "기원과 성장"의 성경이며 서신서는 "주로 양육의 성경"이므로 "제자" 또는 "제자 삼는 것"의 가장 일반적인 성경적 사용은 D1 그리고/또는 D2〔즉, 최초의 회심〕의 의미이지, D3〔윤리적 성장의 의미〕가 아니다…. 성경은 제자 삼다라는 말을 기독교인을 양육하는 의미로서 사용하지 않고 오히려 비기독교인이 믿음을 얻도록 하는 의미로 사용한다(ibid., 132-33). 이것은 틀림없는 오류이다. 서신서가 주로 기독교인들의 양육에 집중되어 있다는 사실이 **제자**라는 단어의 의미에 대한 Wagner의 결론으로 귀결되지는 않는다. "기독교인의 양육"보다 오히려 "비기독인을 얻는 것"에 복음서가 초점을 맞추었다는 것도 틀렸다. 단어가 사용된 곳에서 어떻게 기능하는가를 이해해야 하다. 그리고 주의 깊은 학자들은(예를 들어, *TDNT*, IV, 441-61) 분명하게 **제자**라는 단어의 중심요점이 예수님의 모든 인격과 가르침에 대한 총체적이고 복종적인 수종에 맞추어져 있음을 보여준다.

나는 또 다른 문제점을 발견했다. **대형교회**(mega-church) 현상에 동참하는 자들 일부는 골치 아픈 윤리적 문제들을 제기하지 않고 오직 "사람들이 있는 곳에 손을 내미는 것"에만 우선권을 부여한다. 그들은 복음을 듣는 자들이 예수님으로부터 그들이 무엇을 구해야 할지 고민할 때 자신들이 필요한 것을 구하기를 원한다. 그래서 새로운 회심자들이 예수님이 "그들의 필요를 채우시는 것"에 기뻐할 때 만족한다. 그들은 고통스러운 회심, 고백을 요구하는 감춰진 죄, 그리고 희생적 제자도에 대해 말하기는 꺼린다. 하지만 그것이 오히려 사람들을 실족하게 하며 교회의 성장을 막는 것일 수도 있다!36

회심자들이 회개해야만 하는 죄를 규정하는 데 있어서 하나님의 계시를 핵심적으로 사용하지 않는다면 우리는 윤리적 상대주의와 신학적 자유주의의 수렁에 빠져들 수밖에 없다. 만약 백인 인종차별주의자들이 결여된 공감능력으로 죄를 규정한다면 그들은 절대 인종차별이 끔찍한 죄라는 사실을 이해하지 못할 것이다. 억압적인 사업가가 결여된 공감능력으로 죄를 규정한다면 노동자들을 냉정하고 불의하게 다루는 것이 죄라는 사실을 절대 인식하지 못할 것이다. 진보적 관료는 그의 교만함이 공동체를 섬기는 종이 되어야 할 그의 목적에 반한다는 사실을 절대 이해하지 못할 것이다. 죄를 규정하는 데 있어 성경이 결정적인 역할을 수행할 때 비로소 회개하고 돌아서는 회심이 가능하며 자유주의와 값싼 은혜의 위험으로부터 벗어날 수 있다.

나는 개인적인 정치적 입장을 복음전도의 사명에 대입하는 것의 위험성을 잊지 않았다. 그것은 피해야만 할 문제이다. 또한 억압적인 사업가, 혹은 뻔뻔스러운 인종차별주의자, 혹은 진보적인

---

36 Wagner는 복음전도자는 "완성보다 제자삼기에 더 관심이 있으며" "제자삼기의 윤리적 내용을 최소화"해야 한다고 말하면서 예증을 제공한다(*Church Growth*, 140).

관료가 예수님이 말씀하시는 다음의 내용에 대해서 알아야만 한다는 사실 또한 잊지 않았다. 복음전도자는 인종차별, 경제적인 억압, 그리고 교만함 앞에 자리하고 있는 것은 전능하신 하나님을 거역하는 죄라는 것을 그들에게 전해야 한다.

예수님의 예를 생각해보자. 부유한 젊은 관원이 예수님의 발 앞에 엎드려 제자가 되기를 심사숙고하고 있었다(막 10:17이하). 예수님은 그가 죄책감을 느끼는 영역에 대해서 묻지 않으셨다. 예수님은 하나님의 말씀을 선포하셨다. 먼저 십계명을 말씀하셨고 그 후에 부유한 자들에 대한 선지자적 선포와 가난한 자들과 나눌 것을 말씀하셨다. 관원이 이 부분에 대해서 아무것도 말하지 않았음에도 불구하고 예수님은 신속하게 이 사람에게 있어 가장 다루기 힘든 영역의 죄를 다루신다. 그것은 바로 그가 우상숭배하는 물질주의였다. 쉽게 그의 제자가 되도록 하지 않으시고 제자가 되기 위해서는 큰 값을 치루어야 한다고 말씀하신 것이다.

예수님은 사마리아 여인에게는 조금 더 부드럽게 말씀하셨다. 하지만 그는 사마리아 여인이 민족적 차이에 대해서 말하고자 했음에도 불구하고 그녀의 남편에 대해 신랄하게 물으셨고 이로 인해서 그녀가 결혼의 죄를 고백하도록 유도하셨다(요 4:15-18). 그리고 **교회성장**의 움직임이 그가 인기 있었던 갈릴리 군중 가운데서 터져 나오기 시작했을 때 그는 제자도의 비싼 희생에 대해 강조하기 위해서 노력을 기울이신다.

> 수많은 무리가 함께 갈새 예수께서 돌이키사 이르시되 무릇 내게 오는 자가 자기 부모와 처자와 형제와 자매와 더욱이 자기 목숨까지 미워하지 아니하면 능히 내 제자가 되지 못하고 누구든지 자기 십자가를 지고 나를 따르지 않는 자도 능히 내 제자가 되지 못하리라 너희 중의 누가 망대를 세우고자 할진대 자기의 가진 것이 준공하기까지에 족할는지 먼저 앉아 그 비용을 계산하지 아니하겠느냐…이와 같이 너희 중의

누구든지 자기의 모든 소유를 버리지 아니하면 능히 내 제자가 되지
못하리라(눅 14:25-28, 33)

도심의 설교자들은 젊은 흑인 청년들에게 예수님을 따른다는 것은 책임 있는 남편과 아버지가 되는 것을 의미한다고 가르쳐야 한다. 교외의 설교자들은 그 공동체의 투자자들에게 가난한 자를 억압하고 도움이 필요한 자들을 착취하는 회사에 투자하지 않도록 요구해야 한다.

다시 말해 그리스도께로 나올 때 필요한 희생에 대해서 진실을 말하지 않고 그리스도께로 초청하는 것은 결국 윤리적으로 세상과 다를 바가 없는 교회를 만들어낼 것이다. 이것을 긍정적으로 진술해보자면 세상을 바꿀 수 있는 교회를 만들어내는 근본적인 변화의 요구가 그리스도를 영접하는 자들에게 주어질 것이라는 사실을 회심의 가능성이 있는 자들에게 말해주는 것이다.

이 때 문화에 대한 질문이 남게 된다. 전도자와 다른 문화권에서 온 새로운 회심자들에게 복음전도자가 변화를 요구할 수 있는 범위는 어디까지인가? 이 문제는 항상 선교사들에게 곤란한 문제였다. 하지만 분명히 다문화적인 사회는 이 문제를 현재 우리 교회 가운데로 끌고 들어왔다. 여기에는 절대적인 법칙이 존재하지 않는다. 하지만 일반적으로 우리는 개인의 **감정적 욕구**에 대해 다가가면서도 새로운 회심자에게 특히 중요한 죄에 대해 다루는 본문에 그들이 주의를 기울일 수 있도록 복합적인 방법을 선택해야 한다. 타문화의 복음전도자는 하나님의 말씀에 대한 자신의 이해가 그 자신이 살아온 문화에 묶여있음을 잘 안다. 물론 그 문화에 있어서도 완벽하게 이해하지 못한다. 우리는 성령이 새로운 문화권에서 그 말씀을 받는 심령들에게 역사하심으로 말씀을 잘 적용하실 것이라는 사실을 신뢰해야 한다. 타문화권에서는 특별한 주

의가 필요하다.

자신이 속한 문화권 안에서는 성경의 윤리의 어떤 부분이 특정한 사람에게 특별히 적용될 수 있는 것인지에 대해 오해할 위험이 적다. 그렇지만 한 문화권 안에서도 상황들은 매우 다양하다.

빌리 그래함(Billy Graham)의 설교는 대체로 거대하고 다양한 군중들에게 타당한 설교이지만 오랜 시간에 걸친 회심의 과정 가운데 있는 자들에게 일대일로 주어지는 말씀으로는 부적절할 수도 있다. 게다가 그래함 목사는 회심이 모든 죄로부터 돌아서는 것을 요구한다는 점을 말하는 것에 있어서 조심스러워 한다.

최소한 서양 국가들 가운데 오늘날 가장 큰 위험은 값싼 은혜이지 과도하게 비싼 은혜가 아니다. 어찌된 영문인지 우리의 교회들은 그리스도에 대한 결단과 우리의 주이신 예수님께 총체적인 삶을 순종으로 헌신하는 것에 대한 이해가 전혀 없이 교회에 나오는 사람들로 가득하다. 그 결과는 물질주의적이며, 성적으로 불순종하는 교회이다. 교회와 세상의 차이를 논할 수 없을 만큼 헐리우드와 월 스트리트의 지배적인 가치에 교회가 문화적으로 순응하고 있다. 물론 이런 사회가 절박하게 필요로 하는 것은 예수님이 젊은 부자 관원에게 주신 솔직한 정죄의 말씀이다.

4. 회심의 능력

전 세계 3분의 2지역의 복음전도자로 활동했던 비나이 사무엘(Vinay Samuel)과 콜린 사무엘(Colleen Samuel)은 회심의 변화시키는 능력에 대한 통찰을 우리에게 가르쳐준다.[37] 비나이 사무엘은 **존**

---

[37] 짧은 일대기적 묘사에 대해서는 다음을 보라. Sugden, "A Critical and Comparative Study," 176-90.

엄의 신학자라고 불렸다. 비나이와 콜린의 신학과 사역은 그리스도 안에서 개인의 믿음이 인도에서 가장 무시당하고 억압당했던 사람들을 바꾸어 놓은 믿기 힘들 정도로 놀라운 방법을 보여준다.

인도에는 엄청난 가난이 실제로 존재한다. 여성은 남성보다 더 고통받는다. 가장 낮은 카스트는 가장 심한 고통을 겪는다. 힌두교 신앙은 그들의 가난과 억압이 전생에 지었던 죄의 결과라고 가르친다. 그래서 가장 낮은 카스트들은 묵묵히 그 힘든 가난과 억압을 견뎌야 한다. 이생에서의 인내가 다음 생의 더 나은 신분으로 가는 길이 될 것을 희망하면서 말이다.

부부 선교사인 비나이와 콜린은 이런 사람들을 섬기고 있다. 케임브리지대학교(Cambridge University)에서 대학원 과정을 마치고 돌아온 첫 7년 간 비나이는 방갈로르(Bangalore)에 있는 크고 부유한 성 요한 성공회 교회에서 목회사역을 했다. 그 후 비나이와 콜린은 도시의 변두리에 위치한 링가라자푸람(Lingarajapuram)이라는 빈민가에서 목회사역을 시작했다. 1983년에 그의 가족 전부는 그곳의 성장하는 교회에서 사역하기 위해 비나이와 함께 이 빈민가로 삶의 터전을 옮겼다.

그들의 재봉 프로그램은 빈곤한 여성들에게 직업을 마련해주었다. 그녀들은 그 일이 아니면 불가피하게 몸을 팔 수 밖에 없는 사람들이었다. 그들이 운영한 학교는 가장 가난한 아이들에게 교육을 제공해주었다. 그들이 운영했던 브리지재단(Bridge Foundation)은 일백 개가 넘는 작은 기업들에게 돈을 빌려주었고 경영수업을 했다. 그들은 이 모든 것을 교회 안에서 그리스도의 이름으로 했다. 그 결과는 최근 10년 동안의 수백 명의 회심이었다. 그리고 또한 콜린에게 높은 정치적 직위를 맡아달라는 요청이 계속해서 들어왔다. 방갈로르의 시장과 인도의 국회의원이 되어 달라는 요청이 들어왔다(그녀는 거절했다).

비나이가 작년에 우리 집을 방문했을 때 그는 그 전 주일날 그리스도를 주로 고백하려 일어났던 25명 정도의 사람들로 인해 아직도 기쁨으로 가득한 상태였다. 믿음을 고백하러 나온 사람들을 보던 중 그는 매우 유명한 인도 군부 관료의 부인이 창녀 옆에 나란히 무릎을 꿇고 있는 것을 보았다. 둘 모두 그 날 아침 그리스도께 그들의 삶을 드렸다!

그 날 아침에 결단한 사람들은 대부분 2년간의 프로그램을 통해서 도움을 받은 자들이었다. 대부분은 슬럼가의 수용소로부터 쫓겨난 가난한 사람들이었다. 비나이와 콜린의 디브야샨티 기독교 공동체(Divya Shanthi Christian Association)는 그들이 새롭게 살아갈 곳을 찾도록 도왔고, 글을 배우도록 해주었으며, 리더십 교육을 마련해주었다. 그 공동체의 비기독교인 지도자들을 기도와 성경공부로 훈련시키면서 그들은 그리스도의 이름으로 엄숙하게 도움을 제공했다. 지도자들의 대다수는 기독교인이 되었다. 그들 중 일부는 그 날 주일 아침에 그리스도를 주로 고백했다.

존엄성에 대한 비나이의 신학적 견해는 회심의 능력을 설명하는 데 도움이 된다.

> [힌두교에서] 계급에서 추방당한 사람은 자신의 삶이 하나님의 심판이라고 전통에 의해 교육받는다. 하나님의 자녀로써의 존엄성에 대한 갈망은 계속해서 다시 태어나는 끝없는 윤회로 이루어지는 것이 아니라 그리스도 안에서 새로운 생명을 얻는 것으로 이루어진다.[38]

사무엘은 경제적인 발전 자체만으로는 카스트의 무력과 자신을 무가치하게 여기는 결과를 끊어낼 수 없다고 주장한다. 하지만 계급에서 추방당한 사람들이 그리스도를 영접하고 그의 새로운 지

---

[38] ibid., 219에서 인용.

체들 가운데 참여하게 되면 모든 것은 변화한다. 한 사람 한 사람이 그 자신을 하나님의 아들 혹은 딸로 생각하게 된다. 그리고 자신이 창조주의 형상으로 지음받았으며 하나님의 창조의 청지기로 부름받았음을 이해하게 된다. 이 하나님은 카스트, 억압, 그리고 가난을 거부하신다. 이 하나님은 억압된 그들을 부르셔서 역사를 바꾸기 원하신다. 여자들과 계급에서 추방된 사람들이 그리스도 안에서 믿음의 힘을 가지게 되고 다른 **존경할만한 사람들**과 주님의 식탁에서 교제하게 될 때 그들은 새로운 존엄성과 변할 수 있는 능력을 발견하게 된다.

사무엘은 분명히 이 새로운 존엄성과 그리스도 안에 있는 변화의 능력이 금세기 초반에 엄청난 수의 인도 천민들이 기독교로 오게 된 원동력이라고 믿는다. 그들은 그리스도께 나오고, 성경적인 세계관을 수용하고, 그들을 존엄성을 지닌 존재로 대우해 준 새로운 공동체에 참여함으로 말미암아 힌두 사회에서 무시당했던 신분으로부터 벗어날 수 있었다.[39]

성공회 선교사인 스테판 닐(Stephen Neill)은 그리스도 안에서의 인격적 믿음이 인도의 낮은 계급에 복속되어 있는 사람들 가운데 엄청난 변화를 일으킨 것에 대한 비슷한 경험이 있었다.

> 사람들이 스스로 바뀔 수 있다고 믿기 전에는 아무 것도 변하지 않을 것이다. 계급에서 추방당한 기독교인들은 그와 그의 친구들이 술 마시기를 그치고, 일하기 시작하고, 그들의 부인과 아이들에 더 크게 신경을 쓰는 변화를 자신의 눈으로 직접 목격하기 시작했다. 그런 가운데 불의한 체제의 한계 가운데서도 엄청난 변화들이 일어날 수 있다는 점을 인식했다.[40]

---

39 Ibid., 221-47(226-27도 동일). 또한, Vinay Samuel and Chris Sugden, *Evangelism and the Poor* (Oxford: Regnum, 1982), 55.
40 Stephen Neill, "Looking Toward the Fifth Assembly," McGavran, ed., *Conciliar-*

닐은 그 결과가 보편적인 규범이라고 주장하지 않고 직접적인 복음전도가 인간 존엄성의 회복으로 이어진다고 지적했다. 그리고 그 존엄성의 회복이 사회 경제적인 변화를 이끌었고 새로운 소망과 결국은 정치적 참여로까지 이끌었다고 지적했다.

다양한 역사적 문화적 상황에 있는 많은 사람들도 이와 같이 지적한다. 1991년에 애틀랜타(Atlanta)에서 남미의 해방신학자 호세 미구에즈 보니노(José Miguez Bonino)는 그리스도께 회심했을 때 일어나는 변화의 능력이 바로 복음주의자들이 남미의 민주주의 성장에 기여하는 가장 중요한 요소일 것이라고 주장했다.

> 개신교와 민주주의의 가장 중요한 관계는 남미의 복음화, 공동체의 형성, 그리고 대중적인 목회 사역 가운데 찾을 수 있을 것입니다. 회심으로의 부르심은 가난한 사람들(사회적 혼란으로 수차례 추방되고 위협받은)이 자유를 주장하고 자신들의 삶의 방향을 결정하고자 하는 결단을 불러 일으켰다. 그들을 돌보는 공동체는 어떠한 인간적 권리의 선언도 선사해 줄 수 없었던 인격적 존엄성과 가치를 그들에게 제공한다. 그 공동체에서 능동적으로 활동하는 것은 참여, 자기가 누군지에 대해 인식할 수 있는 경험, 그리고 민주주의적인 결정을 내릴 수 있는 가능성을 열어준다.[41]

흑인 신학자인 디오티스 로버츠(J. Deotis Roberts)와 제임스 콘(James Cone)은 흑인 노예들의 역사를 다루며 비슷한 내용을 말했다. "기독교 신앙은 흑인들에게 '누군가임'이라는 개념을 심어주

Evangelical Debate, 321.

41 José Miguez Bonino, "Christianity and Democracy in Latin America," 이는 에모리 대학에서 개최된 기독교와 민주주의에 관한 국제회의에서 1991년 11월 15일에 배포된 비출간 강연 문서이다. 또한 남아메리카 개신교에 관한 David Martin의 논의 *Tongues of Fire: The Explosion of Protestantism in Latin America* (Oxford: Blackwell, 1990)을 보라.

었다. 그들이 처한 불리한 상황에도 불구하고 말이다."⁴²

하버드 교수 제임스 윌슨(James Q. Wilson)은 미국 역사 가운데 부흥의 기간과 범죄가 줄어든 기간 사이의 상관관계에 대해 연구했다. 그는 19세기 중반의 빠른 도시화로 인한 경제적, 사회적 압박이 범죄의 증가로 이어질 것이라고 예측되었지만, 오히려 반대로 범죄율이 1800년대 중반에서부터 1920년까지 계속해서 떨어졌다고 지적했다. 그러나 번영기이던 1920년대에는 범죄율이 다시 올라가기 시작했다. 이에 대해서 그는 어떻게 설명하는가? 널리 퍼진 영적 대각성이 초기에 범죄율을 낮추는 데 기여했지만 20세기에는 그런 방식이 계속해서 성립되지 않았다는 것이다.⁴³

국민여론조사 또한 그리스도 안에서 깊고 인격적으로 믿음으로 말미암아 일어나는 변화의 능력에 대해서 확인시켜준다. 갤럽 여론조사는 일반적인 교회의 성도들(37%)이 가난한 자, 아픈 자, 그리고 나이 든 자를 교회의 성도가 아닌 자들(22%)보다 더 잘 도와준다는 점을 발견했다. 또한 정기적으로 기도하고 성경을 공부하는 복음주의적인 기독교인들(42%)은 그렇지 않은 기독교인들(30%)보다 더 많은 사회적 일을 한다는 점도 알아냈다. 더 최근의 갤럽 여론조사는 "영적으로 많이 헌신한 자"는 "많이 헌신하지 않은 자"보다 두 배 정도 더 가난한 자, 아픈 자, 그리고 나이 든 자를 위해 일한다는 점을 발견해냈다.⁴⁴ 그리스도 연합교회의 성도들이 대부분 참여한 조사에서는 "경건한"(헌신적인 방향성을 가

---

42 Roberts, *Black Political Theology*, 88. 또한 James Cone, *The Spirituals and the Blues: An Interpretation* (New York: Seabury, 1972), 67-68. 『흑인영가와 블루스』(한국신학연구소).

43 James Q. Wilson, "Crime and American Culture," *The Public Interest 70* (winter 1983): 22. 또한 Charles Colson, *Kingdoms in Conflict* (Grand Rapids: Zondervan, 1987), 16장을 보라.

44 Ibid., 238에서 인용.

진) 성도들이 다른 성도들보다 사회의 정의를 위해 더 일한다는 점을 발견해냈다.[45]

개개인의 회심은 기독교인의 사회적 책임에 핵심적으로 중요한 요소이다. 앞서 나는 제임스 데니스(James Dennis)라는 나의 교회에 있었던 한 친구에 대해 말한 적이 있다. 그는 큰 범죄를 저지르고 감옥에 간 자였다. 구조적인 변화를 가져오는 훌륭한 정치적 프로그램이 그의 문제를 해결할 수 있을 것이라고 생각하는 것은 어리석은 생각이다. 그의 삶의 중심은 근본적으로 수술이 필요했고 새로운 창조가 필요했다. 그는 예수 그리스도 안에서 살아 있는 하나님과 인격적으로 만날 필요가 있었고 성령의 새롭게 하시는 능력이 필요했다. 그는 진정한 성경적 회심이 필요했다. 지금까지 각 개인의 삶만 바꾸어 놓은 것이 아니라 사회에서도 끊임없는 변화를 일으켰던 그 성경적 회심이 필요했다.

그러나 그리스도 안의 믿음을 가지는 것이 우리가 사회에서 강한 영향을 미치게 될 것임을 보증하는 수표가 되는 것은 아니다. 안타깝게도 우리는 여러 가지 방식으로 진정한 회심의 변화시키는 능력을 불균형으로 인해 약화시키고 때로는 소멸시키기도 한다. 예를 들어 오직 수직적(혹은 수평적)인 면에만 치중하기도 하고, 죄의 사회적인(혹은 개인적) 면을 외면하기도 하고, 하나님에 대한 사랑이 이웃에 대한 사랑과 분리할 수 없는(그러나 동일한 것은 아니다) 것이라는 사실을 간과하기도 하고, 우리 삶의 모든 영역(단지 사적인 영역을 말하는 것이 아니다)을 무조건적으로 내려놓고 그의 주권 아래 순종하라는 예수님의 부르심을 외면하기도 하며, 교

---

[45] David O. Moberg, *Wholistic Christianity* (Elgin: Brethren Press, 1985), 108. 또한 두 권의 최근 저서를 보라. George H. Gallup Jr., *The Saints Among Us* (Ridgefield, Conn.: Morehouse, 1992), 그리고 Robert Wuthnow, *Acts of Compassion: Caring for Others and Helping Ourselves* (Princeton: Princeton University Press, 1991).

회가 예수님의 새롭게 회복된 사회가 되게 하는 것을 실패하고 도움을 원하는 연약한 자들을 품고 격려하지 못하기도 한다.

하지만 회심이 진정 성경적인 방향으로 일어날 때는 폭발적인 실체가 되어 사람들, 가족들, 그리고 열방을 변화시킨다. 그 이유는 그 회심이 하나님의 은사를 경험하는 당신과 나에게 몇 가지 중요한 것들을 더하기 때문이다.

첫째, 회심은 나를 만든 그분과의 회복된 관계를 가져온다. 나의 마음은 그 안에서 안식을 얻기 전까지는 어떠한 안식도 얻을 수 없다.

둘째, 죄책과 수치의 무력하게 하는 능력으로부터 해방하는 자유를 가져온다.

셋째, 나로부터 오는 힘이 아닌 새로운 초자연적 능력을 가져온다. 이 능력은 나로 하여금 자기중심적이고 파괴적인 태도를 버릴 수 있도록 해준다. 나는 심각하게 손상된 존재이기 때문에 단순히 선의지만으로는 그것을 고칠 수 없다. 나는 도움이 필요하다.

넷째, 역동적인 존엄성과 가치를 가져온다. 회심하면서 나는 우주의 창조자 되신 분이 나를 너무나도 사랑하셔서 **나를 위해** 로마식 십자가 처형이라는 지옥의 고통을 견디셨다는 사실을 발견했다. 그리고 이제 그분이 나와 생명의, 인격적인 관계를 맺고자 하신다는 사실(요 14:23)과 나를 친구로 부르신다는 사실(요 15:15)을 발견했다.

다섯째, 이 사랑의 구원자께서 의로우신 하나님이라는 사실도 알게 되었다. 나는 그분이 억압, 불의, 포악, 인종차별, 그리고 환경 파괴를 싫어하신다는 사실을 배웠다. 놀랍게도 하나님은 나를 그의 선한 창조의 청지기로 부르시고, 그의 창조를 훼손시키고 그의 백성들을 짓밟는 억압적 구조와 체제들을 바로 잡으시는 사역에 내가 동참하기를 원하신다.

마지막으로 회심을 통해 내가 발견한 것은 마지막 공포인 죽음은 분명 존재하지만 그 죽음은 순간에 불과하다는 사실이다. 지금 경험하는 개인적 혹은 사회적인 변화가 불완전할 수도 있지만 나는 결국 부활하신 주님의 임재 가운데 회복된 세상에서 영원토록 살게 되리라는 사실을 기쁘고 놀랍게 배웠다.

Good News and Good Works

제4부

너희는 가라: 선교에 대한 성경적 명령
GO YE: THE BIBLICAL MANDATE FOR MISSION

Good News and Good Works
by Ronald J. Sider

chapter 7

왜 복음을 전해야 하는가?

만일 복음을 전하지 아니하면 내게 화가 있을 것이로다!
– 고린도전서 9:16

내 삶의 최근 삼십년을 되돌아보면 나는 개인적으로 더 많은 이들에게 복음을 전했어야 했다고 고백할 수밖에 없다. 매년마다 최소 한 사람 이상을 예수님께로 인도하는 기쁨을 누릴 수 있었더라면 하는 회한이 있다.

이는 나에게 주어진 주된 소명을 놓쳤다는 뜻은 아니다. 나는 하나님이 나를 복음주의 사회운동가로 부르셨다고 확신한다.

나는 영국 복음전도자 데이비드 왓슨(David Watson)과 함께 보냈던 주말을 절대 잊을 수 없다. 그 주말에 나는 소명을 확신했다. 데이비드와 그의 아내 앤(Anne)과 함께 1980년 즐거운 주말을 보내고 헤어지기 전에 데이비드는 그가 성령으로부터 받았다고 믿는 특별한 말씀을 나누었다. 그는 하나님이 그로 하여금 날마다 복음전도라는 성령충만한 은사를 위해 기도하도록 인도하셨다고 말했다. 그리고 하나님은 그 기도에 응답하셨다. 데이비드를 사용하셔서 전 세계에 걸쳐서 수천 명의 사람들을 그리스도에게로 인도하셨다. 데이비드는 성령이 그에게 그 때와 같이 말씀하신 것을 느꼈다고 말했다. 성령께서 데이비드에게 말씀하신 것은 그가 기도했던 것처럼 정의를 위해 일할 수 있는 성령 충만의 은사를 위해 기도하도록 나에게 권하라는 것이었다. 나는 그렇게 하려고 시도했다. 그리고 나는 나에게 주어진 특별한 소명이 성경적으로 행해지는 사회운동의 영역에 있다고 믿는다.

그러나 나는 성경적 사회운동가들이 복음전도의 중요성에 대해서 말하는 것에만 그쳐서는 안 된다고 생각한다. 그들은 그것을 실제로 행해야 한다. 나는 지난 20년 보다 앞으로 있을 20년 동안 직접적으로 복음을 더 많이 전하고 싶다.

세계교회협의회(WCC)의 복음전도 관련 회합에서 들은 안드로우사의 아나스타시오스(the Anastasios of Androussa) 이야기는 전도를 더 많이 해야겠다는 나의 결심을 더 강화시켰다. 아프리카 동부 동방정교회의 대주교로 활동하기 전에 아나스타시오스는 케냐 서부에서 선교활동을 했었다. 어느 날 그는 말라리아로 쓰러져 죽은 사랑스러운 12살 소녀를 땅에 묻는 슬픈 일을 해야만 했다.

그가 잠들려고 애쓰던 그 날 밤 바나나 잎사귀와 작은 교사의 철판 지붕 위로 떨어지는 빗방울 소리를 들으면서 그는 번민했다. "내가 여기서 지금 무엇을 하고 있는 것인가?" 그는 교육, 문명화, 발달 같은 것들을 생각해보았다. 그 때 갑자기 다음과 같은 생각이 그의 뇌리에 섬광처럼 비추었다.

> 아프리카나 아시아의 고립된 구석에 있건 혹은 크고 부유한 도시의 변두리에 있건 절망과 고독함 가운데 있는 우리의 형제와 자매들이 갈망하고 있는 것은 막연한 위로의 말이나 약간의 물질적 도움, 혹은 문명

의 부스러기들이 아니다. 그들은 의식하든 그렇지 않든 간에 죽음을 초월할 수 있는 인간의 존엄성과 소망을 원한다. 결국 그들은 완전한 신이자 완전한 인간이신, 그리고 길과 진리와 생명이신 살아 계신 그리스도를 찾고 있다. 연령과 계층에 상관없이, 부유하거나 가난하거나 상관없이, 유명하든 유명하지 않든, 무식하든 고학력자이든, 상관없이 모든 사람들의 마음 깊은 곳에는 부활의 기쁨을 누리고자하는 갈망이 자리하고 있다.[1]

왜 사람들은 복음을 들어보지 못한 사람들에게 복음을 전하려고 애끓는 마음으로 전세계를 순회하며 질병과 죽음을 무릅쓰는 고통을 겪을까? 왜 사람들은 아주 오래된 이야기를 하기 위해 교외에서 도심으로 가는 고생길을 택할까? 왜 평범한 기독교인들이 마음속에서 일어나는 머뭇거림과 두려움을 물리치고 자신들의 신앙을 옆 집 사는 이웃과 사무실의 동료들에게 설명하는가?

물론 모든 동기들이 순수하고 선한 것은 아니다. 순수하지 못한 동기는 일부 사람들에게 복음전도의 유효성에 대해 의문을 품도록 만들었다. 어떤 이들은 토착민들을 착취하고 조종하려는 노력 그 이상 아무것도 아닌 선교사의 선교적 **정복**을 지적한다. 어떤 사람들은 힌두교도들이 더 나은 힌두교도가 되고 정령숭배자들이 보다 나은 정령숭배자들이 될 수 있도록 격려하는 것이 더 낫다고 말하기도 한다. 나아가 그들은 기독교 신앙이 다른 종교의 신앙보다 우월하다는 주장이 심한 교만이 아니냐고 묻기도 한다.

그러나 이것들은 아나스타시오스의 결론이 아니다. 또한 사도 바울의 결론도 아니다. 본 장에서는 우리가 왜 전도해야 하는지에 대한 핵심적인 성경의 근거들을 검토하고자 한다.

---

[1] Anastasios of Androussa, "Address by the Conference Moderator," in Wilson, ed., *The San Antonio Report*, 107. 나는 그러나 사후의 물질적 재화와 소망, 어느 하나 혹은 양자 모두를 만들고자 하는 것은 아니다.

1. 세상을 향한 하나님의 사랑

전도해야 하는 가장 중요한 이유는 길을 잃고 부서진 세상을 향한 하나님의 놀랍고 흘러넘치는 사랑 때문이다. 선교는 근본적으로 우리가 하는 것이 아니다. 그것은 하나님이 하시는 것이다. 하나님이 세상을 너무나도 사랑하사 그 사랑을 나누고자 하시는 그 거룩한 발걸음을 우리는 그저 따라갈 뿐이다.

칼 바르트(Karl Barth)가 미국을 여행할 때 한 사람이 그에게 복음을 요약해 달라고 물었다. 이 탁월한 신학자는 전형적이고 복잡한 독일식의 긴 문장으로 대답하지 않았다. 그는 다음과 같이 아주 간단하게 말했다.

> 예수님은 나를 사랑하십니다. 내가 이것을 알 수 있는 이유는 성경이 나에게 그렇다고 말하고 있기 때문입니다.

바르트가 인용했던 요한복음 3:16은 어린 아이의 노래와 같이 단순한 말씀이지만 또한 동시에 심오한 말씀이다.

> 하나님이 세상을 이처럼 사랑하사 독생자를 주셨으니 이는 그를 믿는 자마다 멸망하지 않고 영생을 얻게 하려 하심이라 하나님이 그 아들을 세상에 보내신 것은 세상을 심판하려 하심이 아니요 그로 말미암아 세상이 구원을 받게 하려 하심이라(요 3:16-17).

우리는 이 하나님의 사랑의 말씀을 전하기 위해 복음을 나누는 것이다.

성경 전체를 통해 우리는 우리를 그에게로 이끌어가고자 열망하시고, 갈망하시고, 열심을 다해 노력하시는 하나님을 본다(렘 31:20-21). 십자가에서 우리는 인간 희생자를 박살내시는 분노의 하나님이 아니라 독생자가 겪는 고통으로 인해 같이 아파하시는 아버지 하나님을 본다. "우리가 아직 죄인 되었을 때에 그리스도께서 우리를 위하여 죽으심으로 하나님께서 우리에 대한 자기의 사랑을 확증하셨느니라"(롬 5:8). 복음을 전하면서 우리는 아무도 멸망시키고자 하지 않으시고 세상을 너무나도 사랑하시는(벧후 3:9) 삼위일체 하나님의 사랑의 선교 사명에 동참하게 된다.[2]

누구든 그 변화시키시는 능력에 의해 발견되고 용납되었다면, 어떻게 다른 사람들을 그 품으로 인도하지 않을 수 있겠는가?

2. 유일하신 그리스도

아나스타시오스는 전도해야 할 두 번째 매우 중요한 이유를 말했다. 그것은 바로 예수님 자신이었다. 기독교인들은 나사렛 예수님이 위대한 윤리 선생 그 이상이라고 믿는다. 그리고 정의를 외치는 급진적인 선지자 그 이상이라고 생각한다. 그분은 영원하신 말씀이며, 온 우주를 다스리시는 주이시며, 참 사람이시자 참 하나님이시다.

> 옛적에 선지자들을 통하여 여러 부분과 여러 모양으로 우리 조상들에게 말씀하신 하나님이 이 모든 날 마지막에는 아들을 통하여 우리에게 말씀하셨으니 이 아들을 만유의 상속자로 세우시고 또 그로 말미암아 모든 세계를 지으셨느니라 이는 하나님의 영광의 광채시요 그 본체의 형상이시라 그의 능력의 말씀으로 만물을 붙드시며 죄를 정결하게 하

---

[2] 이런 의미에서, 선교를 모든 *missio dei*의 최초라고 말하는 것은 옳다. Bosch, *Transforming Mission*, 389-93에서 잘 다루어지고 있다. 그러나 어떤 식으로도 그것은 예수 그리스도와의 인격적인 구원의 관계에 사람들을 초청하는 것을 배제하지 않는다.

는 일을 하시고 높은 곳에 계신 지극히 크신 이의 우편에 앉으셨느니라(히 1:1-3).

나사렛에서 오신 유랑선생이셨던 그분은 "아버지께서 모든 충만으로 거하게 하신"(골 1:19) 분이시다. 소외된 여성과 문둥병자들의 옹호자였던 이 갈릴리인은 "태초부터 하나님과 함께 계셨으며 하나님이셨던"(요 1:1) 영원한 말씀이셨다. 유죄판결을 받고 가운데 십자가에 처참하게 매달린 그분께 하늘과 땅의 모든 자들이 무릎을 꿇게 될 것이다(빌 2:5-11).

현대의 많은 지성인, 교인들, 그리고 심지어 일부 현대의 신학자들과 선교학자들조차 더 이상 이런 고백을 하지 않는다.[3] 만일 예수님이 현명한 선생 중 한 명이시라면 그의 이야기를 널리 전파하는 것은 중요하지 않은 것이 된다.

하지만 지난 수세기 동안 기독교인들은 나사렛 예수님이 선지자적인 사회비평가일 뿐만 아니라 진정한 하나님이시라고 주장했다. 만일 그것이 비극적인 착각이 아니라 참된 진리라면 기독교인들에게는 다른 선택의 여지가 없다. 놀라운 경외심과 엄청난 기쁨 가운데, 우리는 온 우주의 창조주가 우리에게 하나님의 구원을 가져오시기 위해서 우리의 작은 행성의 먼지투성이 샛길로 걸어오셨다는 좋은 소식을 전 세계에 전해야 한다.

수 세기 동안 기독교인들에게 계승되어 온 그리스도에 대한 이 핵심적 고백을 믿는다면 어떻게 다른 사람에게 말하지 않을 수 있겠는가?

---

3 예를 들면 다음을 보라. Borg, *Jesus: A New Vision*과 John Hick and Paul F. Knitter, eds., *The Myth of Christian Uniqueness: Towards a Pluralistic Theology of Religions* (Maryknoll: Orbis, 1987). 그리고 다음의 광범위한 인용을 보라. Clark Pinnock, *A Wideness in God's Mercy: The Finality of Jesus Christ in a World of Religions* (Grand Rapids: Zondervan, 1992), 특히 서론과 2장.

3. 구원에 이르는 오직 한 길

상대주의의 시대에 환영받지 못하고 세속적인 사회운동가들과 다른 종교를 신봉하는 자들에게도 분명 비난 받겠지만 신약은 예수님이 하나님의 최종적인 계시이며 구원에 이르는 유일한 길이라고 명백히 가르치고 있다.[4] 예수님은 "내가 곧 길이요 진리요 생명이니 나로 말미암지 않고는 아버지께로 올 자가 없느니라"(요 14:6/ 3:36 참조)라고 선언하신다. 그리고 예루살렘에 있는 종교 지도자들을 놀라게 한 사건이 있었다. 베드로는 예수님이 십자가에 못 박히신 직후 구원이 오직 못 박히시고 부활하신 나사렛 인으로만 가능하다고 담대히 주장했다. "다른 이로써는 구원을 받을 수 없나니 천하 사람 중에 구원을 받을 만한 다른 이름을 우리에게 주신 일이 없음이라 하였더라"(행 4:12).

성육신하신 그분이 영원하신 말씀이시기 때문에 그는 그 자신으로 충분한 하나님의 계시가 되신다. "아들과 또 아들의 소원대로 계시를 받는 자 외에는 아버지를 아는 자가 없느니라"(마 11:27). "본래 하나님을 본 사람이 없으되 아버지 품 속에 있는 독생하신 하나님이 나타내셨느니라"(요 1:18).

기독교인들은 하나님의 신적 계시라는 귀중한 보물을 받았기에 **반드시** 전도해야 한다.[5] 우리만 이 진리를 알고 있을 수는 없다.

---

[4] 예를 들면 다음을 보라. Paul F. Knitter, *No Other Name? A Critical Survey of Christian Attitudes toward Other Religions* (Maryknoll: Orbis, 1985). 『오직 예수 이름으로만?』(한국신학연구소). 그리고 Pinnock, *Wideness in God's Mercy*에 인용된 문헌. Pinnock의 2장은 구원으로 가는 유일한 길로서의 그리스도를 강력하게 확신한다. 이것과 또한 다른 관련된 주제들에 관하여는 또한 다음을 보라. Michael Green의 탁월한 책, *Evangelism through the Local Church* (London: Hodder and Stoughton, 1990). 『현대 전도학』(CLC).

[5] 또한, 마찬가지로, 교황 요한 바오로 II세의 최근 회칙도 동일하게 명료하다. *Redemptoris Missio*, sect 5. 세계교회협의회의 *Mission and Evangelism*, sect. 42. 그러나 WCC는 이것을 공식적인 입장으로 삼을 수 없음을 알고 있다.

하나님의 계시를 드러내시는 분은 구원의 중재자가 되시기도 한다. "하나님은 한 분이시요 또 하나님과 사람 사이에 중보자도 한 분이시니 곧 사람이신 그리스도 예수라 그가 모든 사람을 위하여 자기를 대속물로 주셨으니"(딤전 2:5-6/ 고전 8:5-6).

이 유일한 계시자와 중재자는 어떤 신비한 관념이나 철학적인 개념이 아니다. 그는 분명히 2천 년 전에 놀란 유대 처녀의 배 속에서 태어나 육신이 되셨다. 그는 분명히 당시의 상황에 이의를 제기하셨고 샬롬에 이르는 방법을 가르쳐 주셨으며 로마의 십자가에서 돌아가셨다. 이 역사적 인물은 우리가 "아버지께서는 모든 충만으로 예수 안에 거하게 하시고 그의 십자가의 피로 화평을 이루사 만물 곧 땅에 있는 것들이나 하늘에 있는 것들이 그로 말미암아 자기와 화목하게 되기를 기뻐하심이라"(골 1:19-20)라고 고백하는 그분이시다.

말씀이 육신이 되신 분 바로 나사렛 예수님은 구원에 이르는 유일한 길이다. 이것은 기독교의 유서 깊은 주장이다. 로마 가톨릭과 복음주의의 지도자들은 모두 동일하게 "유일한 구원자이신 예수 그리스도의 절대적 유일함"을 공통적인 믿음으로 고백한다.[6]

수 세기 동안 교회가 보편적으로 고백해 온 이 진리를 믿는다면 어떻게 복음전도하기를 그칠 수 있겠는가?

4. 그의 명령에 순종

또한 기독교인들은 주께서 명령하셨기에 복음을 전한다.[7] 마태

---

[6] Meeking and Stott, eds., *Evangelical-Roman Catholic Dialogue*, 44.
[7] 이런 동기에 관한 훌륭한 논의와 그것을 강조하는 선교학자들에 대해서는 다음을 보라. J. Verkuyl, *Contemporary Missiology: An Introduction*, trans. Dale Cooper (Grand Rapids:

복음에 의하면 그의 마지막 말씀은 강력한 선교적 명령이었다.

> 하늘과 땅의 모든 권세를 내게 주셨으니 그러므로 너희는 가서 모든 민족을 제자로 삼아 아버지와 아들과 성령의 이름으로 세례를 베풀고 내가 너희에게 분부한 모든 것을 가르쳐 지키게 하라(마 28:18-20/ 눅 24:45-49; 요 20:21-23; 행 1:6-8 참조).

예수님은 그의 유일하신 권세에 근거하여 명령하신다. 만약 그가 단순한 지혜 선생, 탁월한 철학자, 혹은 빈틈없는 사회운동가에 불과했다면 우리는 그의 설교의 지혜에 대해서 토론할지도 모른다. 하지만 만약 우리가 그분이 하늘과 땅의 주이신 사실을 믿는다면 우리는 오직 기쁘고 순종하는 마음으로 그분의 말씀을 수용할 수밖에 없다.

바울과 초대 교회들이 바로 그렇게 했다. 그들이 가는 모든 곳곳마다 이야기를 전했다.[8] 비록 모두는 아니지만 많은 사람들이 복음을 전하고자 하는 바울의 부담감을 공유했다. "만일 복음을 전하지 아니하면 내게 화가 있을 것이로다"(고전 9:16).

오랜 기간 동안 너무나도 많은 기독교인들이 주님의 명령을 외면했다. 어떤 사람들은 이 숙제를 특정 사람들에게 떠넘겼다. 또 다른 사람들은 선교적 명령이 오직 사도 시대에만 적용 가능한 것이라고 주장했다. 우리 중 대부분의 사람들은 다른 것들로 우리의 삶을 채운다. 우리는 영국의 위대한 선교사이며 개척자였던 윌리엄 캐리(William Carey)가 분명히 이해했던 부분을 회복할 필요가 있다. 복음전도에 대한 하나님의 명령이다.[9] 부활하신 주님은 우리

Eerdmans, 1978), 164. 『현대선교신학 개론』(CLC).

8 다음을 보라, Michael Green, *Evangelism in the Early Church* (London: Hodder and Stoughton, 1970). 『초대교회의 복음전도』(복있는 사람).

9 Verkuyl, *Contemporary Missiology*, 164. 『현대선교신학 개론』(CLC).

모두에게 그의 구원 사역에 대해 전하라고 명령하신다.

만약 우리가 그분이 누구이신지 알고 있다면 감히 그의 마지막 명령을 무시할 수 있겠는가?

5. 이웃 사랑

예수 그리스도를 아는 것은 나의 생애 가운데 일어난 일 중 가장 놀라운 일이다. 의미, 온전함, 소망, 그리고 기쁨은 그리스도 안에서 하나님과 맺는 생명의 관계로부터 풍성하게 흘러나온다. 그리스도의 언약을 볼 때도 그렇고 나의 경험으로부터도 느끼는 것이지만 나의 주님에 대한 살아있는 지식을 내가 사랑하는 자들과 나누는 것만큼의 기쁨이나 축복을 가져오는 것은 절대 존재하지 않는다. 만약 내가 나의 이웃들을 사랑한다면 나는 내가 가지고 있는 최고의 보물에 대해서 열정적으로 말할 것이다.

성경적인 그리스도는 모든 인간의 갈망들을 채워주신다. 모든 창조 질서를 그리스도 안에서 온전하게 하시려는 하나님의 놀랍고 우주적인 계획 가운데 내가 어떤 역할로 존재하는지에 대해서 알게 될 때 그리스도는 우리 삶에 의미와 목적을 가져오신다. 하나님은 십자가에서 돌아가신 분을 믿는 죄인들을 용납하신다는 사실을 우리가 알게 될 때 그리스도는 용서와 죄책으로부터 해방시키시는 자유를 가져다주신다. 그리스도는 비열하고 완고한 우리의 성품을 인격적으로 변화시키신다. 그리스도는 세상의 사회적이고 경제적인 연약함을 극복하는 공동체 생활을 시작하려 하는 믿는 자들에게 사랑으로 가득차고 회복된 믿음의 공동체를 선물해 주신다. 그리스도는 새로운 능력과 기준, 그리고 더 넓은 사회에서 정의를 추구하는 공동체를 허락하신다.[10] 그리스도는 두려움을 불러오는 물음표인 죽음 자체에 대한 해답을 가져다주신다. 그리고 그리스도는 사회적 정의가 쇠약해지고 육체가 실패할 때 우리를 지탱해주는 놀랄만한 소망의 힘을 가져다주신다.

솔직하게 말하겠다. 나의 믿음은 때때로 연약하다. 나의 성화는 아주 지독하리만큼 부분적이다. 그리고 나의 교회는 수치스러울 정도로 믿음이 없기도 하다. 하지만 그런 실패들에도 불구하고 그리스도는 폭포수와 같은 풍성함으로 삶에 기쁨과 풍성함을 계속해서 가져다주신다. 영생은 곧 유일하신 하나님과 그의 보내신 자 예수를 아는 것이다(요 17:3). 이 풍성한 삶은 우리가 그분을 믿을 때 시작한다. 그리고 이 풍성한 삶은 영원히 끝나지 않는다. 나는 이 친구이시며, 구원자이시며, 주이신 그분과 날마다 함께 걸어가는 것보다 더 나은 삶이란 현재와 모든 영원을 통틀어서도 상상조차 할 수 없다.

당신은 당신의 이웃을 사랑하면서 이 기쁜 보물을 나누지는 않는 것이 가능하다고 생각하는가?

6. 그리스도 없는 방황

나는 복음전도에 대한 영광스럽고, **긍정적인** 이유들을 가지고 글을 맺을 수 있었으면 한다. 하지만 신약은 사람들이 그리스도 없이는 방황하게 된다고 가르치고 있다. 그리고 사랑의 사도이신

---

10 그리스도에 대한 믿음은 더 나은 인간세계로 가는 길이라는 Donald McGavran의 잦은 언급(예를 들어, *Understanding Church Growth*, 127), 그리고 오직 그리스도만이 진정한 자유를 주신다는 요한 바오로 II세의 주장, *Redemptoris Missio*, sect. 11을 보라.

예수님도 신약에 있는 그 누구보다 하나님으로부터의 영원한 분리에 대해서 가장 많이 말씀하신다. 이런 생각들은 우리가 살고 있는 다원론적인 세상에서는 환영받는 생각이 아니다. 하지만 만약 성경이 우리의 인도자이고 예수님이 우리의 주이시라면 그 내용들을 우리는 외면할 수 없다.

바울은 교육받았고 종교적이었던 회심 전의 에베소인들이 하나님에 대해 무지했으며 소망이 없던 자들이라는 점을 날카롭게 지적한다. "그때에 너희는 그리스도 밖에 있었고 이스라엘 나라 밖의 사람이라 약속의 언약들에 대하여는 외인이요 세상에서 소망이 없고 하나님도 없는 자이더니"(엡 2:12). 데살로니가인들이 그리스도를 영접했을 때 그들은 우상으로부터 돌아서서 진리이시고 살아계신 하나님으로 향했다. 그리고 그들은 그들을 향한 진노로부터 구원받았다(살전 1:9). 바울은 하나님이 "우리를 흑암의 권세에서 건져내사 그의 사랑의 아들의 나라로 옮기셨다"(골 1:13)는 사실을 골로새 교회의 기독교인들에게 확신시킨다.

그리스도 밖에서의 방황과 절망은 삶의 모든 영역으로까지 확대된다. 죄책과 수치는 하나님의 놀라운 자비에 대해 한 번도 들어본 적 없는 자들에게 짐을 지우고 압력을 가한다. 여성, 소수 세력들, 그리고 가난한 자들은 억압되기 마련이다. 부유한 자들은 나태하고 그들의 삶은 의미와 목적을 상실한다. 모든 사람들은 삶의 불가해성 가운데 난처해한다. 그리고 우리가 이 지구라는 행성에서 살아가는 짧고 빠른 순간들은 제멋대로 회전하는 수십억의 은하계의 수십억 년이란 시간 가운데 그저 의미 없는 명멸은 아닐까 궁금해 한다. 심지어 사람들은 죄에 대한 하나님의 진노에 대해서 전혀 관심조차 두지 않고 그리스도 없이 방황한다.

그들이 방황하고 있는 것을 알면서 내가 만난 가장 희망에 차고 치유하는 실재에 대해서 나누지 않을 수 있겠는가?

7. 죄의 삯은 사망이요-영원한 죽음

예수님의 말씀과 서신서, 즉 신약 곳곳에서는 분명 일관적으로 경고하는 바가 있다. 거룩한 창조주께서는 죄를 싫어하신다(하지만 죄인들을 싫어하시는 것은 아니다). 그리고 심판의 날이 다가오고 있다. 죄가 씻김 받지 않은 사람들은 하나님의 무시무시한 진노와 맞닥뜨려야 한다.[11] "우리는 그리스도의 심판석 앞에 반드시 서야 한다." 이는 분명히 맞는 사실이다. 바울은 이 사실에 대해서 알았고 주님에 대한 거룩한 경외심을 사람들이 그리스도를 영접할 수 있도록 설득하는 데 사용했다(고후 5:10-11).

로마서 1-3장의 핵심적인 주장은 하나님의 거룩한 정죄 앞에서 모든 사람들이 죄인이라는 것이다. "하나님의 진노가 모든 경건하지 않음과 불의에 대하여 하늘로부터 나타나나니"(롬 1:18). 율법이라는 특별한 계시를 가진 유대인이나 창조물에 대한 일반 계시를 가진 이방인 모두 그들이 가진 진리대로 살아가기에 실패한다. "모든 사람이 죄를 범하였으매 하나님의 영광에 이르지 못하더니"(롬 3:23/ 3:10-18 참조).

신약의 모든 부분이 다가오는 심판의 날을 경고한다. 그것은 바울이 교육받고, 종교적이었던 아테네인들을 향해 회개하라고 했던 이유 중 하나였다. "이제는 [하나님이] 어디든지 사람에게 다 명하사 회개하라 하셨으니 이는 정하신 사람으로 하여금 천하를 공의로 심판할 날을 작정하시고 이에 그를 죽은 자 가운데서 다시 살리신 것으로 모든 사람에게 믿을 만한 증거를 주셨음이니라 하니라"(행 17:30-31/ 고후 5:10-11 참조). 예수님은 다음과 같이 경고하셨다. "무덤 속에 있는 자가 다 그의 음성을 들을 때가 오나니 선

---

[11] 예를 들어, 마태복음 3:7, 요한복음 3:36, 로마서 1:18, 4:15, 5:9, 에베소서 2:3, 데살로니가전서 5:9, 요한계시록 16:1.

한 일을 행한 자는 생명의 부활로, 악한 일을 행한 자는 심판의 부활로 나오리라"(요 5:28-29/ 마 16:27 참조). 요한계시록 20장은 하나님의 위대하신 보좌 앞에서 벌어지는 최후 심판을 잘 그려내고 있다. 생명책에 기록되지 않은 이름들은 사랑의 하나님의 임재로부터 멀어지게 된다(11-15절).

하나님으로부터의 영원한 분리에 대한 논의가 모든 성경의 가르침 중에 가장 어렵다는 사실에는 의심의 여지가 없다. 많은 사람들이 이 어려운 진실을 무시하거나 재해석한다. 하지만 그것 또한 하나님의 말씀이다. 바울은 음행이나 탐욕과 같은 죄에 거하는 자들은 "하나님의 나라를 유업으로 받지 못할 것이다"(갈 5:21, 고전 6:9-10)라고 말한다. 예수님도 이와 동일하게 말씀하신다. 사실 더 정확히 말하자면 죄인에 대한 하나님의 넘치는 사랑의 궁극적 표현이신 예수님 자신께서 이 무시무시한 주제에 대해서 가장 많이 말씀하신다.

양과 염소에 대한 예수님의 비유는 마지막 심판의 때에 모든 사람들이 그 앞에 서게 될 것이라는 사실을 분명하게 가르친다. 의로운 자는 하나님의 임재 안에 있는 영생을 즐거워한다. 악한 자는 오직 두려운 말씀을 두려워하며 기다릴 수밖에 없다. 그 두려운 말씀은 "저주를 받은 자들아 나를 떠나 마귀와 그 사자들을 위하여 예비된 영영한 불에 들어가라"(마 25:41)는 것이다. 예수님은 알곡과 가라지의 비유를 말씀하시면서 또 다시 최후 심판에 대해서 말씀하신다. 인자(예수님이 그 자신을 가리키실 때 선호하셨던 명칭)는 죄를 짓고 악을 행하는 자들을 "풀무 불에 던져 넣을 것이다. 거기서는 울며 이를 갊이 있을 것이다"(마 13:41-42/ 13:49-50 참조).

예수님이 마가복음 3:28-29에서 '용서받을 수 없는' 죄에 대해서 언급하셨을 때 그 의미가 명료하지는 않다. 하지만 그 의미가 무엇이든 간에 하나님으로부터의 영원한 분리라는 뜻은 분명히 내포하고 있다. 정말 무서운 것은 살아계신 하나님의 영원한 부재이다. 이에 대해서 말씀하시면서 예수님은 죄악된 불순종 가운데 사는 것보다는 손이나 발을 잘라버리는 것이 더 나을 것이라고 말씀하신다.

> 장애인이나 다리 저는 자로 영생에 들어가는 것이 두 손과 두 발을 가지고 영원한 불에 던져지는 것보다 나으니라(마 18:8).[12]

우리의 시대에 성경적 믿음을 측정할 수 있는 방법 중 하나는 우리가 다가올 심판에 대한 경고와 하나님으로부터 영원히 분리될 가능성에 대한 경고를 예수님이 하신 것과 같이 분명히 선언하고 있느냐를 확인해 보는 것이다. 당연히 우리는 그 일에 대해 별로 주목하지 않고 있을 것이다. 우리는 예수님이 그러셨던 것처럼 하나님의 놀랍고 흘러넘치는 자비와 함께 시작하고 마칠 것이다. 그리고 또한 우리는 예수님이 하셨던 것처럼 공공연하게 경고할 것이다. 만약에 우리가 그렇게 하지 않는다면 우리는 에스겔에서 나오는 파수꾼과 같이 될 것이다. 그가 경고하지 않았기 때문에 하나님은 백성들의 멸망에 대한 책임을 이 파수꾼에게 물으셨다(겔 3:16-19).

이 본문들은 여러 가지 어려운 의문들을 제기한다. 악한 자들은 문자 그대로 영원한 불 속에서 타게 될 것인가? 하나님의 진노는 결코 끝나지 않는 형벌을 내림으로써 영원히 계속되는 것인가? 그리스도에 대해 들어보지도 못한 채 죽은 수많은 사람들은 어떻게 될 것인가?

나는 문자적인 묘사가 중요한 것이 아니라고 생각한다. 루이스(C. S. Lewis)는 죄인들에게 내리는 하나님의 처벌의 본질은 선함과

---

[12] 또한 누가복음 14:15-20; 16:19-31.

사랑의 유일한 원천에 대하여 사악하게 반역했던 그들의 자유로운 선택을 영원히 받아들이는 것이라고 이해한다. 결과적으로 그들은 기쁨과 성취와 생명을 얻을 수 있는 유일한 분으로부터 영원히 떠나기를 택한 것이다.13 물론 이것은 루이스의 해석이다. 이것은 어떠한 성경적 권위도 가지고 있지 않다. 하지만 영원한 죽음이 우주 전체를 통틀어서 사랑과 선하심의 유일한 원천으로부터 영원토록 분리되는 것이라는 영원한 죽음에 대한 성경적 가르침의 핵심을 강조하는 부분에서는 옳다.

이 형벌은 영원히 지속되는 것인가? 경건한 기독교인들은 이에 대한 답을 제시할만한 충분한 성경적 근거가 없다고 말한다. 그리고 또 어떤 이들은 이 질문에 대해서 "그렇다"라고 대답한다.14 다른 이들은 핵심 단어들을 주의 깊게 연구한 후에 성경 본문들은 악인들이 예상할 수 있는 영원한 고통이 아닌 악한 자들의 영원한 멸절을 이야기하고 있다고 결론을 내렸다. 이 후자의 관점을 가지고 생각하는 사람들이 성경 본문을 가장 충실하게 주해하는 사람들이다. 이 사람들 가운데는 로잔언약을 작성한 핵심인물인 존 스토트(John Stott)와 복음전도자 마이클 그린(Michael Green)도 포함된다.15 이러한 주제는 1989년 5월 "복음주의 선언에 관한 회의"(Consultation on Evangelical Affirmations)에서 심도 있게 논의되었다. 칼 헨리(Carl Henry)와 케네스 칸처(Kenneth Kantzer)가 그 회의를 소

---

13 C. S. Lewis, *The Problem of Pain* (London: Fontana Books, 1957), 8장(106-16). 『고통의 문제』(홍성사).
14 *Wideness in God's Mercy* 5장에서 인용된 문헌과 Pinnock의 논의를 보라.
15 그 외에 Philip Hughes, John Wenham, 그리고 Stephen Travis도 포함된다. 다음을 보라. David Edwards and John Stott, *Essentials: A Liberal-Evangelical Dialogue* (London: Hodder and Stoughton, 1988), 313-20. 『복음주의가 자유주의에 답하다』(홍성사). Clark Pinnock, "The Destruction of the Finally Impenitent," *Criswell Theological Review* 4 (1990): 243-59. Edward Fudge, *The Fire That Consumes* (Houston: Providential Press, 1982).

집했고 핵심적인 복음주의적 관점들을 재확인하기 위해서 소집한 것이다. 마지막 성명서에서 참석자들은 존 스토트와 마이클 그린의 입장을 배제하지 않기로 투표했다.[16]

어떤 방법으로 본문을 해석하든 그 결론은 우리가 불타는 열정으로 전심을 다해서 그리스도로부터 돌아선 사람들을 위해 중재해야 한다는 두려운 결론이다. 왜냐하면 그들은 "주의 얼굴과 그의 힘의 영광을 떠나 영원한 멸망의 형벌을 받을 것"이기 때문이다(살후 1:9). 살아계신 하나님의 사랑이 넘치는 임재로부터 영원토록 분리되는 것보다 더 끔찍한 일이 어디 있겠는가?

수 세기 동안 그리고 지금까지도 그리스도의 복음을 한 번도 듣지 못하고 죽어간 수십억의 사람들은 그것이 그들의 운명인가? 이생에서 그리스도를 의식적으로 고백한 사람들만이 구원을 얻는가? 성경적 권위를 신뢰하는 기독교인들은 여기서 다시 한 번 의견이 나뉘어진다.[17]

어떤 사람들은 "그렇다"라고 대답한다. 다른 이들은 하나님을 진실로 찾는 사람들에게는 그 사람들이 이 땅에 있는 동안 복음에 대해서 한 번도 들어본 적이 없을지라도 죽음 전이든 후이든 간에 그리스도께서 나타나실 것이라는 가능성을 배제해서는 안된다고 믿는다. 이 둘째 견해는 얼마나 성경적인가?

내가 확신하는 몇 가지 사실들이 있다. 만인구원설(모든 사람들이 결국 구원받을 것이라는 믿음)은 잘못된 것이다. 이는 분명히 우리

---

16 또한 Stott의 견해도 확인하지 않았다. 대다수는 복음주의자들이 이론적으로 의견일치하지 못한 주제에 관한 질문을 그냥 남겨두는 쪽을 선호했다. 다음을 보라. Keneth S. Kantzer and Carl F. H. Henry, eds., *Evangelical Affirmations*(Grand Rapids: Zondervan, 1990), sect. 9 (36).

17 다음 안에 있는 논문을 보라. Pinnock, *Wideness in God's Mercy*, chap. 5 그리고 각주들(특히 각주 30-31). 또한 John Sanders, *No Other Name: A Biblical, Historical, and Theological Investigation into the Destiny of the Unevangelized* (Grand Rapids: Eerdmans, 1992)참조.

가 이제까지 살펴본 본문들에 위배된다. 어떤 사람들은 그리스도를 거절하고 하나님으로부터 영원히 떠나 있다. 모든 종교가 구원을 가능하게 하는 수단은 아니다. 하나님이자 인간이신 예수 그리스도가 아버지께로 가는 유일한 길이다. 구원받은 자는 누구든 그분을 통해서 구원받은 것이다.

하나님이 모든 사람의 구원을 간절히 원하신다는 놀라운 사실 또한 앞서 검토한 사실과 동일하게 분명하고 매우 중요하다. 주님은 오래 참으시어, "아무도 멸망하지 아니하고 다 회개하기에 이르기를 원하신다"(벧후 3:9). 우리의 구원자이신 하나님은 "모든 사람이 구원을 받으며 진리를 아는 데에 이르기를 원하신다"(딤전 2:4). 하나님은 잃어버린 어린 양 한 마리를 찾기 위해 안전한 아흔 아홉마리의 양들 곁을 비우시는 선한 목자와 같으시다. "이 작은 자 중의 하나라도 잃는 것은 하늘에 계신 너희 아버지의 뜻이 아니니라"(마 18:14).

하지만 복음을 한 번도 들어보지 못한 수많은 사람들의 경우는 어떻게 되는 것인가? 성경은 이 질문에 대한 명백한 결론을 내려주지 않는다. 성경이 분명하게 가르치는 것은 하나님이 그들이 알지 못하는 것이 아니라 알고 있는 것에 대해 책임을 물으신다는 사실이다. 아테네에서 바울은 돌로 만든 헬라의 신과 여신의 무수한 신상을 언급하면서 "알지 못하던 시대에는 하나님이 간과하셨다"(행 17:29-30/ 행 14:16-17 참조)고 말한다. 바울은 이스라엘에게 율법이 주어지기 전의 시대에 대해서는 죄가 존재했음을 인정하지만 "율법이 없었을 때에는 죄를 죄로 여기지 아니하였다"(롬 5:13)라고 덧붙인다.

좀 더 앞서 유대인과 이방인 모두의 사악한 반역에 대한 긴 논증에서 바울은 우리로 하여금 변명하지 못하도록 하기 위해 창조세계가 충분히 하나님을 드러내 보여준다고 말한다(롬 1:18-20).

사람들은 그들이 알고 있는 것에 근거해서만 심판받게 된다. "무릇 율법 없이 범죄한 자는 또한 율법 없이 망하고 무릇 율법이 있고 범죄한 자는 율법으로 말미암아 심판을 받으리라"(롬 2:12). 그러나 그 후에 바울은 매우 흥미로운 설명을 덧붙인다. 비록 이방인들이 이스라엘의 율법을 모른다 할지라도 마지막 심판의 날에 "이런 이들은 그 양심이 증거가 되어 그 생각들이 서로 혹은 고발하며 혹은 변명하여 그 마음에 새긴 율법의 행위를 나타낸다"는 것이다(롬 2:15). 이생에 사는 동안 하나님의 특별계시에 대해 전혀 몰랐던 몇몇 사람들은 그들이 알았던 것에만 책임을 져야 한다는 이유로 **사면되는가**(용서받는가)?

요한복음에서 예수님은 지식과 행위를 연관시키신다.

> 내가 와서 그들에게 말하지 아니하였더라면 죄가 없었으려니와 지금은 그 죄를 핑계할 수 없느니라…내가 아무도 못한 일을 그들 중에서 하지 아니하였더라면 그들에게 죄가 없었으려니와(요 15:22-24)

보다 앞서 영적 소경됨에 대한 논의 가운데 바리새인들은 예수님이 그들 또한 소경으로 생각하시는지 적대적으로 묻는다. 예수님은 이렇게 응답하신다. "너희가 맹인이 되었더라면 죄가 없으려니와 본다고 하니 너희 죄가 그대로 있느니라"(요 9:41).

하나님은 자비하시고 거룩하신 동시에 공평하시다(롬 2:6-10). 하나님은 우리가 알지 못하는 것이 아닌 알고 있는 것에 근거해서 우리를 심판하신다.

어떤 사람들은 이렇게 말한다. 첫째, 하나님은 모든 사람이 구원받기 원하신다. 둘째, 하나님은 사람들을 그들의 지식에 근거해서 심판하신다. 그리고 셋째, 그리스도는 구원에 이르는 유일한 길이다. 따라서 죽음 후에도 어떤 사람들은 그리스도를 만날 수 있고 믿음으로 반응할 수 있다고 주장한다.[18] 이것은 매력적인 대답이 될 수는 있겠지만 이것을 가르칠만한 성경적인 근거는 전혀 존재하지 않는다.[19] 그러므로 자신의 모든 생각을 말씀이 가진 권위에 복종시키려는 기독교인으로서, 나는 감히 그것을 가르치지 않거나 그러한 확신을 가지지 않을 것이다.

동시에 어떠한 성경적 가르침도 그러한 가능성을 명확하게 배제하고 있지 않다. 나는 복음을 들어보지 못한 채 죽은 사람들이 결코 다시는 기회를 잡지 못할 것이라고 명시하는 성경 본문을 알지 못한다. 만약 하나님이 그들에게 유일한 구원자가 되시는 그리스도와의 만남을 허락하려 하신다면 나는 당연히 이에 대해 반대하지 않는다! 하지만 이런 내용에 대한 분명한 성경적 근거가 없기 때문에 그런 일이 일어날 것이라고 가르칠 수는 없다.

우리가 확실하게 아는 것은 이 생애 가운데 믿음을 가지고 회개하는 자들에게 하나님이 구원을 베푸신다는 사실이다. "지금은 구원의 날"(고후 6:2)이다. 그러므로 우리는 가능한 한 빨리 복음을 모르는 자들에게 복음을 전하는 우리의 영광스러운 사명을 향해 전진해야 한다.

---

18 Pinnock, *Wideness*, 168-72 그리고 그 논문에 대한 각주를 보라.
19 어떤 이들이 주장하는 대로, 베드로전서 3:19-20의 죽음 이후에 그리스도와의 조우를 지칭한다는 것은 가능하다. 유사하게, 고린도전서 15:29에서 바울은 고린도 사람들이 죽은 다른 이들을 위해 세례를 받고 있다는 사실을(비평 없이) 진술한다. 베드로전서만이 그리스도의 때 이전에 죽은 이들을 언급한다. 고린도전서 15장에서는 죽은자들에 관해서 세례받는 자들에게 설명하지 않는다. 많은 질문들이 생겨난다. 그들은 "선한 이방인들"인가? 그리스도를 고백했지만 세례받기 전에 죽은 사람들인가? 오늘날 기독교인들은 그리스도를 알지 못하고 죽은 수억의 사람들을 위해 세례 받아야 하는가? 이 본문들 중 어느 것도 그리스도를 알지 못하고 죽은 사람들에게 죽음 이후에 그를 만나고 영접할 기회가 있으리라는 긍정적이고 분명한 가르침을 세우기에 충분히 명쾌하지 않다. 반면에 그들은 하나님이 죽음 이후에는 그리스도를 만날 기회를 사람들에게 결코 주지 않으신다는 단언적이고 확실한 가르침에 대해 분명한 의심을 제기한다. 겸허한 불가지론은 성경적 진리에 가장 충실해지는 방법이다.

마지막으로 나는 복음을 들어보지 못한 채 죽은 사람들에 대해 아는 것이 없음을 고백해야 한다. 나는 하나님이 공평하심을 안다. 또한 그가 모든 자들이 구원받기를 간절히 바라고 계심을 안다. 나는 이 신비를 그분의 십자가를 통해 사랑과 공의를 최종적으로 결합시킨 내가 사랑하는 구원자의 손에 맡긴다.

이런 말은 소심한 포기처럼 보일지도 모른다.[20] 하지만 다른 한편으로는 소심함보다는 적절한 신학적 겸손을 보여주고 있는 것이라고 말하고 싶다. 교회사를 통틀어 사람들은 거듭해서 성경의 명확한 가르침을 넘어섰기 때문에 혼란이 있어왔고 이단들이 위협해왔던 것이다. 성경은 매우 흥미롭고 중요한 문제들을 응답하지 않은 채로 남겨두고 있다. 신중한 사색은 분명히 합당한 것이다. 하지만 우리는 분명하게 성경적이지 않은 것은 감히 가르치지 않는다. 성경이 우리에게 말하는 것은 신실한 사람들이 이 시대를 살아가기에 충분한 정도 이상이다. 우리는 그것에 집중하고 분명한 과제와 가르침들을 실천해 나가야 하며 성경이 분명하게 말하고 있지 않은 부분에 있어서는 분명하지 않은 채로 남겨둘 만큼 겸손해야 한다. 이것은 복음을 듣지 못한 채 죽은 자들의 미래는 십자가에서 공의와 자비를 완벽하게 결합시킨 우리 하나님께 맡기는 것을 의미한다.

이러한 입장은 복음전도에 대한 우리의 열정을 빼앗지 않는다. 우리는 죄인들이 하나님의 진노 아래 선다는 것, 심판의 날이 다가오고 있다는 것, 하나님은 사람들이 그의 자비로운 사랑을 거절하고 그로부터 영원히 분리되는 것을 허락하신다는 것을 알고 있기 때문이다. 성경이 이런 사실들을 너무나도 분명하게 가르치고 있기 때문에 우리는 사람들에게 그리스도께 돌아오도록 간청하는

---

[20] *Wideness*, 150에 나오는 이 요점에서 Stott의 "불가지론"에 관한 Pinnock의 비평을 보라. 나는 Stott가 옳다고 생각한다.

두려운 과제에 대한 새로운 열정을 회복할 수 있다. 사도 바울과 함께 우리는 우리 모두가 그리스도의 심판석 앞에 서야 하며, 결국 각자가 선한 일이든 악한 일이든 육체에 있는 동안 행했던 일에 대해 보답 받게 될 것이라는 사실을 고백한다. "우리는 주의 두려우심을 알므로 사람들을 권면하거니와"(고후 5:11).

내가 멸망해가는 사람들에게 경고하는 파수꾼으로 보냄 받은 사실을 알고 있다면 어떻게 감히 두려움과 떨림으로 다음과 같이 외치지 않을 수 있겠는가? 사랑하는 아들, 딸, 이웃이여, 사망으로 가는 길에서 돌이켜 두 팔을 벌리고 당신을 찾으시는 사랑의 구주 앞으로 나오십시오!

8. 우리의 종말론적 소망

우리가 복음을 전하는 이유는 예수님의 삶과 부활 가운데 하나님이 커튼을 여시고 미래에 대해 잠깐 보여주셨기 때문이다.[21] 우리는 하나님의 뜻이 하늘에서처럼 땅에서도 이루어질 것이 그분의 계획임을 안다. 하나님은 십자가상에서 악과 결정적인 전투를 싸우셨다. 부활은 그리스도의 나라가 마침내 온 우주에 펼쳐지게 될 것이라는 사실을 보여 주고 있다. 이 세상 나라는 결국 우리 주의 나라가 될 것이다(계 11:15). 그리스도가 다시 오시는 하나님의 때에 인간 문명, 그리고 심지어 신음하는 창조물들까지 모두 하나님의 우주적인 구원을 경험하게 될 것이다.

놀랍게도 하나님은 그 목표를 향해 가시는 역사 가운데 우리의 복음전파의 노력을 사용하신다(롬 10:14-21). 사실 예수님은 악에

---

21 Verkuyl, *Contemporary Missiology*, 166에서는 이 동기를 강조한다. 『현대선교신학개론』(CLC).

대한 이 영광스러운 승리가 하나님 나라의 복음이 전 세계에 전파되기 전까지는 일어나지 않을 것이라고 말씀하셨다(마 24:14). 우리 세상의 고통에 파묻히고, 하나님이 우리 눈의 모든 눈물을 닦아주실 날에 대한 기다림으로 가득 차 있는 가운데 우리는 다시 복음전도의 과제로 돌아간다. 그 복음의 임무 가운데로 돌아갈 수 있는 이유는 다가오는 그 나라로 이 세상을 움직이는 일에 우리가 도울 수 있는 일은 전도의 어리석음을 통한 것이라는 분명하고 놀라운 사실 때문이다.[22]

하나님의 놀라운 계획을 알면서 어떻게 사람들을 그 계획의 영광스러움 가운데로 초대하지 않을 수 있겠는가?

9. 하나님의 영광

우리가 복음을 전하는 이유는 온 세계가 하나님의 영광으로 가득 차도록 하기 위함이다.[23] 바울은 모든 입으로 "예수 그리스도를 주라 시인하여 하나님 아버지께 영광을 돌리게"될 날을 간절히 사모했다(빌 2:11). 그는 다른 사람들에게 자신의 복음전도 사역을 통해 그 메시지가 신속히 전파되어 하나님이 영광스럽게 되기를 기도해 달라고 부탁했다(살후 3:1). 아들은 십자가에서 아버지를 영광스럽게 하였다(요 12:20-36). 하나님이 우리의 복음전도 사역을

---

22 그러나 우리는 주님의 재림에 우리의 특정한 전도 전략을 연결시키지 않도록 조심해야 한다. 예를 들어, Jim Montgomery가 모든 나라에서 400-1000명의 그룹마다 교회 하나를 개척하는 그의 매우 가치 있는 목표에 도달할 때, "우리는 거의 재림의 나팔소리를 들을 수 있다"라고 결론내린 것에 나는 매우 불편해진다. Dawn2000: *7 Million Churches to Go* (Pasadena: William Carey Library, 1989), 13. 『한도시 완전복음화 운동』(한국강해설교학교).

23 Verkuyl, *Contemporary Missiology*, 165-66에서는 이 동기에 관한 훌륭한 논의가 이루어진다. 『현대선교신학 개론』(CLC).

사용하셔서 다른 사람들을 십자가를 통해 자신과의 올바른 관계에 들어가도록 이끄신다면, 우리는 창조주에게 영광을 돌리게 되는 것이다.

하나님의 영광의 즐겁고도 두려운 영화로움을 맛보았다면 그 복음을 전 세계에 전하도록 주어진 나의 작은 임무를 수행하는 데 전심을 다하지 않을 수 있겠는가?

이 장의 서두에서 고백했던 것처럼 나는 지난 30년 동안 복음전도에 좀 더 많은 시간을 바치지 못한 것이 안타깝다. 나는 나의 특별한 소명이 복음주의 사회운동가였다고 확신한다. 다른 사람들은 그들 나름대로 복음주의자로서의 특별한 소명이 있다. 하나님은 모든 기독교인들이 이 놀라운 복음을 전파하도록 초청하시고 부르셨다. 나는 하나님의 은혜에 힘입어 미래에 이 임무를 더 잘 감당할 수 있기를 원한다.

1991년 브라이튼(Brighton)에서 열린 "세계복음화를 위한 국제 은사주의회의"(International Charismatic Consultation on World Evangelization)에서 나는 친구가 인도한 강연에 참석했다. 그 친구는 싱가폴에서 온 제임스 웡(James Wong)이라고 하는 성공회의 지도자였다. 그는 그가 사역했던 공동체에서 복음전도 사역을 증가시키는 데 효과적이었던 몇 가지 방식들에 대해 나누었다. 그들은 그 방법을 두고 5-3-1 방법이라고 불렀다. 매년 초에 그 공동체의 지체들은 하나님을 아직 알지 못하는 다섯 사람을 떠올리도록 해달라고 하나님께 기도드린다. 그리고 그 한 해 동안 그들이 그 다섯 사람 중 최소한 세 명의 사람과 복음에 대해 나눌 수 있는 기회와 그 셋 중 최소한 한 사람을 그리스도에게 이끌 수 있는 기쁨을 주실 것을 정기적으로 기도한다.

나는 그 방법을 나의 삶 가운데 사용하기로 결정했다. 나는 이제 내가 가르치는 신학대학원 학생들과도 이 간단한 방법에 대해서 나눈다. 열망하고 기대하는 마음으로 나는 지난 30년보다 다가올 30년의 기간 가운데 더 많은 사람들을 나의 주께로 이끄는 기쁨이 거듭되기를 기대해본다.

복음전도를 하는 이유는 다양하고도 강력하다. 복음전도는 온 우주를 지으신 창조주 하나님의 풍성하신 사랑에 근거를 두고 있다. 복음을 전하는 가운데 우리는 세상을 위한 유일한 구원의 길을 마련하시기 위해 나사렛의 한 목수의 육신을 입으신 영원한 말씀을 전한다. 이 죽으시고 부활하신 구원자는 우리에게 그의 좋은 소식을 전할 것을 명령하신다. 우리가 이웃을 위해 할 수 있는 가장 큰 사랑의 행동이 그들을 우리의 가장 소중한 존재에게 인도하는 것임을 거듭해서 깨달을 때마다 우리는 그분이 옳다는 것을 알게 된다. 우리가 그들의 방황과 깨어진 고통을 알고 죄는 영원한 죽음으로 이끄는 길이라는 그리스도의 경고를 보면서 이 사랑의 구원자를 전하려는 열심은 더욱 긴급성을 띠게 된다. 그리고 성경의 소망은 믿음을 가진 사람이라면 누구나 언젠가 사랑의 하나님의 영광에 이르기까지 새로워진 창조 안에서 노래하고 춤추게 될 것임을 일깨운다.

이 모든 것을 알고도 어떻게 앞으로 남은 나의 인생에서 복음을 한 번도 들어본 적이 없는 사람들에게 그 오래되고 오래된 이야기를 전하지 않을 수 있겠는가?

Good News and Good Works
by Ronald J. Sider

chapter 8

왜 사회운동을 해야 하는가?

교회를 가장 위태롭게 하는 것은 거듭나고도 사회적 의식이 없는 기독교인이다.
—감리교 복음전도자 앨런 워커(Alan Walker),
1980년 남아공의 연설에서[1]

1987년 8월 13일은 살아오면서 가장 즐거웠던 날이라고 꼽을 수 있을 것이다. 나는 기타리(Gitari) 주교의 차 뒷자석에 앉아 케냐를 가로질러 달리면서 기타리 주교와 프랭크 치케인(Frank Chikane) 목사와 함께 복음전도, 정치, 그리고 선교에 대해서 논의했다.

프랭크 치케인 목사는 흑인이었고, 남아공 사람이었으며, 오순절 계통의 목사로서 그가 담임하던 교회의 백인 집사로부터 고문을 당한 일도 있었다. 치케인은 남아공교회협의회(South Africa Council of Churches)의 총서기가 되었다. 데이비드 기타리 목사는 현재 케냐의 대주교이다. 케냐에서 그는 비민주적인 정부에 도전했고 그 도전은 케냐 대통령의 반복되는 구두 공격으로 이어졌다. 그리고 결국에는 생명의 위협을 받기에 이르렀다. 지난 15년간 복

---

[1] "Evangelist Banned," *The Christian Century* XCVII, no. 37 (November 19, 1980): 1121. (남아공 정부는 강제로 그를 추방했다!)

음전도에 대한 기타리 목사의 강조는 그의 교구에서 엄청난 교회성장을 불러 일으켰다.

치케인과 기타리와의 대화 속에서 나눈 그 흥미진진한 경험들은 사회적 관심과 정치에 대한 질문들을 야기했다. 이런 대화는 나를 매혹시켰다. 케냐의 흑인 정치 지도세력과 남아공의 인종분리정책(apartheid) 지도세력은 모두 기타리와 치케인에게 복음 전하는 것만 하라고 권유했다. 그리고 둘은 그것을 거부했다.

기타리 주교는 그가 케냐 동쪽 산기슭의 교구를 조직했을 때부터 복음전도와 공동체의 발전을 같이 강조했다. 그 결과는 놀라운 교회성장으로 이어졌다. 새로운 기독교인들의 숫자는 케냐의 오분의 이 가량 되는 교구(최근에 분열되기 전까지)의 인구보다 훨씬 빠르게 성장했다. 몇 년 간 기타리 주교는 매 달 하나(때로는 두 개)의 교회를 개척했다.[2]

기타리 주교의 목회적 사역은 그를 정치적 싸움 가운데로 이끌었다. 그는 정치적 암살, 경제적 불의, 그리고 비민주적인 정치를 공개적으로 비난했다. 그는 과감하게 **줄서기**(queueing)라는 투표 관습에 대해서도 도전했다. 그 관습은 투표하고 싶은 후보자 뒤에 줄 서서 기다리는 관습이다. 몇 년 간의 싸움 끝에 케냐의 대통령은 결국 1990년 12월 은밀하게 진행되는 무기명 투표로 돌아설 것을 선언했다.

기타리 주교의 용감한 도전은 그에게 "정치를 교회 안으로 끌어들이지 말라"고 경고했던 고위 관료들을 자주 화나게 했다. 그의 저항은 「케냐주간리뷰」(*Kenya Weekly Review*: 케냐의 「타임」(*Time*)지라고 할 수 있다)의 주요 특집 기사로 이어지기까지 했다. 왜냐하면 그를 살해하고자 하는 시도들까지 발생했기 때문이다. 1989년 4월

---

[2] 다음을 보라. Grace Gitari, "Evangelical Development in Mount Kenya East," *Transformation* 5, no. 4 (October–December 1988): 44–46.

한밤중에 거대한 괴한이 그의 집을 급습해서 그를 죽이려고 했다. 기타리는 지붕 위로 올라가서 소리치기 시작했다. 그의 외침소리를 듣고 그를 도우려고 이웃사람들이 모여들기 시작했다. 그리고 결국 그를 공격하던 괴한은 도망쳤다.

기타리 주교가 정치적 불의와 맞서는 것이 옳은 것인가? 아니면 다른 것은 하지 않고 복음전도만 했어야 하는가? 어떤 복음주의 교회들은 당연히 후자를 선택하는 것이 더 나았을 것이라고 이야기하기도 한다. 그들은 기타리 주교가 줄서서 투표하는 제도에 반대하여 싸웠을 때 케냐기독교교회협의회(National Council of Churches of Kenya)에서 탈퇴했다.[3]

남아공의 백인 지도자들은 프랭크 치케인에게 비슷한 경고를 날렸다. 내가 그와 인터뷰할 때 치케인 목사는 그가 **정치에 관여했기** 때문에 그의 교회에 있던 백인 지도자들이 그의 공동체를 지원하던 모든 자금줄을 끊었다는 사실을 말해주었다.

치케인은 복음주의자로 자라났고 오순절 교회의 목사가 되었다. 대학에 다니던 시절에도 복음을 전파하는 데 열심이었다. 그는 교회를 담임하면서 2개의 공동체를 시작했다. 그러던 중 목회적 의무들은 그를 곤경에 처하게 만들었다. 치케인 목사의 말에 따르면 그는 어떤 정당에도 참여하지 않았다. 하지만 그는 감옥에 갇혀 있는 교회 신도의 가족들을 방문해야겠다는 의무를 느꼈다. 그 결과는 감옥에 갇히는 것과 고문을 받는 것이었다. 6주 동안 그는 피범벅이 될 때까지 고문당했고 그것은 소름끼치는 경험이었다. 그리고 그가 속한 오순절 교단의 백인 집사가 그 고문을 감독했다.[4] 다행스럽게도 치케인 목사는 죽음은 모면했다. 목사직에

---

[3] 다음을 보라. David Gitari, "Church and Politics in Kenya," *Transformation* 8, no.3 (July-Septermber, 1991): 7-17.

[4] Ronald J. Sider, "Interview with Rev. Frank Chikane," *Transformation* 5, no. 2 (April-

서 쫓겨난 후 치케인은 인종분리정책에 대항하는 싸움에 참여하기 시작했다. 내가 1987년에 그와 대담을 나누었을 때 그는 마침 남아공교회협의회(South African Council of Churches)의 총무가 되었다. 그 때부터 그는 인종분리정책을 척결하는 데 눈에 띠는 핵심 역할을 수행했다.

기타리와 치케인이 옳은 것인가 틀린 것인가? 그들은 그저 복음전도와 교회 개척만 하면서 가만히 있었어야 했는가? 아니면 최소한 정치만은 피했어야 하는가? 이 장에서는 사회적 관심에 대한 성경의 언급들을 찾아보면서 이런 질문들에 답할 것이다.

1. 사회적 관심의 세 가지 유형

구제, 개발, 그리고 구조적 변화를 구별하는 것은 도움이 된다. 이런 범주들은 치밀하고 완벽하게 구분된 것은 아니다. 각각 영역의 경계에서 결국 유동성 있게 교차될 수 있는 범주들이다. 하지만 일반적으로 사회적 관심의 세가지 다른 유형에 대해 구분을 짓는 것은 불가능한 일도 아니며 오히려 도움이 되는 것이다.

구제의 영역에서 우리는 자연 재해, 혹은 사회적인 재난의 희생자들을 돕는다. 그들에게 신속히 음식, 피난처, 그리고 그 사람들이 살아남을 수 있는데 필요한 필수품들을 제공하기 위해 노력한다. 음식과 옷가지들은 도심의 거주민들에게 나누어준다. 그리고 홍수, 지진, 혹은 가뭄이 들었을 때 그런 재해로부터 구제하는 것은 모두 구제의 예라고 할 수 있다.

개발이라 함은 개인, 가족, 그리고 공동체들을 도와서 그들이

June 1988): 9-12. Chikane의 교단은 the Apostolic Faith Mission이었고 백인집사는 David Du Plessis 의 가정교회 출신이었다.

자신을 돌볼 수 있도록 합당한 도구, 기술, 그리고 지식을 얻을 수 있게 도와주는 것이다. 더 효율적으로 농사를 지을 수 있는 씨앗과 도구를 제공하고, 우물을 파고, 조그만 사업을 시작하고자 하는 자들에게 돈을 빌려주는 것은 모두 발전의 예가 된다.

어떤 사람에게 생선을 준다면 그 사람을 하루 동안 먹이는 것이 되지만 그에게 생선 잡는 법을 가르쳐 준다면 그를 일평생 먹이는 것이라는 말이 있다. 구제는 그 날의 굶주림을 막아주지만 개발은 스스로 충족할 수 있도록 만들어준다. 적어도 이상적인 세상의 원리상으로는 그렇다.

하지만 우리가 지금 살고 있는 이 시대에 고기를 잡을 수 있는 연못의 대다수는 개인이 소유하거나 힘이 강하고 부유한 몇몇 사람들의 소유 아래 있다. 노예 관습, 인종분리정책, 그리고 공산주의 사회에서 마르크스주의자들의 독재정권은 남용되는 권력의 전형적인 예라고 할 수 있다. 이런 권력자들은 가난한 사람들(그들의 넓은 토지의 노동자들)이 새로운 기술을 배우고, 새로운 도구를 획득하고, 자급자족을 향해 나아가는 것을 매우 언짢아한다.

이와 동일하게 문제가 되는 것은 권력자들이 생산적인 자원의 대부분을 소유하고 있다는 것이다. 가령 농업 사회에서의 토지와 같은 자원을 말이다. 그 자원을 가지고 있지 않은 사람들이 그 권력과 근본적인 생산 자원들을 나누기를 제안할 때 그들은 강렬한 저항과 마주치게 된다. 하지만 어떻게든 구조적 변화를 통해서 그 일은 일어나야만 한다.[5] 만일 누군가가 평생 생선을 잡으려고 한

---

[5] 생산자원의 더 공평한 분배는 John Perkins가 그의 세 번째 "R"(redistribution, 재분배)로써 지적한 것이다. 다음의 예를 보라. *With Justice for All* (Ventura: Regal, 1982), 14-15, 145-97. 자발적 계발프로그램(예를 들면, 광범위한 규모의 소액대출)은 실질적인 재분배를 생산할 수 있으나 법적, 경제적, 정치적 구조들이 부분적으로라도 그러한 변화에 개방되어 있지 않으면 권력의 주요한 지속적 재분배는 극도로 곤란해진다.

다면 또 다른 누군가는 생선을 잡을 수 있는 연못을 나누어 주어야 하는 것이다.

구조적 변화는 법률, 정치, 그리고 경제적 삶과 같은 높은 수준에서 일어난다. 정치는 더 큰 자유, 민주주의, 경제적 정의, 그리고 환경이 파괴되지 않고 보존될 수 있는 가능성을 위해 근본적인 사회 구조를 바꿀 수 있는 핵심적인 방법들 중 하나이다.

구제하고, 개발을 돕고, 구조적인 변화를 일으키는 것에 대한 성경적 근거가 있는가? 이 질문의 대답은 "예"이다. 실질적으로 성경의 모든 중요한 가르침들은 사회에 대한 관심을 뒷받침하고 요구하고 있으며, 성경이 말하는 특징대로 만들어나갈 수 있도록 도와주고 있다.[6]

2. 핵심적 신학 교리와 사회적 관심

1) 하나님

기독교 신앙고백의 첫 번째 조항은 바로 사회적 관심이 왜 필요한지를 설명한다. 성경은 우리가 예배하는 거룩한 사랑의 하나님이 가난한 자, 약한 자, 그리고 빈곤한 자들에게 특별한 관심을 가지고 계심을 말해준다. 이 성경적 하나님을 사랑하고 순종하려는 자라면 누구든지 이 같은 관심을 공유해야 한다.

이를 뒷받침 할 수 있는 수백 개의 성경구절이 있다. 200페이지 가량의 나의 저서 『그들을 먹이기 위해』(*For They Shall Be Fed*)의 대부

---

[6] 다음에서 Richard J. Mouw가 이것을 노련하게 다루는 것을 보라, *Politics and the Biblical Drama* (Grand Rapids: Eerdmans, 1976) 그리고 *Political Evangelism* (Grand Rapids: Eerdmans, 1973). 『그리스도인과 정치』(나비).

분은 가난한 자에 대한 하나님의 관심을 나타내는 성경 본문들로 가득 차 있다.[7] 시편 기자는 여호와를 창조자와 억압된 자들의 보호자로 찬양하고 있다(시 146:6-9). 제 4장에서 가난한 자와 무시된 자들에 대해 사랑으로 불쌍히 여기는 것은 예수님의 중요한 관심이었을 뿐만 아니라 그분이 메시아라는 증거였다.[8] 하나님은 이스라엘과 유다를 멸망시키셨다. 그들이 가난한 자들을 억압했기 때문이다.[9] 예레미야는 만일 우리가 가난한 자를 위한 의를 추구하지 않는다면 하나님을 제대로 알지 못하는 것이라고 가르친다(렘 22:13-16). 반복적으로 선지자들은 정의에 대한 관심으로부터 거리가 먼 종교적 관습을 폐지하라고 경고한다.[10] 예수님은 만일 우리가 가난한 자를 먹이지 않고 헐벗은 자를 입히지 않는다면 지옥에 떨어질 것이라고 말씀하신다(마 25장). 성경은 기도나 속죄, 혹은 예수님의 부활보다 가난한 자에 대한 하나님의 관심에 대해서 더 많이 다루고 있다.

이것은 단지 윤리적 가르침에서 그치는 것이 아니다. 이것은 무엇보다 신학적인 진리이며, 신앙고백의 중심적인 교리이며, 우리가 예배하는 하나님에 대한 반복되는 성경적 가르침이다. 성경이 계속해서 말하는 가난한 자에 대한 하나님의 관심은 창조주가 되시며 온 우주의 주권자가 되시는 분에 대한 신학적인 진술의 첫 번째 설명이다.

이런 방대한 성경적 가르침을 염두에 두었을 때, 많은 현대 기

---

7 Ronald J. Sider, ed., *For They Shall Be Fed* (Dallas: Word, 1997). *The earlier edition was Cry Justice: The Bible Speaks on Hunger and Poverty* (Downers Grove, Ill.: InterVasity, 1980). 또한 다음 나의 글을 보라. *Rich Christians in an Age of Hunger*, 3장과 "An Evangelical Theology of Liberation," in Kenneth Kantzer and Stanley N. Gundry, eds., *Perspectives on Evangelical Theology* (Grand Rapids: Baker, 1979), 117-33.
8 4장의 91-99쪽을 보라.
9 다음에 나온 많은 본문들을 보라, Sider, ed., *Cry Justice*, 174-87.
10 Ibid., 69-75.

독교인들, 특히 복음주의자들이, 하나님에 대한 중심적인 진리를 외면해 왔다는 것은 믿을 수 없는 일이다. 나는 15년 전에 걸출한 복음주의 지도자와 대화를 나눌 일이 있었다. 그는 가난한 자들에 대한 하나님의 관심이 드러난 수백 개의 성경 구절들을 찾아낸 지 얼마 되지 않은 상태였다. 그는 나에게 다음과 같이 물었다. 복음주의 대학교에서 공부하고, 복음주의 신학대학원에서 학위를 따고, 복음주의 학교에서 교수로 가르치면서 가난한 자들에 대한 하나님의 특별한 관심에 대해 전혀 배우지 않았다는 것이 가능한 이야기인지 대해서 말이다.

가난한 자들에 대한 성경의 가르침의 중요성을 강조하는 것은 매우 힘든 일이다. 하지만 그럼에도 불구하고 가능한 일이다! 일부 자유주의 신학자들[11]과 세계교회협의회[12]의 진술은 그것을 유일한 성경 진리의 핵심으로 만들고 있기도 하며, 성경에 대한 충실함과 복음전도의 유일한 기준으로 삼고 있기도 하다. 이런 입장은 잘못된 것이다.

그것은 중요한 핵심을 과장하는 것이다. 가난한 자들에 대한 관심이 기독교인의 사회적 관심, 혹은 선교에 있어서 유일하게 중요한 것은 아니다. 우리는 그것에 너무 몰두한 나머지 다른 것을 이

---

11 Boff and Boff, *Salvation and Liberation*, 48을 보라.
12 예를 들어, Castro, "Reflection after Melbourne," *Your Kingdom Come*, 28 (그러나 4장의 각주3을 보라). 또한 "그리스도의 방식으로 선교하는 우리의 근본적인 실마리는 가난한 자들을 계속 경험하게 한다"라는 Eugene L. Stockwell의 주장("Mission Issues for Today and Tomorrow," in Wilson, ed., *The San Antonio Report*, 118), 그리고 "그러나 오직 가난한 자들만이 예수님의 메시지에 우호적으로 반응할 것이다"라는 Andrew Kirk의 진술(*New World*, 100)을 보라. 어떤 이들은 하나님은 "가난한 자들의 편이다"라고 생각했으며(*Rich Christians*, 3장), 나도 같은 실수를 했다. 그러나 *Rich Christians*의 초판에서, 나는 하나님은 한쪽으로 치우치지 않으시며 하나님의 모든 이를 향한 공평한 관심이 가난한 자들에게 치우친 듯 보이는 것은 단지 가난한 자들에 대한 우리의 악한 무관심과 대조되어서 그런 것이라고 역설했다.

차적인 것으로 여기지 않도록 조심해야 한다.

그렇다고 해서 가난한 자들에 대한 관심을 이차적인 문제로 두어 시간이 남고 돈이 남을 때만 그 문제를 떠올려서도 안 된다. 가난한 자들에 대한 하나님의 관심은 하나님의 성품에 있어서 중심적인 것이다. 우리가 만약 가난한 자들에 대한 그 하나님의 관심을 공유하지 못한다면 하나님을 제대로 알지 못하는 것이다. 세계교회협의회의 『선교와 전도』(Mission and Evangelism)은 다음과 같이 말하고 있다. 가난한 자들에게 복음을 선포하는 것은 "오늘날 우리가 선교사적 명령에 참여하고 있는 것인지에 대한 유효성 여부를 판단할 수 있는 유일한 제1의 기준이다."[13] 제 2회 "로잔 세계복음화대회"는 가난한 자들에 대한 하나님의 관심에 큰 강조를 두었다. 마지막 성명서는 다음과 같이 진술한다.

> 율법, 선지자, 지혜서, 그리고 예수님의 가르침과 사역은 모두 물질적으로 가난한 자들에 대한 하나님의 관심과 그들을 보호하고 돌보아야 할 우리의 당연한 의무에 대해서 강조하고 있다.[14]

하나님에 대한 기독교 교리는 성경적인 사회적 관심의 제 1의 근거가 된다.

2) 창조

창조주는 창조하시기로 선택하셨고 그 모든 창조의 결과물을 보시고 좋다고 선언하셨다. 사람들이 하나님께 반역했을 때에도

---

[13] 32항.
[14] Manila Manifesto, A-2. 2차 로잔회의에서 가난한 자들을 향한 하나님의 관심이 얼마나 중요해졌는지에 대한 탁월한 언급에 대해서는 다음을 보라. Samuel Escobar, "From Lausanne 1974 to Manila 1989," Urban Mission (March 1990), 25.

하나님은 여전히 해와 비라는 창조의 선물을 의로운 자와 악한 자들에게 모두 제공하셨다(마 5:45). 흠이 없고 즐겁게 창조된 인간적 삶의 좋은 것은 매우 좋은 것이다. 그러기에 예수님도 그를 따르려 하지 않는 자들에게서 치유의 은사를 빼앗지 않으셨다.

이와 동일하게 놀라운 것은 사람들이 하나님의 형상으로 창조되었고 세상에 대한 청지기권을 받았다는 사실이다(창 1:27-30). 우리는 또한 서로를 돌보고 지켜보도록 부름받았다. 사람들은 세상을 돌보아야 할 창조적 명령을 받았다(창 2:15). 그리고 사람들이 창조자가 의도한 흠 없음을 더욱 잘 느낄 수 있는 사회를 이루어야 할 명령을 받았다.

우리의 사회적 관심을 뒷받침할 근거를 창조에 두는 것은 사회적 관심이 단순히 복음전도의 준비 단계가 아니라는 사실을 말해 준다. 개발과 정의를 위해 사투하면서 가난한 자들과 협력하는 것은 종종 강력한 복음 전파의 영향을 이끌어낸다. 그리고 그런 일이 일어났을 때 우리는 기뻐한다(우리가 정신적 기만과 위선적인 "밥벌이용 기독교인"(rice Christian)의 문제를 피했을 때 그렇다).

사회적 관심이 정당하기 위해서 복음전도의 준비 단계에서 그쳐야 하는 것은 아니다. 창조에 대한 우리의 교리는 우리가 평생토록 창조주의 풍성함을 즐거워하는 것이 좋은 것이라고 가르치고 있다. 물론 우리는 그들이 우리의 주를 알고 그분을 사랑하기를 원한다. 하지만 만일 하나님이 모든 사람에게 창조의 좋은 선물들을 부어주시기 원한다면 그들의 믿음 여부와 상관없이 기독교인들은 모든 사람을 위한 육체적, 사회적, 경제적, 정치적 복지를 위해 일해야 한다. 이 창조에 기초해서 이런 모든 임무들은 정당성을 부여받게 되고 중요성을 가진다.

3) 인간에 대한 성경적 관점

존 스토트(John Stott)는 각 사람들이 "공동체 안의 한 몸이자 한 마음"이라고 말한다.[15] 각 사람들은 오직 육체만 있거나 오직 영만 있는 것이 아니다. 또한 우리는 외로운 방랑자도 아니다.

우리가 오직 육체만 있다고 생각하게 하거나 오직 영만 있다고 생각하게 하는 사람들의 관점은 근본적으로 잘못되었다고 말할 수 있다. 우리는 단순히 물질적인 존재가 아니기 때문에 물질세계에 있는 그 무엇도 우리를 궁극적으로 만족시킬 수 없다. 물질적 부유함, 섹스, 정치권력은 모두 궁극적인 만족을 가져오지 못한다. 우리는 하나님과의 관계 안에 살도록 만들어졌고 하나님의 임재 가운데 영원히 살도록 초대되었다. 그러므로 인간의 문제에 대한 해결책으로 경제적 개발 혹은 정치를 통한 구조적 변화를 제시한다면 실패할 수밖에 없다.

한편 우리의 육체는 단순히 우연하게 만들어진 것이 아니다. 창조주께서는 우리를 영과 육의 통합체로 만드셨다. 사도 바울이 육체를 버리고 주와 함께 있기를 갈망했을 때 우리를 위한 하나님의 마지막 계획이 육체의 부활이라고 말했다. 그 육체의 부활은 하나님이 본래 의도하신 온전한 영과 육의 통합체이다(고전 15:35이하/고후 5:1-4 참조). 만일 창조주가 육체를 입으시고, 육체적으로 승천하시고, 그리고 우리의 육체를 포함한 모든 창조의 질서를 회복하신다고 약속하신 것이 육체가 너무 선한 것이기 때문이라면, 인간의 필요에 있어 육체적 필요를 무시하거나 외면하는 어떤 접근도 분명히 이단적인 것이 되는 것이다.

흑인 복음전도자이며 사회운동가인 존 퍼킨스(John Perkins)는 이

---

15 Stott, *Christian Mission*, 30. 『현대기독교 선교』(성광문화사).

점을 강조한다. 그가 인종차별주의와의 투쟁을 위해 일할 때 백인들은 그에게 종종 이렇게 말했다. "존, 나는 당신의 영혼이 너무 좋아요." 그들은 인종적 억압(그리고 이와 관련한 경제적 억압)으로 인한 갈등 없이 그를 그리스도에게로 인도하고 싶어 했다. 퍼킨스의 대답은 심원할 정도로 성경적이었다. "나의 영혼은 흑인의 육체에 있습니다. 그리고 당신이 나의 영혼과 만나려 한다면 당신이 거쳐야 할 첫 번째 관문은 나의 육체입니다."[16]

우리는 격리된 은자로 살도록 창조된 것도 아니다. 우리는 성부, 성자, 그리고 성령의 삼위일체 가운데서 존재하시는 하나님의 형상을 따라 만들어졌다. 그래서 우리는 공동체 안에서만 창조주의 의도대로 존재할 수 있다. 우리는 우리가 마땅히 되어야 할 존재가 되기 위해서 가족, 공동체, 사회가 필요하다. 양육과 후원이 아닌 억압과 파괴의 공동체 구조 속에서라면 인간에 대한 성경적 이해는 우리로 하여금 이 억압적인 구조를 변혁시키도록 한다. 우리는 즉각적 원조, 장기적 개발, 혹은 구조적 변화를 통해서 모든 사람들이 후원적인 이웃공동체 안에서 상호의존적 협력 관계로 살아갈 수 있도록 노력한다.

4) 죄

창조주에 맞선 우리의 교만한 반역은 하나님과의 열린 관계도 파괴시켰고 창조 질서도 황폐하게 만들었다. 죄에 대한 성경의 교리는 우리의 육체뿐만 아니라 우리의 총제적인 존재가 타락했다고 말한다. 우리의 타락한 마음은 인종차별, 성차별, 혹은 경제적 착취같은 우리의 이기적인 관심에 대해 탁월한 합리화를 만들어

---

16 John Perkins, *A Call to Wholistic Ministry* (St. Louis: Open Door Press, 1980), 43-44.

낸다. 불행하게도 우리는 공동체 안에 사람으로 존재하기 때문에 필연적으로 인간의 죄가 사회의 구조와 제도 안으로 침투해서 그 구조와 제도들을 언제나 비극적으로 선과 악의 혼합물로 존재할 수밖에 없도록 만든다.

  기독교인들은 죄에 집중해 있는 사람들이 아니다. 우리는 하나님이 사탄을 깨뜨리시는 사역을 하고 계시며 사탄의 습격을 선한 창조로 돌려놓는 일을 하고 계심을 잘 알고 있다. 그러므로 기독교인들은 죄의 악한 결과를 고치기 위한 싸움에 참여하게 된다. 기독교인들은 "어두움의 일"(엡 5:11)을 폭로하도록 부름 받았다. 우리는 우리가 공동체 안에 사람으로 존재함을 알기에 우리가 개개인을 바꾸는 것으로 모든 문제들을 해결할 수 있다고 속단하지 않는다. 악한 사회 구조를 폭로하고 고쳐나가는 것은 중요한 일이다. 이와 동일하게 중요한 것은 우리는 근본적으로 하나님께 계속해서 반역하는 존재라는 사실을 알기에 우리가 환경을 고쳐나가는 것만으로는 결코 새롭고, 흠 없는 인간을 만들어 낼 수 없음을 안다는 것이다. 하나님이 주시는 변화의 은혜는 절대적으로 필요한 것이다. 그리고 그리스도의 재림 전까지 죄가 끊이지 않을 것을 우리는 알기에 현재의 완전한 인간, 가족, 사회에 대한 유토피아의 꿈은 가지지 않을 것이다. 그럼에도 불구하고 우리는 다가올 흠 없음에 대한 징조들을 확립하기 위해 하루하루 힘겨운 사투를 벌인다. 마지막 때에 그리스도는 모든 눈물을 닦아 주실 것이고 모든 악을 정복하고 통치하실 것이다.

5) 기독론

  그리스도의 인성과 사역에 대한 성경의 가르침은 우리의 사회적 관심을 더욱 자극한다.

제 4장에서 우리는 예수님이 당시의 사회적 악에 도전하신 것을 보았다. 그는 어두움의 일을 폭로하시고 악한 사회에 도전하셨다. 가난한 자, 무시당하는 자, 버림 받은 자의 편에 서신 그분은 다가오는 그의 나라의 가치로 살아가라고 유대인들에게 요청하셨다. 예수님과 친밀한 자라면 누구나 사회의 모든 불의에 대항하고자 하는 강력한 요청을 느끼게 된다. 예수님의 사역에 대한 마태의 요약은 예수님이 모든 사람을 대상으로 사역하셨음을 보여준다.

> 예수께서 모든 도시와 마을에 두루 다니사 그들의 회당에서 가르치시며 천국 복음을 전파하시며 모든 병과 모든 약한 것을 고치시니라 무리를 보시고 불쌍히 여기시니 이는 그들이 목자 없는 양과 같이 고생하며 기진함이라(마 9:35-36/ 마 4:23 참조).

말씀의 선포와 육체적인 필요의 돌봄은 예수님의 삶과 사역에 있어 둘 모두 동일하게 중요한 것이었다. 그는 전파하시고 고치셨다. 그는 아픈 심령과 아픈 육체 모두를 만족시키셨다. 복음서의 많은 부분이 예수님이 사람들의 육체적인 필요를 돌보신 내용에 할애된다. 육체를 입으신 하나님은 그가 전파할 수 있는 시간의 많은 부분을 쪼개어 사람들의 육체적인 필요를 채우는 것에 사용할 수 있다고 생각했다. 그렇다면 우리도 그의 발걸음을 따라야 하지 않겠는가?

예수님이 치료하신 이유는 그의 진정성의 표시 혹은 메시아적 나라의 도래를 나타내는 증거를 보이고자 하신 것이 전부가 아니었다. 물론 이런 것이 그가 기적을 일으키신 중요한 이유 중 하나이긴 했다(요 20:30-31). 복음서의 본문들은 예수님이 고통 받는 자들을 불쌍히 여기셨고 유감스럽게 여기셨기 때문에 그들의 육체적 필요를 채우셨다고 반복적으로 말하고 있다.[17] 마태복음 14:14은 "예수께서 나오사 큰 무리를 보시고 불쌍히 여기사 그 중에 있는 병자를 고쳐 주시니라"라고 말한다.[18] 누가복음 7:13은 자신의 유일한 아들을 잃은 과부를 불쌍히 여기시는 예수님에 대해 설명한다. "주께서 과부를 보시고 불쌍히 여기사 울지 말라 하시고." 사람들이 일평생 행복하고 보람된 삶을 살 수 있도록 돕는 것은 예수님에게 중요한 문제였다.

예수님을 자신의 주권적인 주로 고백하는 제자들에게 예수님의 예는 매우 중요하다. 예수님은 기독교인의 유일한 완성적 유형과 모범이 되신다. 초대교회가 한 일은 우리의 흥미를 끈다. 그리고 우리는 그들이 예수님을 깊이 존경하며 그를 따르고자 한 시도들에 대해 연구해야 한다. 하지만 초대교회가 행한 실제와 예들은 그들을 통해 나온 정경들과는 달리 기독교인에게 규범이 되지는 않는다. 초대교회 또한 분명히 실수를 저질렀을 것이다. 그들의 강조 또한 때로는 한 쪽에 치우치기도 했을 것이다. 하지만 예수님의 예는 완벽하다. 그분은 진정한 인간인 동시에 진정한 하나님이셨기 때문이다.

예수님의 가르침은 그의 삶만큼이나 분명하다. 그가 나사렛의 회당에서 그의 할 바에 대해서 선언하셨을 때, 그 선언은 사회적 운동의 강력한 구성요소가 되었다. 그는 자신이 보냄 받은 이유가 눈 먼 자를 다시 보게 하고, 포로된 자에게 자유를 주고, 눌린 자를 자유케 하기 위해서라고 말씀하셨다(눅 4:18-19). 그는 제자들에게 공적으로 경건하게 보이려고 외식하는 종교적인 위선자들과

---

17 사회적 관심을 단지 연민에만 기초해서는 안 된다고 한 Valdir Steuernagel의 주장은 확실히 옳다. 정의의 동기가 함께 하지 않는다면(다음에 나오는 사회적 죄를 보라), 사회적 관심은 쉽사리 개인주의화 될 것이다. "The Theology of Mission," 240-44.

18 또한, 마태복음 15:32, 20:34, 마가복음 1:41.

과부들의 가산을 삼키는 자들이 받는 판결이 중할 것이라고 경고하셨다(막 12:38-40).

마태복음 25장에 나오는 마지막 심판의 비유에서 예수님의 가르침은 무서울 정도로 명백하다. 그는 도움이 필요한 이웃을 돕기에 실패한다면 그것은이 단순히 신실하지 않음에 그치는 것이 아니라 지옥에 떨어짐에까지 이르는 것이라고 경고하셨다. 이런 비유는 기독교인의 사회적 관심이 가지고 있는 그리스도 중심적인 특성을 나타내고 있다. 예수님은 우리가 "이들 중 가장 작은 자"를 돕는 것이 그를 섬기는 것이라고 말씀하신다.[19] 굶주린 아이를 상냥하게 보듬고 있지만 마음은 찢겨져 울고 있는 인도 여인 뒤에는 우리 주님이 서 계신다. 비참한 저임금의 끝없는 노동과 수천 번의 인종차별적 치욕을 통해 자아와 인격을 상실한 흑인 남성 뒤에는 우리 주님이 서 계신다. 그리스도는 가난한 자, 학대당한 자, 그리고 억압받은 자와 자신을 매우 밀접히 연결시키신다. 우리는 도움이 필요한 이웃을 섬길 때 우리 주님을 만나게 된다.

하지만 이것이 전부가 아니다! 우리가 이렇게 할 수 있는 분명한 이유는 부활하신 주께서 우리 안에 계셔서 다른 사람들에게 우리를 내어 줄 수 있도록 영적인 힘을 공급하시고 우리를 새롭게 하시기 때문이다. 우리 안에 계신 그리스도는 우리로 하여금 우리의 편안한 전원생활이나 교외의 공동체에서 나와서 그분과 함께 자유를 갈망하는 수많은 학대당한 사람들을 위해 울고, 그들을 위해 일하고, 그들의 편에 서도록 재촉하신다. 우리가 가난한 자를 억압하는 제도를 바꾸는 것에 동참할 때 우리는 우리의 죄를 위해

---

19 그것은 모든 사람 안에 어떤 "신성한 섬광"을 주장하는 것이 아니다. 오히려, 그것은 그리스도 안에서 하나님이 가난한 자들과 소외된 자들과 하나 되어서 우리가 그들을 위해 사역할 때, 그리스도를 위해 사역하는 것이라고 말하는 것이 진실임을 의미한다. 잠언 19:17의 유사한 말씀을 참고하라.

서 죽으신 분을 섬기는 것이다. 우리가 어디로 시선을 돌리든 우리는 그리스도를 본다. 그리스도는 우리를 용서하신다. 그리스도는 우리 안에 거하신다. 그리고 그리스도는 억압된 자들의 얼굴을 통해 우리와 마주보신다.

6) 구원론

4, 5장에서 우리는 온전한 성경적 이해가 구원과 사회적 관심을 왜 분리할 수 없는지 살펴보았다. 분명한 것은 구원을 죄의 용서와 이상적인 천국에서의 영생으로 제한한다면 구원과 사회적 관심 사이에는 연결할 만한 접점이 거의 없다는 것이다. 하지만 그런 관점은 구원에 대한 성경적 관점을 왜곡하고 절감시킨다.

속죄에 대한 신약의 이해는 그리스도를 우리 죄를 대속하신 분으로 이해하는 것과 동일한 비중으로 그를 우리의 모범과 악한 세력의 정복자로 이해한다. 우리가 지금 즐거워하는 구원은 부활하신 통치자이신 주님의 이름으로 타락한 현재의 상황에 맞서는 변화된 제자들로 구성된 회복된 공동체를 포함한다. 그리고 사납게 날뛰는 어둠의 권세가 일시적 승리를 얻을지라도 우리는 이 세상의 나라들이 우리 주님의 나라가 될 때 우주적 구원의 날이 반드시 찾아올 것이며 신음하는 창조물들조차 평안 가운데 놓이게 될 것을 알고 있다. 우리의 마음 속에 이런 소망이 타오르고 있다면 우리가 어떻게 감히 창조 질서를 통해서 나타나는 다가오는 구원의 징조를 정립하지 않을 수 있겠는가?

오늘날 대부분의 기독교인들은 성경적 믿음이 우리로 하여금 사람들의 육체적, 물질적 필요를 채우도록 요구한다는 부분에 있어서 동의한다. 최소한 구제나 개발을 통해서 말이다. 하지만 정치를 통한 구조적 변화에 대해서는 어떤 생각을 가지고 있는가?

예수님은 사회참여적 복음주의운동(Evangelicals for Social Action)같은 단체를 조직해서 그들에게 로마 원로원에 의안을 통과시키라고 명령하지는 않으셨다. 그러니 우리는 그 일을 하지 말아야 하는 것일까?

3. 우리는 정치적이어야 하는가?

우리가 악과의 투쟁에서 개별적이고, 개인적인 자선 행위에만 전적으로 의존하는 것이 아니라 구조를 바꾸려는 시도를 해야 하다는 점에 있어 최소한 3가지의 **실제적** 이유가 있다.

1) 효율성

나는 1980년 방갈로르(Bangalore)에서 인도인 주교로부터 재미있는 이야기를 들었다.

그의 이야기에 의하면 인도에 정신병자들을 위한 어떤 시설이 있었다고 한다. 그곳에서는 환자가 퇴원해도 될 정도로 괜찮은지의 여부를 판단할 수 있는 훌륭한 방법이 있었다. 그들은 환자를 수도꼭지가 있는 곳으로 데려 간다. 그리고 큰 양동이를 수도꼭지 아래 놓고 물로 그 양동이를 채운다. 수도꼭지를 열어 놓은 상태로 그 환자에게 숟가락 하나를 주고 "양동이를 비우라"고 말한다. 만약 그가 수도꼭지를 잠그지 않고 한 번에 한 숟가락씩 물을 퍼내고 있다면 그는 아직도 정신이 온전하지 않은 상태인 것이다!

이 인도인 주교는 이 이야기를 통해 기독교인들이 사회적 문제에 대해 접근할 때 개별적인 방법으로 접근한다는 점을 지적했다. 복잡한 사회 체계는 간과한 채 한 번에 한 숟가락씩 퍼내고 있다는 것이다. 그는 구조적 변화가 훨씬 더 효과적이라고 주장했다.

스리랑카는 말라리아로 인해 끔찍한 문제를 겪고 있었다. 수백만 명의 사람들이 죽었다. 그들은 모기가 자라는 늪지를 소독하기로 결정했다. 이 모기들이 말라리아를 전염시켰기 때문이다. 이 예방책을 통한 구조적 접근은 삼년 만에 서양의 도덕률이 삼백년간 떨어진 수치만큼 사망률을 줄였다.[20] 이것은 수치적으로도 효율적일 뿐만 아니라 기독교인들이 가난한 자들을 위해서 개별적으로 기도해주고 피해자 개개인을 위해 병원을 건축하는 것보다 더 기독교인답지 않은가?[21]

2) 존엄성

구조적 변화는 효과적일 뿐만 아니라 도덕적으로도 탁월하다. 구조적 변화는 존엄성을 길러낼 수 있다. 개인적 자선과 박애는 부유한 기부자가 우월감을 느끼게 하며 그것을 받는 자는 열등감을 느끼고 의존적으로 변하게 만든다. 반면 제도적인 변화는 가난한 자와 무시당하는 자에게 자신들의 미래를 만들어나갈 수 있는 새로운 기회를 제공한다. 노동조합에 소속되어 있는 것은 아주 좋은 대우를 받는 노예보다 훨씬 낫다. 그것은 노동자의 자기 존중과 노동자를 대하는 고용주의 태도를 위해서 훨씬 탁월하다.

3) 우연성의 최소화

게다가 구조적 변화는 덜 임의적이다. 개인의 자선 행위는 너무

---

[20] Charlotte Waterlow, *Superpowers and Victims* (Englewood Cliffs, N.J.: Prentice Hall, 1974), 60.
[21] 그것은 오늘날 하나님의 치유를 부인하는 것은 아니다.

우연성을 많이 띠고 있다. 개인의 자선은 부유한 사람의 일시적 생각이나 느낌에 기반을 두고 있다. 도움이 필요한 많은 사람들은 자신을 도와줄 수 있는 사람을 쉽게 만날 수 없다. 반면 제대로 된 제도의 변화는 이들 모두를 자연스레 이롭게 한다.

구조적 변화는 더 효과적이고, 도덕적으로 유익하고, 덜 우연적이다. 하지만 어떤 사람들은 이런 이야기에 대해서 "그런 것들은 성경적인 주장이 아닙니다"라며 반대할 수도 있다. 구조적인 변화에 대한 성경의 예가 있을까?

성경은 **사회적 죄**라는 개념에 대해 파악하고 있는가? 불의한 구조들과 억압적인 체계의 실제를 다루고 있는가? 이에 대한 대답은 '분명 그렇다'는 것이다. 구약에서뿐만 아니라 신약에서도 그렇게 말하고 있다.[22]

4) 사회와 인류학

그런 본문들을 살펴보기에 앞서 인간에 대한 성경적 관점의 중요한 의미들에 대해 생각해 볼 필요가 있다. 하나님은 우리를 유한한 사회적 존재로 만드셨다. 유한한 사람들은 공동체를 위해 창조되었고 하나님의 정원을 지키는 청지기권을 받았기에 필연적으로 사회적 체계와 제도를 만든다. 우리는 사회적 존재로서 다른 사람과 이루는 공동체 안에서만 온전함에 이르기 때문에, 우리는 사회적 양식과 관계를 이끄는 관계와 가치의 모범을 설정할 필요가 있다. 우리는 하나님의 훌륭한 정원을 조심스레 돌보아야 할 하나님의 협력자이기에 이 땅을 발전시키는 도구들과 협동적 양식을 개발할 필요가 있다. 우리는 유한한 존재로 이 땅에서 짧은

---

22 흥미롭게도, 복음주의-로마 가톨릭의 대화에서, 이것은 일치되는 많은 요점들 중 하나였다. Meeking and Stott, eds., *Evangelical-Roman Catholic Dialogue on Mission*, 33.

기간 동안 살아가기 때문에 우리가 배운 것을 미래의 세대에게 넘겨줄 수 있도록 교육과 소통의 체계를 제정할 필요가 있다.

그 결과로써 나온 사회적 체계(가족, 경제, 정치, 그리고 그것들을 뒷받침하는 윤리, 종교적인 관념들의)는 고유의 생명을 가지기 시작했다. 물론 사람들이 이런 사회적 체계를 만들었지만 이 사회적 체계들은 현존하는 어떤 인간보다 오래 된 것이다. 우리는 의식적인 각자의 결단 없이 사회가 수용한 체계와 가치를 수용하고 따라간다.[23] 사회적 체계와 이를 뒷받침하는 가치들이 선할 때(예를 들어 이런 체계들이 평생의 결혼 언약을 장려할 때), 이런 체계들은 우리를 온전함으로 조금씩 이끈다. 이런 체계들이 악할 때(예를 들어 이런 체계들이 윤리적 상대주의, 성적 문란, 그리고 개개인의 결혼 언약을 유지하는 데 비협조적으로 작용하는 법적 구조와 경제적 양식들을 증진시킬 때), 그 체계 자체는 악한 것이다.

우리는 공동체로 존재하도록 창조된 사회적 존재이기에 악한 사회 체계 속에서 살아간다면 하나님이 우리에게 바라시는 대로 존재할 수 없다. 그 안의 가장 억눌린 사람도 그리스도를 영접할 수 있으며 영생으로 가는 길에 설 수는 있음을 알 수 있다. 하지만 노예, 억눌린 노동자, 혹은 영양실조에 걸린 여자는 창조주께서 의도하신 존엄성, 자유, 그리고 온전함을 풍성하게 누릴 수 없다.

악한 사회의 구조가 얼마나 강력하고 억압적일 수 있는지 기억하기 위해서는 현대 노예생활의 역사를 기억하기만 하면 된다. 언급되지 않는 사실이지만, 수년 간 수백만 명의 **이교도** 아프리카인들이 **기독교인들**의 멋진 신세계로 오는 도중에 강간, 기아, 고문, 그리고 착취를 통해 죽었다. 그 여정 가운데 **운 좋게** 살아남은 5백만에서 천만 명의 사람들은 채찍에 맞고, 동물처럼 취급되고, 대

---

23 다음의 "사회적 실재"라는 탁월한 논의를 보라. Mott, *Biblical Ethics and Social Change*, 10-15. 『복음과 새로운 사회』(대장간).

대로 이어져온 전통 체계의 전반적 파괴를 감내해야만 했다.[24] 이 모든 것이 합법적으로 일어났다. 노예를 소유한 사람들 대부분은 이런 체계적 억압의 정당성에 대한 깊은 생각 없이 그런 체계를 수용한 기독교인들이었다. 자기 소유의 노예들에게 상냥하게 대하려고 했던 사람들조차 백인 우월주의적 태도와 교만으로부터 벗어나기는 너무나도 힘들었다. 이 체계는 노예와 주인을 만들었고, 타락시켰고, 그리고 왜곡시켰다. 그 체계의 엄청난 힘은 결국 엄청난 고난, 사투, 유혈사태만을 남겼다.

오늘날 사회학은 우리로 하여금 사회 체계의 복잡함과 힘에 대해 이해할 수 있도록 돕는다. 하지만 사람들은 현대 사회학이 현장에 다가서기 오래 전에 사회 체계의 실체에 대해 이해했다. 성경은 우리의 삶을 구체화시키는 사회 구조가 매우 중요하다는 점에 있어서 분명한 입장을 나타낸다. 그리고 이런 구조들이 한편으로는 필요하고 좋기도 하지만 동시에 한편으로는 타락하고 억압적이라는 것도 분명하다.

5) 구약과 사회적 죄

선지자들은 개인적인 죄만큼이나 사회적인 죄를 고발했다. 아모스 2:6-7은 이에 대한 전형적인 예가 된다.

> 그들이 은을 받고 의인을 팔며 신 한 켤레를 받고 가난한 자를 팔며 힘없는 자의 머리를 티끌 먼지 속에 발로 밟고 연약한 자의 길을 굽게 하며 아버지와 아들이 한 젊은 여인에게 다녀서 내 거룩한 이름을 더럽히며(암 2:6-7)

---

[24] 정확한 숫자를 산출하기는 어렵다. *Economic Growth and the Ending of the Transatlantic Slave Trade* (London: Oxford, 1987), 249.

이 본문의 대부분은 경제적인 억압을 고발하고 있다. 학자들은 은과 신 한 켤레를 받고 팔리는 "의인"은 법적으로 정당한 가난한 사람이라는 점과[25] 그럼에도 불구하고 부유하고 강한 자가 판관을 매수하고 승리한다는 점을 지적한다. 타락한 법률 체계는 부패한 경제적 불의로 이어진다. 또한 마지막 두 줄에서는 성적인 간통 (혹은 성전에서 몸을 파는 행위)에 대해 정죄하고 있다. 하나님은 성적인 죄와 경제적인 억압 모두 혐오하신다.[26]

5:10-12에서 아모스는 불공평한 구조에 대해 계속해서 공격한다. 억압적인 경제 구조를 도와주는 억압적인 법률 체계에 대해 공격을 가한다.

> 무리가 성문에서 책망하는 자를 미워하며 정직히 말하는 자를 싫어하는도다 너희가 힘없는 자를 밟고 그에게서 밀의 부당한 세를 거두었은 즉…너희는 의인을 학대하며 뇌물을 받고 성문에서 가난한 자를 억울하게 하는 자로다(암 5:10-12).

이사야는 억압적인 법을 쓰고 보완하는 입법자들과 관료들을 향해 맹렬한 호통을 퍼붓는다(사 10:1-4). 시편 기자는 하나님이 "율례를 빙자하고 재난을 꾸미는" 자들을 모두 전멸시키실 것이라고 말한다(시 94:20).[27]

아모스 4:1-2는 우리가 불의한 체계에 참여하기를 택하는 것은 하나님과 이웃에 대해 죄짓는 것임을 보여준다.[28] 아모스는 부유

---

25 예를 들어, William Rainy Harper, *A Critical and Exegetical Commentary on Amos and Hosea* (Edinburgh: T & T Clark, 1905), 49.

26 또한 이사야 5:8-11, 22-23을 참고하라.

27 또한 다음을 참고하라. 열왕기상 21장. 또한 나의 글, *Rich Christians*, 103-8, 그리고 "Racism," *United Evangelical Action* 36, no. 2 (spring 1977): 11-12, 26-28.

28 사회 구조가 얼마나 악하며 우리가 어떤 방식으로 그것에 관여하는지 우리가 전혀 이해하지 못하고 있다면, 우리는 스스로 하나님 앞에 죄 없다고 말할

함을 가져오는 억압적인 경제구조와 사법구조를 지지하고 참여하기도 했던 부유한 여인들을 고발한다.

> 사마리아의 산에 있는 바산의 암소들아 이 말을 들으라 너희는 힘 없는 자를 학대하며 가난한 자를 압제하며 가장에게 이르기를 술을 가져다가 우리로 마시게 하라 하는도다 주 여호와께서 자기의 거룩함을 두고 맹세하시되 때가 너희에게 이를지라 사람이 갈고리로 너희를 끌어가며 낚시로 너희의 남은 자들도 그리하리라(암 4:1-2).

아모스는 이방 나라가 이스라엘을 정복하고, 도시를 파괴하고, 부유한 여인들을 끌어낼 것이라고 예언했다. 그녀들이 억압적인 구조로부터 이득을 얻고 이에 참여하기를 택했기 때문에 하나님은 그 부유한 여인들에게 무시무시한 형벌을 가하신다.

6) 신약의 사회적 악

신약에서, 세상(*cosmos*)이라는 단어는 구조적 악의 관념을 가지고 있기도 하다.[29] 헬라적 관념에서 세상이라는 단어는 문명화된 삶의 구조에 대해 말한다. 특히 본질적으로 좋게 보였던 그리스 도시가 그 모범적 예였다.[30] 하지만 성경 기자들은 죄가 침투했으며 사회의 구조와 가치들을 왜곡시켰다는 것을 알았다.

수도 있을 것이다. 왜냐하면 하나님은 우리가 알고 있는 것에 대해서만 책임을 물으시기 때문이다(요 15:22-24, 롬 2:12-13). 하지만 그런 책임회피는 사회구조가 악하고, 또 그것이 사람들을 파멸시키고 있다는 사실을 전혀 완화시키지 못한다. 그러나 대체로 우리는 구조의 악함과 그것이 우리에게 이익을 주는 방식에 대해서 **더 이상 알고 싶지 않을 만큼** 충분히 알고 있다! 우리는 우리가 모르기로 선택한 것에 대해서도 도덕적으로 책임이 있다(슥 7:11-12).

[29] 다음을 보라. Mott, *Biblical Ethics and Social Change*, 4-6. 『복음과 새로운 사회』(대장간).

[30] Mott, ibid., 4, and *TDNT*, III, 868.

그러므로 다드(C. H. Dodd)의 말에 따르면, 신약은 종종 세상이라는 단어를 "인간 사회가 잘못된 원리에 의거해서 조직된 정도"를 뜻할 때 사용하고 있다.[31] "바울이 도덕적인 측면에서 세상에 대해 말했을 때, 그는 사람, 사회 체계, 가치, 그리고 전통의 총체가 하나님과 그분의 구속 목적에 반대하고 있다고 생각했다."[32] 회심 전의 기독교인들은 타락한 사회 질서의 가치와 양식을 따라 행했다. "너희가 이 세상 풍속을 좇고 그 가운에서 행했던 허물과 죄로 죽었었다"(엡 2:1-2).

바울과 요한은 기독교인들이 이 세상의 악한 체제와 생각의 전형에 순응해서는 안 된다고 주장한다(롬 12:1-2).

> 이 세상이나 세상에 있는 것들을 사랑하지 말라 누구든지 세상을 사랑하면 아버지의 사랑이 그 안에 있지 아니하니 이는 세상에 있는 모든 것이 육신의 정욕과 안목의 정욕과 이생의 자랑이니 다 아버지께로부터 온 것이 아니요 세상으로부터 온 것이라 이 세상도 그 정욕도 지나가되 오직 하나님의 뜻을 행하는 자는 영원히 거하느니라(요일 2:15-17).

바울에 의하면 우리 세상의 왜곡된 사회 구조 뒤에는 사탄의 조종 아래 있는 타락한 초자연적 힘이 존재한다. 바울이 에베소 교인들의 "이 세상 풍속을 좇은" 회심 전 상태에 대해 말할 때, 그는 다음과 같이 부연한다. "공중의 권세 잡은 자를 따랐으니 곧 지금 불순종의 아들들 가운데서 역사하는 영이라"(엡 2:2). 바울은 "우리의 씨름은 혈과 육을 상대하는 것이 아니요 통치자들과 권세들

---

31 Mott, *Biblical Ethics and Social Change*, 6에서 인용. 『복음과 새로운 사회』(대장간). 물론 때로는 *cosmos*는 단지 하나님의 선한 창조를 의미한다(예, 요 1:9,10). Richard Mouw의 명쾌한 구별을 보라. *Called to Holy Worldliness* (Philadelphia: Fortress, 1980), 75.

32 Clinton E. Arnold, *Powers of Darkness: Principalities and Powers in Paul's Letter* (Downers Grove, Ill.: InterVasity, 1992), 203. 『바울이 분석한 사탄과 악한 영들』(이레서원).

과 이 어둠의 세상 주관자들과 하늘에 있는 악의 영들을 상대함이라"(엡 6:12)고 훈계한다.

바울의 시대에는 유대인과 이방인 모두가 사회적 구조와 정치적 구조 뒤에 선한 초자연적 존재와 악한 초자연적 존재가 존재하고 강력하게 그런 구조에 영향을 준다고 믿었다.[33] 현대의 세상 사람들은 이를 믿지 못할 수도 있다. 하지만 나치주의, 인종분리정책, 그리고 공산주의, 혹은 인종차별주의의 혼재, 실업, 성적 문란, 마약, 혹은 미국 도심 경찰의 무자비함과 같은 사회 구조의 악마적인 악을 볼 때면, 사탄의 도당이 억압적인 구조를 불러일으키기 위해 열심히 노력하고 있으며 최선을 다해서 하나님의 선한 창조를 파괴하려는 시도를 하고 있음을 의심할 수 없다.[34]

이런 타락한 초자연적 힘은 우리가 사회적 존재로써 온전하기 위해 필요한 사회 체제를 비틀고 왜곡시키기 위해 작용한다. 우리가 악한 체제들을 만들어내는 잘못된 선택을 하도록 현혹하고, 억압적인 구조를 극복하려는 시도를 없애려고 한다. 그리고 정치가들과 권력자들을 꾀어서 이 초자연적이고[35] 사탄으로부터 오는 힘

---

[33] 다음을 보라. Mott, *Biblical Ethics and Social Change*, 6-10. 『복음과 새로운 사회』(대장간). Arnold, *Powers of Darkness*, 87-210. 『바울이 분석한 사탄과 악한 영들』(이레서원). 그리고 Fortress Press에서 출판된 Walter Wink의 방대한 세 권의 저작 *Naming the Powers* (1984), *Unmasking the Powers* (1986), *Engaging the Powers* (근간). 『사탄의 가면을 벗겨라』, 『사탄의 체제와 예수의 비폭력』(한국기독교연구소).

[34] 나는 항상 우리가 경험하는 부패한 사회구조의 배후에 인격적으로 타락한 초자연적 권력이 있다고 신중히 주장했다(예를 들어, Sider, *Christ and Violence*, 50-57). 그러므로 나는 권력에 대한 나의 언급들에 관한 Arnold의 해석에(*Powers of Darkness*, 195, 234, fn. 3 [그는 나의 *Christ and Violence* p. 57가 아닌 p. 51을 잘못 인용했다]) 당황스럽다. 그와 나는 항상 통치자들과 권세자들을 단지 이 세상의 사회적 구조들로 보았던 환원주의적인(반 초자연적인) 접근을 거절해왔다. 권력에 관한 Walter Wink의 탁월한 저작은 불행히도 환원주의적이다. 그는 "인격적 실재: 천사, 마귀 혹은 악마"의 개념을 거부한다(*Unmasking the Powers*, 4-5).

[35] 다음에 인용된 예를 보라. C. Peter Wagner, *Warfare Prayer: How to Seek God's Power and Protection in the Battle to Build His Kingdom* (Ventura: Regal, 1992), 1장. 『기도는 전투다』(서로사랑). 그러나 나는 Wagner 보다 더 많이 주의할 것이다. 그리고

을 사용해 이 세상을 만들어나가도록 만든다. 악은 개개인의 잘못된 선택보다 훨씬 더 복잡한 문제다. 이 악은 강압적인 사회 체제와 하나님의 형상으로 지음 받은 사람들이 하나님께 도전하여 사회 체제를 타락시키는 것을 기뻐하는 사탄의 힘에도 존재한다.

교황 요한 바오로 II세는 악한 사회 구조가 "개인적인 죄에 기초를 두고 있다"고 주장했다. 사회의 악은 하나님에 대항한 우리의 반역과 이로 인한 이웃에 대한 이기심으로부터 결과하는 것이다. "많은 **개인적인 죄**들의 축적과 집결"은 "억압적이기도 하고 바꾸기도 힘든" 악한 사회적 구조를 만들어낸다.[36] 우리가 악한 사회 체제에 참여하고 이로부터 이롭게 되기를 택할 때 우리는 아모스의 시대에 있었던 부유한 여인들처럼 하나님과 이웃들에 대해 죄를 범하는 것이다.

7) 범죄의 피해자

우리가 사회적 악의 성격을 진정으로 이해한다면 우리는 억눌린 자들이 **범죄의 피해자**라는 것을 알게 된다.[37] 레이몬드 펑 (Raymond Fung)은 우리가 불의한 경제적 구조와 정치적 구조로 인해 억눌린 자들과 일할 때, 그들을 죄가 범해진 대상으로써 피해자로 보는 것이 중요하다고 주장했다. 이런 이해로 그들에게 접근

"지역귀신"에 대한 상세한 정보를 요청하지 않을 것이다.
36 John Paul II, *Sollicitudo Rei Socials* (December 30, 1987), sect. 36.
37 특히 다음을 보라, Raymond Fung, "Human Sinned-Againstness," *International Review of Mission* 69 (July 1980): 332-36, "Compassion for the Sinned Against," *Theology Today 37* (July 1980): 162-69, "The Forgotten Side of Evangelism," *The Other Side* 15 (October 1979): 16-25, "Mission in Christ's Way: The Strachan Lectures," *International Review of Mission* 78 (January 1989):18-19. 홍콩의 중국신학대학원에서 이루어진 제3회 Josephine So 기념 강연에서의 나의 강의는 "The Sinner and the Sinned Against"로(중국에서만) 출판되었다. *Evangelical Faith and Social Ethics* (Hong Kong: China Graduate School of Theology, 1986), 49-69.

하는 것은 그들의 억압됨을 공감할 수 있도록 도와준다. 또한 우리가 억압자들에 대항하고 부정을 고칠 수 있도록 도와준다.

이와 동시에 우리가 저지를 수 있는 실수들을 피할 수 있도록 주의해야 한다. 억압된 자들 또한 **그들의** 죄를 회개해야 하는 죄인이라는 사실을 절대 잊어서는 안 된다. 그들의 죄가 일반적으로 억압하는 자들과는 다를지라도 말이다. 게다가 절대로 억압자들의 인간성을 말살하는 방법으로 억눌린 자들에게 죄를 범한 억압자들을 공격하지 말아야 한다. 억압자들의 제거를 말하는 마르크스주의와는 달리 기독교는 억압자들 또한 하나님이 너무나도 사랑하시고 그들의 억눌림으로부터 해방시켜 주고 싶어 하시는 죄인으로 본다.

억압자와 피억압자 모두 새롭고 개선된 사회적 구조 그 이상이 필요함을 분명히 밝히는 것은 특히나 중요한 일이다. 죄는 극악한 사회 체제보다 깊다. 그러므로 사람들은 개선된 사회적 체제도 필요하지만 그들의 인격 중심에서 변화를 일으키는 그리스도와의 새롭고 살아 있는 관계 또한 필요로 한다.[38]

---

38 이 점에서 나는 WCC 멜버른 회의에서의 "sinned against"에 관한 논의가 아주 부당하다는 것을 알았다. 여기 section I, 4를 인용하겠다.

> 죄의 피해자인 가난한 자들은 착취에 의하여 인간 이하의 취급을 받는다. 부유한 자들은 남들을 착취하는 악한 행위에 의해 인간 이하가 된다. 하나님의 심판은 가난한 자들편의 판결로서 도래한다. 이 판결은 가난한 자들로 하여금 그들을 속박하는 권력자들을 전복하고자 투쟁하게 하고 부자들을 지배자의 숙명으로부터 해방시킨다. 일단 이것이 일어나면, 겸손한 부자들과 가난한 자들 모두가 인간답게 되며 하나님 나라의 도전에 반응할 수 있게 된다(Anderson, ed., *Witness to the Kingdom*, 106-7에서 인용).

이 말은 대체적으로는 사실이지만, 제안된 해결책은 틀렸다. 부유한 자들이 억압에서 해방되는 최초의 주요한 방식이 정당한 구조를 요구하는 가난한 자들의 사회운동에 의해서라고 제시한다. 단지 그런 변화가 일어난 후에야 부유한 자들과 가난한 자들이 하나님 나라에 반응할 수 있다는 것이다. 그것은 비성경적 몰상식이다. 그들이 여전히 억압자와 피억압자 일지라도 그들이 하나님 나라의

4. 예수님과 정치

성경은 사회적 죄를 정죄한다. 악한 사회 체제는 사람들을 불구로 만들고 파괴시킨다. 구조적 변화는 개개인의 자선 행위보다 나을 뿐 아니라 더 효과적이기까지 하다.

하지만 이 모든 것이 예수님과 정치에 대한 질문에 다 대답하지는 않는다. 앞에서 나는 예수님이 로마 원로원에 의안을 통과시키는 사회적 움직임을 취하라고 복음주의자들에게 말하지 않으셨음을 언급한 적이 있다. 그렇다면 우리가 그 일을 하지 말아야 하는 것인가? 예수님이 가지고 계셨던 정치적 맥락을 이해하는 것은 매우 중요하다. 그는 전체주의적이고 제국주의적인 로마의 독재 정권에 의해 통치되던 억압받는 식민지에 소속된 사람 중 하나였다.[39] 그는 로마의 어떠한 정치적 권리도 소유하지 못했다.

팔레스타인에서조차도 당시의 3가지의 대표적인 정치적 선택 항들은 다가오는 예수님의 나라의 가치에 비추었을 때 모두 합당하지 않은 것들이었다. 헤롯 왕가의 지지자들과 사두개인들은 그들의 특권적이고 불의한 삶을 보호하고 확장시키기 위해서 압제적인 로마인들과 협력했다. 그 정치적 선택은 결코 예수님을 설득시키지 못했다. 에세네파(Essenes)는 고립된 공동체를 만들기 위해

값없는 은혜에 반응할 수 있을 때에는 근본적인 변화의 소망이 존재한다. 양자의 인격적 회심은 비록 여기서 전혀 진술되지 않지만, 결정적이다(WCC의 *Mission and Evangelism*, section 32는 훨씬 더 낫다). 물론, 이차적으로, 더 정당한 구조들이 모든 사람에게 영향을 주고 더 많은 인간적인 관계를 양육하는 것은 사실이다. 그러나 하나님 나라에 대한 우리의 반응을 만드는 것은 앞선 구조적 변화에 달려있다는 것은 전적으로 받아들여질 수 없다. 그러므로, 복음주의적 정치활동가인 Tim LaHaye가 "순전한 영적 부흥의 유일한 길은 합법적인 개혁이다."라고 진술한 것은 놀라운 일이다. James Skillen, *The Scattered Voice: Christmas at Odds in the Public Square* (Grand Rapids: Zondervan, 1990), 55에서 인용.

39 David Bosch가 *Transforming Mission*, 401에서 이 점에 대해 언급했다. 『변화하고 있는 선교』(CLC).

광야로 나갔다. 그곳에서 메시아의 도래를 무저항적으로 기다렸다. 무저항주의적인 포기도 예수님의 선택은 아니었다. 세 번째로 가능한 정치적 선택은 로마 압제자들을 몰아내기 위해 칼을 뽑아 들었던 혁명적 열심당원들(Zealots)이었다. 예수님은 그를 따르는 자들에게 원수를 사랑하라고 말씀하셨다. 설령 그 대상이 학대하는 로마인일지라도 말이다.

예수님의 상황 가운데 남겨진 **정치적** 선택은 단 한 가지였다. 그것은 모든 사회에서 변화를 불러일으키는 것이었다. 또한 곧이어 현실 상황에 도전할 준비가 된 모든 이들을 위하여 그 사회의 중심에서 살아가는 새로운 공동체를 형성하는 것이었다. 예수님은 그렇게 하셨다. 그것이 바로 **정치적** 선택이었다. 사실 그 상황 가운데 할 수 있었던 유일한 믿음의 길이었다.

여기서 강조해야 할 점이 한 가지 더 있다고 생각한다. 예수님은 하나님에 의해서 유대로 보내어 졌다. 로마 제국으로 보내심을 받은 것이 아니다. 예수님은 유대 공동체 전부가 메시아를 영접하고 따르도록 부르셨다. 우리는 그가 그의 말씀을 종교적 지도자들에게만 전하거나 **내면적, 영적** 주제에만 초점을 맞추어 전하지 않았음을 보았다. 잘못된 경제적인 상황과 가난한 자와 무시당하는 자들에 대한 사회적 편견에 대항하는 것은 그가 기도와 예배에 대해서 가르치신 것만큼이나 그의 나라에 대한 가르침에 있어서 중요한 부분이었다. 유대인의 나라에서 일어난 예수님의 메시아적 임무가 **정치적**이지 않았다고 말하는 것은 그의 나라의 온전한 복음을 영적 측면에서만 고찰하고 오해하는 것이다.

분명한 것은 그 복음이 절대로 정치적이지만은 않았다는 것이다. 하나님이 대가 없이 주시는 은혜에 대한 놀라운 선포는 그의 말씀의 핵심에 자리잡고 있었다. 그는 심판자의 역할을 거절하셨다. 그는 로마에 맞서 격렬한 반란을 일으키는 군대를 이끄는 정복적인 영웅으로 그를 추앙하려는 대중의 메시아에 대한 개념을 단호히 반대하셨다.

하지만 그는 하나님의 메시아적 통치가 그의 인성과 사역을 통해서 역사 안으로 도래하고 있음을 선언하셨다. 그는 모든 유대 공동체에게 경제, 결혼, 여성, 리더십, 원수를 포함한 모든 부분에 있어서 그의 나라의 가치를 받아들일 것을 말씀하셨다. 이 초대를 받아들인 모든 자들은 그의 죽음과 부활 후에 이 메시아의 구원을 전 세계로 퍼뜨리고자 하시는 하나님의 사역의 일부가 되었다. 이 메시아의 구원은 예루살렘의 한 유대인을 통해 성취된 것이다.

예수님의 생애 동안 그의 사역은 유대인들을 향한 것이었다. 하나님은 그에게 아테네나 로마로 가라고 하지 않으셨다. 그가 로마 원로원에서 의안을 통과시킬 수 있도록 정치적인 모임을 조직하지 않은 것은 사실이다. 하지만 그는 로마인들에게 복음을 전하도록 **이방 선교사** 집단을 만들지도 않으셨다. 그는 유대인들에게 보냄받은 분이었다. 만약 예수님이 제국의 정치를 형성하기 위해서 정치적 운동을 조직하지 않으셨다는 사실이 우리 역시 그렇게 하지 않아야 한다는 의미를 지니고 있는 것이라면 우리는 예수님이 복음전도하는 조직을 만들지 않으셨기 때문에 다른 나라에 복음을 전해서도 안 된다.

부활 이후 그는 제자들을 보내셔서 사람들을 믿음으로 이끌고 그가 제자들에게 가르친 모든 것을 사람들에게 가르치라고 말씀하셨다. 이것이 의미하는 것은 자신의 삶의 전 영역을 예수님에게 복종하는 제자들을 만들라는 것이었다. 삶의 전 영역을 예수님에게 바친다는 것은 예배하는 만큼 경제적인 부분을 복종하고 기도하는 만큼 정치적인 부분을 복종시킨다는 의미를 가지고 있다.

물론 팔레스타인에서 예수님은 우리가 정치와 연관해서 보편적으로 무엇을 해야 할 지에 대해서 정확하게 가르쳐주시지 않았다.

그는 헤롯의 내각에 참여하거나 소규모 정치적 운동을 조직하지 않으셨다. 우리가 살펴본 바와 같이 예수님에게 주어진 세 가지의 대중적이고 좁은 정치적 선택항들은 그의 나라의 가치들과 양립 불가한 것들이었다. 새로운 사회 질서를 만드는 것은 당시의 비민주적인 제국에 소속되어 있던 유대인 식민지에서 할 수 있었던 믿음의 길을 따르는 유일한 정치적 선택항 이었다.

오늘날의 모든 정치적 상황이 1세기와 동일하지는 않다. 물론 어느 부분에 있어서는 놀라울 정도로 비슷하기도 하다. 소련과 중국 공산주의의 통치 아래 있던 기독교인들은 로마 제국의 유대 식민지 주민들이 소유했던 정치적 활동의 자유보다도 더 제한된 자유를 가지고 있었을 것이다. 비슷한 상황에서는 비슷한 반응이 타당한 것이다.

그러나 우리는 정의, 평화, 민주적 과정, 그리고 자유를 위하 일할 수 있는 정치적인 기회들을 많이 가지고 있다. 예수님이 라디오와 텔레비전을 사용하지 않으셨다고 해서 우리도 사용하면 안되는 것은 아니다. 이와 비슷하게 그가 가지고 있었던 정치적 선택항이 우리에게 있는 선택항보다 적다는 사실이 우리가 구조적 변화를 위해 사용할 수 있는 정치적 방법이 있음에도 사용해서는 안 된다는 것을 의미하는 것은 아니다.

성경의 진리는 신자들이 능동적인 사회적 관심을 가지도록 한다. 어떤 경우에 우리는 재난을 막기 위해서 즉각적인 구제에 참여하기도 할 것이다. 또한 공동체의 개발을 위해서도 장기적으로 노력할 것이다. 그리고 또한 우리는 사회경제적 구조와 정치적 구조를 개선하기 위해서 정치적인 노력을 할 것이다. 언제나 우리의 목표는 성경에서 드러나는 바와 같이 모든 사람의 온전함을 원하시는 한 분 하나님께 순종하고 그분께 영광을 돌리는 것이다.

앞의 7장에서 우리는 성경이 얼마나 강하게 기독교인들을 복음전도의 사명으로 부르고 있는지에 대해서 살펴보았다. 이 장에서는 기독교인들이 왜 활발한 사회적 관심을 가져야 하는지를 보여주는 수백 개의 성경 본문이 있음을 보여주었다. 다음의 두 장에서는 이런 두 가지 성경적 명령을 어떻게 연관시킬 수 있는지에 대한 새로운 유형을 보여줄 것이다.

Good News and Good Works

제5부

성육신적인 하나님 나라로서의 기독교
INCARNATIONAL KINGDOM CHRISTIANITY

Good News and Good Works
by Ronald J. Sider

chapter 9

복음전도와 사회운동의 구분

사람이 만일 온 천하를 얻고도 자기 목숨을 잃으면 무엇이
유익하리요?

― 마가복음 8:36

롤리 워싱턴(Raleigh Washington)의 목소리는 심지어 수화기 너머로도 기쁨을 이기지 못하고 춤추고 있었다. 나는 그가 **사회참여적 복음주의운동**(Evangelicals for Social Action) 이사회의 일원으로 참여할 수 있는지를 물으려고 전화했었다(그는 수락했다). 하지만 그는 그보다 먼저 나에게 그의 교회가 그 전 주에 그리스도에게로 인도한 225명의 사람들에 대해서 말하고자 했다.

롤리 워싱턴은 현재 **프라미스키퍼스**(Promisekeepers)의 저명한 흑인 지도자이다. 그는 10년 이상 **우리 구원의 반석 교회**(Rock of Our Salvation Church: 복음주의 자유교회)의 목사로 섬겼다. 그 교회는 시카고 서부 도심의 인종혼합적인 공동체였다. 그 교회는 **서클도시선교회**(Circle Urban Ministries)와 긴밀하게 연계되어 있었다. 이곳은 위스콘신에서 올라온 백인 시골 소년인 글렌 케레인(Glen Kehrein)이

주도하는 총체적인 커뮤니티 센터였다. **서클**은 7명의 전임 의사를 둔 의료 클리닉 시설을 갖추고 있었으며, 2명의 변호사를 둔 법률 클리닉을 갖추고 있었고, 수백 만 달러가 요구되는 주택 건설을 개선해서 가난한 자들을 위해 저소득층 주택 건설계획을 추진했으며, 도심에 경제적인 기반을 형성할 수 있도록 직업창출 프로그램을 운영하고 있었다.

놀랄만한 복음전도의 성공이 일어난 그 주의 일은 그저 한번의 사건으로 끝난 일이 아니었다. 도심에 사는 상처받은 주민들은 그들을 예수님에게 초대하는 사람들이 자신들에게 꼭 필요한 의료 서비스를 제공하고, 무주택자들을 위해 집을 제공하고, 그리고 직업을 찾거나 고등학교를 졸업하는 데 도움을 주는 사람들임을 알고 있었다. 그리고 커뮤니티 센터의 직원들은 그들이 완벽 그 이상의 의료적 혹은 법률적 도움을 주지 않는 이상 절대로 문제의 중심에 다가갈 수도 없고 계속해서 유지될 수 있는 변화를 만들어 내지도 못한다는 것을 잘 알고 있었다.

사실 **서클도시선교회**는 원래 가지고 있던 복음전도의 열정을 많이 잃어버렸다. 그들은 이론상으로는 복음전도와 사회운동을 병행해야 한다고 믿었다. 하지만 그들은 거의 후자에만 집중했다. 롤리 워싱턴이 1983년에 커뮤니티 센터의 중심에 교회를 개척했을 때 전체적인 균형이 다시 맞추어지기 시작했다. 이제 사람들이 영적인 필요를 느낄 때, 의사와 변호사들은 그들에게 그리스도에 대해 말하기를 전혀 거리끼지 않는다. 사람들에게 커뮤니티 센터와 교회에서 일하는 3명의 목사 중 한 명을 만나보라고 권하기도 한다. 그 결과로 나타난 것이 빠르게 성장하는 300명 이상의 도심 공동체이다.

이런 것이 바로 성경적이기도 하고 효과적이기도 한 온전한 선교이다. 이는 복음전도와 사회적 관심 사이의 관계의 다섯 번째 유형에 대해서 잘 설명해주는 사역이기도 하다.

나는 2장에서 네 가지의 주요한 양상들을 간략하게 정리했었다. 네 가지 모두 결정적인 약점을 가지고 있었다. 이제 하나님 나라의 복음, 구원, 회심, 그리고 복음전도와 사회운동을 해야 하는 성경적 이유들에 대해서 살펴보았기 때문에, 다섯 번째 양상을 전개할 준비가 된 것 같다. 이 양상은 계속해서 진전하는 성경 연구에 완전히 기초하고 있다. 이 양상은 다른 4가지 양상의 장점은 유지하지만 단점은 제거해버린다.

1. 복음전도와 선교의 정의

복음전도란 무엇인가? 신약 성경에서의 전도하다(*evangelize*)라는 단어는 복음(*gospel*)이라는 명사의 동사 형태이다. 그러므로 전도한다는 것은 복음을 나눈다는 것이다. 신약에서 복음이라는 단어와 함께 가장 많이 쓰이는 또다른 동사는 아마 전파하다(*preach*)라는 동사일 것이다. 다드(C. H. Dodd)에 의하면, 신약에서 전파의 예의 대부분은 비기독교인들을 향한 것이다.[1] 비기독교인들이 회개하고, 그리스도를 영접하고, 그의 새로운 나라의 공동체에 참여하게 하려는 의도와 소망을 가지고 그들에게 복음을 말로 전하는 것은 복음전도에 있어서 핵심적인 요소이다.

구술적 선포가 복음전도의 필수적인 구성 요소 중 하나라는 것은 매우 중요한 사실이지만 그것이 우리가 복음을 전하는 유일한 방법이 아님을 기억하는 것도 매우 중요하다. 복음을 전하는 방법

---

1 C. H. Dodd, *The Apostolic Teaching and Its Development* (London: Hodder and Stoughton, 1963), 7. 『사도적 설교와 그 전개』(한국장로교출판사). Alan Richardson, "Preaching," in *A Theological Word Book of the Bible* (London: S.C.M. Press, 1975), 172.

에 대해서 고민할 때 예수님이 그에 답하는 최고의 실례가 된다. 예수님 안에서 분명히 나타나는 모든 것은 그가 말씀과 행동을 통해서 그의 나라에 대해 선포하신 것이다. 성육신하신 하나님(말씀과 행동의 완전한 결합)은 구술적인 선포와 가시적 증거를 통해서 복음을 전파하셨다.

이런 주장은 중요한 의문 하나를 수면 위로 끌어올린다. 우리가 말씀과 행위를 통해서 복음을 전한다면 사회적 행위 또한 복음전도의 일환이라는 뜻인가? 힌두 사회에서 우물을 파거나 불의를 끝내기 위해서 정치적 노력을 가하는 것도 복음전도인가? 만약 그렇다면 사회적 구조, 다국적 기업, 그리고 열방들을 복음화시킬 수 있는가?

현대의 많은 기독교인들은 마지막 두 질문에 대한 답이 "그렇다"라고 생각한다. 『선교와 전도』(Mission and Evangelism)에서 세계교회협의회는 회심으로의 부르심은 "국가, 집단, 그리고 가족을 향한 것이다"라고 주장했다.2 데이비드 로우스 왓슨(David Lowes Watson)은 "공동체, 도시, 국가, 집단은 악한 것으로만 생각되어서는 안 된다. 회개를 위해 부르심을 받았으며 그들이 회개할 수 있다고 생각해야 한다. 그들의 구원은 다른 개개인의 구원과 함께 양육되는 것이다."3

우리는 이런 주장에 대해 어떻게 생각해야 하는가?

나는 당연히 불의한 구조들을 바꾸기 위해 정치적인 노력을 해야 한다고 생각한다. 하지만 그 노력을 복음전도라고 부르는 것은 잘못 이해한 것이다. 몇 가지 중요한 이유들은 우리가 사회적인

---

2 Sect. 12과 sect. 15 참고.
3 David Lowes Watson, "Prophetic Evangelism," in Theodore Runyon, ed., *Wesleyan Theology Today* (Nashville: Kingswood Books, 1985), 222. 또한 Costas, *Christ outside the Gate*, 168-72.

행위로부터 복음전도를 구별해야 함(그럼에도 불구하고 당연히 연관되지 않은 것은 아니다)을 분명하게 설명해준다.

무엇보다도 국가와 시를 묶어서 회개와 회심에 대해서 다룬다는 것은 말도 안 되는 오해이다. 시 조직은 그들의 정책을 바꿀 수는 있다(신문에 사과문을 게시할 수도 있다). 하지만 제너럴 모터스(General Motors)와 미국 정부가 예수 그리스도를 개인의 주와 구원자로 영접하고, 세례를 받고(물을 뿌릴지라도), 지역 교회의 활동적인 일원이 되고, 성찬식에 참여하고, 매일 이어지는 성령과의 인격적인 교제를 경험하고, 예수 그리스도의 재림 때에 개인에게 주어질 육체적 부활을 고심하며 기다릴 수는 없는 것이다. 오직 **개인들만이** 그런 것들을 할 수 있다. 나이로비(Nairobi)에서 열린 세계교회협의회의 5차 회의에서 M. M. 토마스(M. M. Thomas)는 이렇게 말했다. "오직 사람들만이 부름받을 수 있고 오직 사람들만이 반응할 수 있다."[4]

이런 주장은 도날드 맥가브란(Donald McGavran)이 "대중운동"(people movements)[5]이라고 부르고 데이비드 기타리(David Gitari)가 "지역사회 전도"(community evangelism)[6]라고 부르는 그것을 부정하는 것은 아니다. 공동체적 성향이 강하고 덜 개인적인 사회에서는 마을 전체가 함께 고민하고 모두 그리스도를 영접하기로 결단할 수도 있다. 비나이 사무엘(Vinay Samuel)은 우리가 복음을 전할 때에는 고립된 개개인이 아닌 공동체에 소속된 모든 사람들에게 전

---

4 David M. Paton, ed., *Breaking Barriers: The Official Report of the Fifth Assembly of the World Council of Churches*, Nairobi, 1975 (London: SPCK, 1976), 233. WCC의 *Mission and Evangelism*은 회심은 "그리스도의 구주되심을 인격적인 결정 안에서 인정하고 영접하는 초청"을 포함한다고 말한다(10항). 그것은 국가들에 대한 회심에로의 초대를 인정하는 것과는 상충되는 것 같다(12, 15항).

5 McGavran, *Understanding Church Growth*, 333-52. 『교회성장이해』(한국장로교출판사).

6 David Gitari, "Kenya: Evangelism Among Nomadic Communities," in Wright and Sugden, eds., *One Gospel*, 63.

해야 한다고 주장했다.**7** 하지만 만약 "지역사회 전도"에서 회개와 회심이 진정으로 일어나게 된다면 각각의 개인은 **개인적인** 결단을 내리고 살아계신 하나님과의 **개인적인**(물론 공동체적이기도 하다) 관계 안으로 들어가게 된다. 성경적 신앙의 핵심에 자리하고 있는 근본적 진리는 하나님이 모든 사람으로 하여금 그리스도의 초대에 반응하도록 부르신다는 것이다.**8** 복음전도란 사회 구조에게 전하는 것이 아니라 오직 사람들에게 전하는 것이다. 오직 사람만이 그리스도의 제자가 될 수 있기 때문이다.**9**

둘째, 복음전도와 사회적 행위의 구별을 주장할 수 있는 이유는 그 두 가지가 서로 다른 결과물을 내놓기 때문이다. 사회적 행위는 더 깨끗한 품질, 더욱 강한 민주주의, 혹은 더 위대한 경제적 정의로 이끌 수 있지만 이런 가치 있고 좋은 것들을 가진다는 것은 죄가 용서받았음을 알고, 예수 그리스도와의 개인적인 관계를

---

7 다음에 나온 Samuel의 명석하게 발전된 접근방법을 보라. Sugden, "Critical and Comparative Study," 313-15. Mortimer Arias는 "예수님의 부르심은 인격적이지만 개인적이거나 사적인 것은 아니다"라고 지적한다(*Announcing the Reign*, 112).
8 이런 의미에서 "개인주의"는 서구의 창조물이 아니라 복음의 열매라고 하는 David Bosch의 중요한 주장을 참고하라. *Transforming Mission*, 416. 『변화하고 있는 선교』(CLC).
9 그것이 마을을 전도한다고 말할 수는 있지만 General Motors를 전도한다고 말할 수는 없는 이유다. 전자의 경우에서는, 마을 자체나 심지어 필연적으로 그 마을 내의 모든 각 사람이 그리스도를 인격적으로 믿게 된다는 것을 의미하지는 않는다. 오히려 공동의 마을 지도부가 사람들과 모두 함께 복음초청을 숙고하고 영접하는 것을 의미한다. 그러나 각 사람이 또한 순전한 결단을 내린다는 의미이다(그리고 소수는 부인할 수도 있다). 더 나아가, 그리스도의 제자가 되는 각 사람에게는 그것이 진실인 반면에, 특정한 사회구조로서의 특정한 마을이 영원히 그리스도의 임재 안에 살 것임을 의미하지는 않는다. 우리는 로마서 8장과 요한계시록 21-22이 어떻게 인간문명과 인간 이외의 창조물의 영광이 악을 추방하고 영원한 나라의 일부가 될 것인지 보았다. 그러나 그것은 모든 개개의 나무와 꽃 혹은 모든 개개의 인간적 인공물이 영원한 나라에 있을 것이라는 의미는 아니다. 그러나 사람들의 경우에 있어서, 우리는 정확하게 그것을 의미한다. 그리스도의 제자가 된 모든 특정한 개인은 육체적으로 부활하며 그리스도와 더불어 별개의 사람으로서 영원히 살 것이다.

맺으면서 이로 인해 기뻐하고, 이제 부활하신 주의 임재 안에서 영원토록 사는 길에 서게 되었음을 아는 것과는 다른 것이다. 이런 후자의 보배들을 즐거워하는 것은 복음을 배우고 예수 그리스도를 영접해야만 가능한 것이다. 최선의 사회적 행위가 만들어 낼 수 있는 물질적 풍요와 의로운 사회적 구조의 모든 것들을 즐기면서도 하나님을 향해서는 능동적으로 반역하고 있을 수도 있으며, 하나님과의 영원한 분리로 향하는 길에 서 있을 수 있는 것이다. 반대로 영양 부족에 걸려 있고, 기아로 인해 죽어가는 억눌린 사람도 그리스도와의 살아 있는 관계 안에 있을 수 있으며 구원자의 임재 안에서 영원한 생명에 이르는 길에 서 있을 수 있다.

이 두 번째 요점은 복음전도와 사회적 행위 사이에 연관성이 없다는 것을 의미하는 것이 아니다. 우리는 10장에서 그 둘이 여러 방면에서 불가분의 상호 연관적 관계 안에 있음을 살펴볼 것이다. 하지만 그 둘이 동일한 것은 아니다. 복음전도의 결과와 사회적 행위의 결과의 특징들이 상당히 다르기 때문이다.

남아공의 친구 제임스(James)의 이야기는 이 요점을 실제적으로 잘 설명해준다. 나는 제임스와 함께 수 년 동안 남아공의 인종분리정책의 불의한 구조를 바꾸려고 노력했다. 물론 그런 일은 성경을 믿고, 거듭난 자들이 마땅히 해야 할 일이다! 하지만 10년동안 우리 둘의 헤라클라스와 같은 초인적 노력으로 인종분리정책을 폐지시키는 결정적인 기여를 이루어내는 것에는 성공했지만, 그 노동의 대가는 제임스의 개인적인 회심으로 이어지지는 않았다. 그는 여전히 하나님에 맞서는 반역 가운데 있을 수 있다. 제임스가 그리스도의 은혜의 제안을 받아들일 때에 그는 비로소 주와 함께 영원한 생명을 살아가는 길에 설 수 있으며 예수 그리스도의 제자가 될 것이다.

셋째, 복음전도의 성과와 사회적 행위의 성과가 다른 것처럼 그

의도하는 바도 다르다. 복음전도의 주된 의도는 비기독교인들을 예수 그리스도의 제자로 삼으려는 것이다. 사회적 행위의 중심 의도는 이 땅에서 그들이 누리는 삶을 위해서 사람들의 사회경제적 행복과 정신적인 행복을 확보하고 향상시키는 것이다.

넷째, 우리는 사회적 행위의 본연의 형태를 보호하기 위해서 복음전도와 사회적 행위를 구별해야 한다! 8장에서 나는 창조에 기초해서 기독교인들이 사회에서 인간 복지의 향상을 위해서 노력해야 할 충분한 신학적 이유가 있음을 설명했다. 사회적 행위는 복음을 전하기 위한 준비단계로 나타나야 할 이유가 없으며, 정당성을 가지기 위해 복음전도적인 목적을 가지고 있어야 하는 것이 아니다. 굶주린 자를 먹이고, 노예 생활을 끝내고, 정치적 자유와 경제적 정의를 증진시키는 것은 이 행위의 혜택을 받게 되는 이들이 그리스도를 영접하든 영접하지 않든 간의 여부와 상관없이 성경적으로 합리적인 근거를 가진다. 복음전도와 사회적 행위가 동등한 것이라면 사회적 관심의 모든 행동 하나하나는 복음전도인 것이다. 이것이 의미하는 바는 구술적인 선포와 비기독교인들을 그리스도께로 인도하는 의도가 사회적 책임의 중심적인 구성요소가 되어야 한다는 것이다.

다섯째, 복음전도와 사회적 행위를 동등하게 보는 것은 복음전도의 본연의 모습과 실제를 위협한다. 만약 기독교인들이 세상에 보내진 이유가 전적으로 복음을 전하기 위해서라면 비기독교인들에게 복음을 전하라는 이 특별 임무는 그들이 그리스도를 영접할 것이라는 희망을 쉽게 상실하게 된다. 그런 현상이 복음전도와 사회운동을 동일시한 많은 집단에서 일어났다. 거의 모든 중요한 자원들(시간, 에너지, 그리고 돈)이 오직 인류의 사회경제적 행복을 향상시키겠다는 한 가지 목적을 가진 사회운동에 사용된다. 구술적인 선포와 비기독교인들이 예수님을 영접하도록 초대하는 다른 활동에는 거의 아무런 비중을 두지 않는다.

게다가 사회운동이 복음전도와 동일시되면 이 무시무시한 태만에 대해서 말할 수조차 없게 된다. 사회운동이 복음전도와 같다면 사회운동에 참여면서 복음전도에는 게으르고 태만한 사람들에게 책임을 물을 수 없다. 시간, 돈, 그리고 인원이 복음전도와 사회운동 사이에서 적절하게 배분되고 있는지에 대해서도 물을 수 없게 된다. 어떤 교회나 선교 단체가 사람들을 그리스도께로 인도하는데 10원이나 1분도 사용하지 않을지라도 복음전도에 완전히 참여하고 있다고 주장할 수 있게 되는 것이다.

복음전도와 사회운동을 구분하지 않으려 하는 것은 배나 위험하다. 이 경우, 신약 성경에서의 전도의 핵심적인 의미를 외면하게 될 수도 있다. 그리고 결국에는 한 쪽 측면은 간과할 수 있다. 그것을 두고 이단적인 간과라고 할 수 있다.

여섯째, 복음전도와 사회운동을 구별해야 하는 이유는 후자의 경우는 몰라도 전자의 경우는 구술적인 선포 없이는 불가능하기 때문이다. 예수님과 도래하는 그의 나라에 대해서는 말하지 않은 채 사회적 활동을 할 수는 있다. 독실한 기독교인들도 무슬림, 힌두교인, 세속적인 인문주의자, 그리고 뉴 에이지를 지지하는 사람들처럼 환경을 보호하기 위해 정부에 안건을 통과시키는 노력을 할 수 있다. 예수님의 나라, 죽음, 부활에 대한 어떤 선명한 말도 하지 않고 이 사람들과 일해서 이 목표를 성취하는 것은 꽤나 합리적인 일이다. 물론 이 사회적 활동 가운데 동료들은 당신이 기독교인이고 창조주를 사랑하기 때문에 환경을 보호하려는 것이라는 사실을 알고 있다. 그리고 이 행동들은 그리스도에 대한 증거가 될 것이다. 하지만 어딘가에서 그리스도에 대한 말이 선포되지 않는 이상, 당신의 사회운동 자체는 당신과 당신의 존경할 만한 관심들 외에는 아무 것도 증거하지 못 할 것이다.

사회운동과 달리 복음전도는 특정한 시점에 복음을 선포하고 사람들이 믿을 수 있도록 초청하는 과정 없이는 완전히 불가능하다. 마이클 나지르 알리(Michael Nazir-Ali)는 이렇게 말한다.

> 복음전도는 우리가 얼마나 좋은 사람인지 혹은 교회가 얼마나 선한지에 관한 것이 아니다. 복음전도는 하나님이 얼마나 좋은 분인지에 관한 것이다.[10]

사회운동과 달리 복음전도는 복음의 메시지를 선포하지 않고는 불가능하다. 그 둘은 서로 구별해야 하지만, 밀접하게 연관되어 있는 활동이다. 복음전도와 사회운동은 똑같은 것이 아니다. 그것들은 비록 밀접하게 관계가 있지만, 또한 구분되는 행동들이다.[11]

복음전도와 사회운동 사이의 구분을 주장하는 것은 구술적 선포 대(vs) 가시적 시범의 대결구도에서 대조를 끌어내려는 것이 아니다.[12] 예수님의 행하심과 말씀 모두가 그분의 하나님 나라 선포에서 중심적이었다. 바울은 그가 "말과 행위로" 이방인들을 믿음으로 인도했다고 명료하게 말한다(롬 15:18-20). 굶주리는 이들에게 단지 말씀만 나누어주는, 부유하면서도 그들을 돌보지 않는 교회는 자신들의 실제 생활이 자신들의 메시지를 부인하고 있기 때

---

10 Nazir-Ali, *From Everywhere to Everywhere*, 185.
11 그의 최근 회칙에서, 교황 요한 바오로 II세는 이런 구별에 관한 강조하는 관심을 가진다. 그는 "열방선교(*missio ad gentes*: 열방을 향한)를 다른 선교사역과 구별하고 "적절한 선교활동, 즉 열방선교는 그리스도를 아직 믿지 않는 사람들 혹은 그룹들에게 향한 것이다"라고 역설한다. 그는 이런 특수한 과업이 "하나님의 모든 백성 전체의 모든 사명의 구별할 수 없는 일부가 되어 무시되거나 잊혀지게" 방치하는 것에 대해 경고한다(*Redemptoris missio*, sect. 34). 요한 바오로는 "인간과의 화목이 하나님과의 화목은 아니며, 사회운동이 곧 복음전도는 아니다"라는 로잔언약의 주장에 동의한다(5항).
12 그것은 Andrew Kirk가 잘못 주장한 것이다(*New World*, 103-4). 그러나 그는 CRESR 보고서가 자주 그것을 그런 식으로 다룬다고 생각한 점에서는 부분적으로 옳다.

문에 곧바로 실패할 것이다. 존 스토트(John Stott)가 로잔회의에서 충분히 말한 것처럼, "우리는 입에서 나오는 말로써…그림과 영상으로써, 드라마로써…사랑에 관한 좋은 작품으로써, 그리스도 중심의 가정으로써, 변화된 생활로써 전도할 수 있다."[13] 말과 행위는 함께 조화된다.

복음전도와 사회운동을 구별하는 적절한 방법은 목적이라는 용어이다. 복음전도는 불신자들로 하여금 하나님 나라의 복음을 받아들이게 하고, 예수 그리스도를 인격적인 구원자요 주님으로 믿게 하고 그분의 새로운 구속의 공동체에 들어오게 하는 것을 주된 목적으로 삼는 일련의 행위이다.[14]

사회운동은 구제, 계발, 그리고 구조적 변화를 통하여 사람들의 육체적, 사회 경제적, 그리고 정치적 복지를 향상시키는 것을 주된 목적으로 삼는 일련의 행위이다.

물론, 실제 생활에서, 이 두 가지 일련의 행위는 좀처럼 깔끔하게 그리고 명확하게 구별되지 않을 수도 있다. 예수님을 사랑한다고 알려진 사람들은 종종 공개적으로 예수님의 이름으로 사회운동을 한다. 빈번하게, 같은 프로그램 내의 같은 사람들이 구제와 개발을 제공하면서 동시에 또한 불신자에게 그리스도를 영접하도록 초청한다. 더군다나, 내가 앞으로 말하려는 바처럼, 이 밀접한 상호관련성은 대개는 매우 바람직한 것이다. 그러나 복음전도와 사회운동이 빈틈없이 상호적 관계를 이룬다는 사실이 그 둘이 동일한 것임을 의미하지는 않는다.

---

[13] Stott, "The Biblical Basis of Evangelism," in Douglas, ed., *Let the Earth Hear His Voice*, 69.

[14] 유사한 정의를 다음에서 보라. William J. Abraham, *The Logic of Evangelism* (Grand Rapids: Eerdmans, 1989), 95. Stott, *Christian Mission*, 38-40. 『현대기독교선교』(성광문화사). Stott는 복음주의를 정의하는 것은 결과가 아니라 메시지에 의한 것이라고 역설한다. Wagner, *Church Growth*, 55-57참조. 로잔운동은 복음주의의 목적이 제자들을 만드는 것이라고 결론지었다.

본래의 목적을 동일한 행위의 다른 관련 있는 **차원**들로부터 구별하는 것이 도움이 된다. 올랜도 코스타스(Orlando Costas)는 그의 사후에 출판된 자신의 저작에서, 교회가 행하는 모든 사명에 복음전도적인 **차원**이 존재한다는 설득력 있는 주장을 했다.[15] 예배의 본래의 목적은 하나님을 찬양하는 것이다. 그러나 정통파가 특히 주장하는 대로, 예배는 강력한 전도적인 차원을 가질 수 있다.[16] 그리스도의 몸 안에서 공유하는 기본적인 목적은 단지 예수님의 새로운 구속의 공동체가 되는 것이다. 그러나 순전한 기독교인의 공동체가 지닌 아름다움과 선함이 상처 입은 세상을 끌어당기는 것처럼 교회 내에서 상호간의 사랑과 보살핌은 빈번하게 중요한 전도적인 차원을 가지고 있다.

유사하게, 사회운동의 본래적인 목적은 하나님의 형상으로 창조된 사람들이 그들 평생에 창조주가 의도하신 온전함의 더 많은 것을 누릴 수 있도록 기근을 막고, 가난한 사람들에게 능력을 주고, 사회구조를 개선하는 것이다. 비록 그들이 결코 그리스도를 고백하지 않는다 할지라도, 이 개선된 물질적 온전함은 창조주께서 바라시는 선한 것이다. 사회운동은 일정한 전도의 차원과는 동떨어진 그 자체만의 완전성과 가치를 가진다. 동시에, 창조주께서도 역시 모든 사람과 영원한 친교 안에서 살기를 고대하심을 알고 있는 기독교인은 역시나 그리스도의 이름으로 기독교인에 의하여 이루어진 사회운동이 비록 양식이나 정의를 제공하는 일차적인 (혹은 유일하게 타당한) 이유는 아니라 할지라도 분명 복음전도적인 차원을 갖게 될 것이라는 사실로 인해 기뻐할 것이다.

나는 올랜도 코스타스의 의견에 동의한다.

---

15 Costas, *Liberating News*, 136ff.
16 James J. Stamoolis, *Eastern Orthodox Mission Theology Today* (Maryknoll: Orbis, 1986), 특히 11장을 보라.

교회가 하는 모든 것이 복음전도는 아니다. 교회는 몇 가지 선교적인 과제들에 착수할 소명이 있다. 그러나, 교회가 존재하고 행하라고 보냄 받은 모든 것은 복음전도적 차원을 가진다…누구도 교회의 다양한 선교적 과제들과 복음전도를 혼동해서는 안된다. 그럼에도 불구하고, 우리는 이 모든 과제들의 복음전도적인 잠재력을 알아야만 한다.**17**

코스타스는 사실상 "로잔 세계복음화대회"와 WEF의 지원으로 1982년 6월 그랜드래피즈(Grand Rapids)에서 열린 "복음전도와 사회적 책임의 관계에 관한 회담"(CRESR)의 보고서에서 사용된 것들과 일치하는 구분들을 사용하고 있다.

"복음전도는, 본질적으로 사회적 **목적**을 가지고 있지 않을지라도, 그럼에도 불구하고 사회적 **차원**을 가지며, 동시에 사회적 책임은, 비록 그것은 본질적으로 복음전도의 **목적**을 가지고 있지 않지만, 그럼에도 불구하고 복음전도의 **차원**을 가진다."**18**

복음전도는 사회운동과 동일한 것이 아니지만 기독교인들은 그 모두를 하라고 부름 받았기 때문에, 우리가 그 두 가지를 말하고자 할 때는 더 광범위한 용어가 필요하다. 나는 **선교**(mission)라는 용어가 이 설명에 가장 유용하다는 존 스토트의 의견에 동의한다.

선교는 하나님이 행하시는 모든 것이나 교회가 행하는 모든 것을 지칭하지 않는다. 창조주 하나님은 우리의 행위에 의존하지 않고 세상을 유지하신다. 그 하나님의 행위는 교회의 사명의 일부가

---

17 *Liberating News*, 136. 그의 초기 사상은 수정된 듯하다.
18 *Evangelism and Social Responsibility: An Evangelical Commitment* (LCWE and WEF, 1982), 24(여기서부터 CRESR로 인용). 이에 대해 비겁한 진술이라고 분류하는 Kirk(*New World*, 105)와 달리, 나는 그것을 명료성의 결과라고 생각한다. CRESR의 그에 관한 유사한 진술들에 대해서는 다음을 보라. Leslie Newbigin, *One Body, One Gospel, One World* (London: IMC, 1958), 43. 그리고 Nazir-Ali, *From Everywhere to Everywhere*, 182-85.

아니다. 교회는 또한 예배, 기독교 교육, 그리고 공동체의 양육과 같은 많은 중차대한 내부적 임무들을 가지고 있다. 그것들은 모두 중요하며 그 모두가 복음전도와 사회운동 양쪽과 관계하는 중요한 차원을 가진다. 그러나 각각의 본연의 목적은 교회 내에서의 생활과 관계하는 것이지 세상 속에서의 사명에 관계하지 않는다.

사명은 "교회가 세상 속에서 행해야 할 모든 것"[19]을 지칭한다. 예수님은 말씀하신다.

> 아버지께서 나를 보내신 것 같이 나도 너희를 보내노라(요 20:21).[20]

분명한 것이 있다면, 그것은 예수님이 전도와 치유 모두를 행하셨다는 것이다. 예수님은 자신이 복음을 선포하고 섬기기 위해 오셨다고 분명하게 말씀하셨다(막 10:45).[21] 만약 우리가 예수님과 동일한 방식으로 보냄을 받았다면, 세상 속에서 우리의 사명은 복음전도와 사회적 책임을 모두 포함한다.[22]

하지만 어느 쪽이 더 중요한 것인가?

---

19 Stott (at Lausanne I), "The Biblical Basis of Evangelism," in Douglas, ed., *Let the Earth Hear His Voice*, 68.
20 요한복음 20:21의 이러한 사용에 대한 David J. Hesselgrave의 비판은 다음을 보라. "Holes in Holistic Mission," *Trinity World Forum* (spring 1990): 1-5(특히 4). 나는 다음의 John Stott의 응답에 동의한다. "An Open Letter to David Hesselgrave," *Trinity World Forum* (spring 1991): 1-2.
21 Stott, *Christian Mission*, 16-25. 『현대기독교 선교』(성광문화사).
22 Arthur Johnson은 신랄하게 Stott를 비판했다(*Battle for World Evangelism*, 300-306에서). 그러나 그의 주장들은 설득력이 없으며 복음주의운동의 주류는 Stott의 입장을 수용했다. 다음을 보라, CRESR, *the Manila Report*(from Lausanne II in 1989), 그리고 Kwame Bediako, "Evangelization and the Future of Christian World Mission," in Samuel and Hauser, eds., *Proclaiming Christ*, 56.

2. 왜 복음전도가 가장 중요한가?

로잔언약(1974년)과 "복음전도와 사회적 책임의 관계에 관한 회담"(CRESR) 보고서(1982)는 복음전도와 사회적 관심 모두 기독교인의 사명의 중요한 방향이지만, 복음전도가 가장 중요하다고 역설한다. 그렇다면, 그것은 어떤 의미에서 그러한가?

1982년 그랜드래피즈에서의 열띤 논의를 통해서 나는 분명하게 **최우선성**이라는 문제가 사실상 다섯 가지 부수적인 질문들로 이루어져 있음을 알게 되었다. (1)논리적 질문: 기독교인들 없이 기독교인의 사회적 책임이 수행될 수 있는가? (2)존재론적인 질문: 이 세상의 어떤 것이라도(혹은 모든 것이) 영생으로 인도하는 하나님과 생명의 관계만큼 중요한 것이 있는가? (3)소명에 관한 질문: 기독교인들은 각각 다른 소명을 받았으며, 그렇기 때문에 각각 나름대로 자신들의 시간을 적절히 배분하지 않는가? (4)시간적인 질문: 긴급한 상황(예:파괴적인 홍수)은 특별한 경우에 우선적으로 행할 일이 무엇인지 결정하는 데 영향을 미치지 않는가? (5)자원에 관한 질문: 부족한 시간적 자원, 인적 자원, 금전적 자원을 어떻게 적절히 배분할 것인가? 복음전도의 최우선성이라는 질문에 대해 주의 깊게 생각해보려면, 이 질문들을 각각 검토해 보아야 한다.

1) 논리적 질문

당신이 기독교인이 아니더라도 기독교적 사회책임을 가질 수 있는가? 이것은 우리가 아주 잠시 단 한번만 이야기해도 나타나는 매우 간단하고 명백한 요점이다. 그러나 분명 우리가 **기독교적 사회책임**을 가져야만 한다면, 하나님이 기독교인들을 만드시는 수단인 복음전도가 선행되어야만 한다다. 그런 의미에서, 한 사람을 전도하는 것은 논리적인 동시에 시간적으로 **기독교적** 사회운동을 하는 그 사람의 행위들 보다 선행하는 것이다.[23]

2) 존재론적 질문

세상에 어떤 것이, 심지어 세상 모든 것이라도 영생만큼 중요하겠는가? 이것은 최우선성에 관한 질문의 핵심이다.

그렇지 않다고, 즉 영생을 잃어버리는 것보다 천하를 잃어버리는 것이 더 낫다고 말한다고 해서 영혼은 선하고 육체는 악하다고 말하는 것은 아니다. 그것은 건강, 음식, 역사에 있어서 정의의 탁월한 중요성을 무시하는 것이 아니다. 하지만 모든 세대의 기독교 순교자들은 자신들의 생명으로 고백했다. 하나님께 순종하고 하나님과 더불어 영원히 사는 것은 음식, 건강, 심지어 장수를 누리는 것보다 더욱 중요하다.

그것은 분명 예수님이 우리에게 마가복음 8:34-38의 말씀으로 가르치고자 하셨던 것이다.

> 무리와 제자들을 불러 이르시되 누구든지 나를 따라오려거든 자기를 부인하고 자기 십자가를 지고 나를 따를 것이니라 누구든지 자기 목숨을 구원하고자 하면 잃을 것이요 누구든지 나와 복음을 위하여 자기 목숨을 잃으면 구원하리라 사람이 만일 온 천하를 얻고도 자기 목숨을 잃으면 무엇이 유익하리요 사람이 무엇을 주고 자기 목숨과 바꾸겠느냐 누구든지 이 음란하고 죄 많은 세대에서 나와 내 말을 부끄러워하

---

[23] 이것이 "기독교인들만이 복음전도의 결과로서 사회적 관심을 인식하게 되고 참여하게 된다"(*New World*, 91)는 것을 의미한다는 Kirk의 반대는 분명한 오류이다. 불신자들은 기독교인들이 되기 전에 이미 강력한 사회적 관심과 탁월한 사회적 참여를 할 수 있다. 그러나 그들의 행동은 이런 사람들이 복음을 듣고, 그리스도를 영접하고, 그들의 사회운동이 그리스도께 대한 그들의 헌신의 일부가 되기까지는 기독교적인 사회적 관심일 수는 없다(비록 그것이 하나님을 기쁘시게 하고 이웃을 돕는 탁월한 행동이라 해도).

9. 복음전도와 사회운동의 구분 267

> 면 인자도 아버지의 영광으로 거룩한 천사들과 함께 올 때에 그 사람
> 을 부끄러워하리라(막 8:34-38).

예수님은 우리에게 돈이든지, 명예든지, 권력이든지, 이 세상의 것들을 얻기 위하여 그분과 그분의 복음을 포기하지 말라고 경고하신다.

> 몸은 죽여도 영혼은 능히 죽이지 못하는 자들을 두려워하지 말고 오직
> 몸과 영혼을 능히 지옥에 멸하실 수 있는 이를 두려워하라(마 10:28).

비록 우리가 세상에서 얻었다 할지라도 그리스도께 등을 돌린다면, 그것은 가장 어리석은 짓임에 틀림없다. 그 결과는 최후의 심판 때에, 인자이신 예수님이 우리에게 등 돌리심으로 나타날 것이기 때문이다.

이 세상 그 무엇도 영생만큼 중요한 것은 없다. 나는 온 우주의 사랑과 선함의 유일한 원천이신 하나님으로부터 영원히 떨어져나가기 보다는 차라리 굶어 죽거나 고문으로 죽는 것을 선택할 것이다(고후 4:16-18). 풍요롭고 안락한 서구의 사람들은 이런 말을 너무 쉽게 한다. 이런 말을 할 때마다, 우리는 기근과 불의를 끝내기 위해 희생적으로 노력해야 할 책임감을 새롭게 다짐해야 한다. 사회운동은 아무리 선하거나 광범위하다 할지라도, 그것만으로는 사람들로 하여금 영생으로 가는 길에 들어가게 할 수 없다. 오로지 우리가 복음을 나누어주고 사람들에게 그리스도를 영접하라고 초청하는 복음전도만이 그것을 가능하게 한다.

확실히, 몇 가지 의미 있는 분별력이 분명 존재하며 그 안에서 사회운동은 영원한 결과들을 갖게 된다.[24] 마태복음 25장은 우리가

---

[24] Kirk, *New World*, 92, 그리고 Graham King의 "Evangelicals in Search of Catholicity,"

배고픈 자들을 먹이지 아니하면, 우리는 지옥에 갈 것이라고 경고한다. 하지만 가난한 자들을 향한 예수님의 선한 사회운동이 영생을 자동적으로 얻게 하는 지극히 공로적인 의를 가르치려는 의도였다고 추측하는 사람은 거의 없을 것이다. 우리의 믿음은 우리의 행함으로 입증된다. 그러나 영생은 우리가 그리스도를 믿을 때 받는 선물이지 우리가 일정량의 훌륭한 사회운동을 함으로써 획득하는 어떤 것이 아니다.[25]

3) 소명에 관한 질문

각각의 기독교인은 얼마나 많은 시간을 복음전도와 사회운동에 사용해야 하는가? 기독교인들은 다양한 직업을 갖고 있다. 의사, 정치가, 목사, 교육가, 주부, 사업가, 전도사 등. 모든 직업의 모든 사람에게 모든 일에 똑같은 양의 시간을 쏟으라고 강요할 수는 없다. 전문화하는 것이 타당하다.

그것은 모든 기독교인이 오직 복음전도만 하거나 아니면 오직 사회운동만 해야 한다고 생각하라는 의미가 아니다. 모든 기독교인은 둘 다 일정부분 행해야 한다. 그러나 영적 은사에 관한 신약성경의 가르침은 주어진 영적 은사에 따라 자기 할 일을 전문화할 것을 권면한다(엡 4:11-12).[26] 관리의 영적 은사를 가진 사람들은 거기에 집중해야 하고, 복음전도에 영적 은사를 가진 이들은 그 영

Anvil 7, no.2 (1990): 120-121.
[25] (변혁된) 창조(롬 8장)와 나라들의 (정결케 된) 영광(계 21:24-22:2)이 도래하는 나라 안에서 함께 할 것이라는 것도 진실이다. 그러나 하나님이 자신의 형상으로 창조된 모든 각 사람이 구원받고 영생을 누리기를 고대하시는 방식으로 하나님이 새 예루살렘에 모든 특정한 나무 혹은 문명의 산물을 가져오기로 작정하신다는 성경적 언급은 전혀 없다. 앞의 각주 9번을 보라.
[26] Steuernagel, "Theology of Mission," 257.

역에서 대부분의 시간을 보내는 것이 타당하다.[27]

그러나 결정적으로, 모든 사람은 다른 사람의 소명의 중요성을 지지해야 한다. 복음전도자나 사회운동가가 자신의 소명이 더 중요하다고 주장할 때는, 분열되고 파괴된다.[28] 서로가 둘 다 서로의 사역의 중요성을 강조할 때, 교회는 축복과 연합을 이룬다.

4) 시간에 관한 질문

우리는 항상 절박한 물질적 요구에 응하기 전에 복음을 제시해야만 하는가? 오늘날 그렇게 주장할 만한 사람은 아무도 없을 것이다. 긴급한 시점에는, 그리스도를 전하기에 앞서 굶주린 사람들을 먹이고 헐벗은 사람들을 입히는 것이 전적으로 타당하다. 그렇지 않을 때에는, 일정한 사회운동에 착수하기 전에 주님을 영접하도록 사람들을 초청하는 것이 적합할 것이다. 이런 판단의 여부는 상황에 따라 달라진다.[29]

5) 자원에 관한 질문

복음전도와 사회운동이 동일하지 않다면, 우리는 우리의 한정된 시간, 돈, 그리고 일손을 어떻게 나누어야 할지 결정해야만 한다. 더 많이 배정되어야 하는 쪽은 복음전도인가 사회운동인가?

어떤 이들은 우리가 둘 다 할 수 있기 때문에 이런 선택은 타당하지 않다고 주장했다.

---

[27] 또한 사도행전 6:1과 CRESR, 21의 논의 참조.
[28] Peter Wagner (*Church Growth*, 4장)는 동의한다.
[29] 그러므로 Wagner가 모든 다른 사람이 자신들의 사명을 가장 중요한 것으로 생각하는 것이 선하다고 말하는 것은 당혹스러운 일이다(*Church Growth*, 189).

> 비록 우리가 육체적 굶주림과 영적 굶주림의 만족 사이에서 선택해야
> 한다 할지라도, 이웃에 대한 진정한 사랑은 우리가 그들을 전인적으로
> 섬기도록 인도할 것이다.[30]

불행하게도, 그것은 실천 불가능한 손쉬운 답변이다. 우리가 무한한 자원들을 소유했다거나 모든 프로그램이 완벽하게 결합된 복음전도와 사회운동을 지원할 수 있다면, 그 쉬운 대답을 실천하게 될 것이다.

사실상, 여러 훌륭한 복음전도 프로그램들(학생전도 또는 빌리그래함 사단)은 직접적 사회운동은 극히 미미한 부분만을 포함하고 있다. 유사하게, 많은 훌륭한 사회운동 프로그램(가난한 이들을 위한 "세상을 위한 양식"(Bread for the World)의 탁월한 정치적 사업)은 극히 미미한 직접적 복음전도 취지만을 갖고 있다. 그 프로그램들이 두 가지를 다 하지 않으니 잘못되었다는 것은 아니다. 그러나 우리는 선택을 해야만 한다. 그리고 안타깝지만 우리의 자원들은 매우 한정되어 있다. 최근 나는 우리 가정의 예산과 우리 교회의 예산이 뚜렷하게 제한적임을 확인했다. 그러므로 나는 매우 적은 양의 돈을 모두 학생 전도에 쓸 것인지, 아니면 가난한 자들의 권익을 보장하는 입법을 위한 로비에 모두 쓸 것인지, 그렇지 않다면 각각에 얼마씩을 쓸 것인지 선택해야만 했다.

나는 어떻게 결정해야 할까? 어떤 이들은 하나님이 사람들을 영생으로 인도하는 그리스도의 신앙으로 데려오기 위해 전도를 사용하시며, 반면 사회운동은 단지 이 지상의 삶을 개선하는 일이기 때문에, 복음전도에 우리의 한정된 자원의 대부분을 집행해야 한다고 주장할 것이다. 아무 것도, 절대적으로 아무 것도 영원 무

---

[30] Wagner, ibid., 110, 그리고 CRESR, 20-21. 그러나 이것이 장기간 편향성을 지속하는 총회나 교단들을 위한 구실이 되어서는 안 된다.

궁히 하나님과 더불어 영생하는 것만큼 중요한 것은 없다. 그러므로 우리의 시간, 돈, 그리고 일손의 대부분은 복음전도를 향해야만 한다고 그들은 주장한다.

그러나 그런 주장이 솔깃하게 들릴때면 나는 예수님을 생각하게 된다. 분명히 그분은 우리 보다 영생의 중요성을 더 잘 이해하셨던 분이다. 그러나 그분은 자신이 복음을 전할 수 있는 시간의 막대한 분량을 일 년, 십 년, 혹은 오십 년 안에 곧 썩어 없어지게 될 병든 육신을 치유하시기 위해 쏟으시기로 선택하셨다. 예수님의 전도와 치유에 할애된 복음서의 지면을 살펴보면, 예수님이 우리 시간과 여타 자원들의 대부분을 복음전도에 쏟아야 하며 인간의 육체적 필요를 채워주기에는 부스러기만으로도 충분하다고 생각하셨다는 것을 지지해 주는 근거는 어디에도 없다.

예수님은 모든 사람을 보살펴주셨다. 그분은 하나님의 용서와 육체적인 치유를 똑같이 풍부하게 베푸셨다. 분명 예수님은 영생을 얻는 것이 이 세상에서 모든 것을 얻는 것보다 더 중요하다고 가르치셨다. 하지만 그분의 말씀이나 그분의 본보기, 그 어느 쪽도 사람들을 하나님 나라로 초청하는 임무에 우리 자원의 대부분을 사용해야만 하며 사람들의 물질적 필요를 채우는 것은 부차적인 임무이기에 시간과 돈을 아껴야만 한다고 암시하지 않는다. 예수님은 분명히 많은 양의 시간과 에너지를 두 가지에 같이 쏟으셨다. 그리고 예수님은 우리의 유일하고 완전한 모범이시다. 만약 성육신하신 하나님이 복음전도에 헌신할 시간의 많은 부분을 병든 육신을 치유하기 위해 헌신할 수 있다고, 아니 **꼭 해야만 한다고** 생각하셨다면, 우리가 그분의 발자취를 따르지 않는 것은 불충한 제자들이 되는 것이다.

아마도 예수님이 최우선성에 관한 문제를 가장 근접하게 다루신 것은 한 서기관이 예수님에게 가장 큰 계명이 어느 것인지 물었을 때일 것이다(마 22:34-40, 막 12:28-34). 첫 계명은 마음을 다하여 하나님을 사랑하라는 것이라고 예수님은 대답하셨다. 그리고 두 번째는 이웃을 사랑하라는 것이다. "**이보다 더** 큰 계명이 없느니라"(막 12:31). 예수님은 하나님과의 바른 관계가 매우 중요하므로 이웃에 대한 사랑이 무시될 수 있음을 의미하신 것이 아니었다. 사실상, 마태의 설명에서 예수님은 두 번째 계명이 첫 번째 계명과 같다고(*homoios*), 즉 중요성에 있어서 첫 번째 것과 동등하다고 말씀하셨다.[31] 예수님은 구약성경에서 나온 대로 하나님에 대한 사랑이 이웃에 대한 사랑과 분리될 수 없음을 알고 계셨다. 그러므로 가장 큰 계명을 묻는 질문에 대한 예수님의 대답은 하나님에 대한 사랑과 이웃에 대한 사랑의 이중적이고 상호 연관적 계명이 다른 모든 계명보다 위에 있다는 것이다. "이 두 계명이 온 율법과 선지자의 강령이니라"(마 22:40).

그 대답을 시간, 일손, 그리고 돈의 자원들에 적용한다면, 나는 예수님의 모범이 복음전도와 사회운동 양쪽에 거의 동일한 양을 쏟을 것을 말한다고 믿는다. 그것은 엄밀하며 견고하여 변개될 수 없는 규칙은 아니다. 특수한 환경은 특수한 반응을 요구하게 마련이다.[32] 그러나 광범위한 시대에 걸쳐, 예수님의 모범을 따르기 원하는 회중들과 교단들은 복음전도와 사회운동 모두에 많은 양의 자원들을 헌신할 것이다.[33]

---

31 CRESR, 25.
32 Walter Bauer, *A Greek-English Lexicon of the New Testament and Other Early Christian Literature*, trans. William Arndt, F. Wilbur Gingrich, and Frederick Danker, 5th ed. (Chicago: University of Chicago, 1979), 566-67. 또한 Mott, *Biblical Ethics and Social Change*, 126를 보라. 『복음과 새로운 사회』(대장간).
33 예를 들면, 기독교인들이 인구의 큰 비중을 차지하게 될 때보다 일반적으로 아주 적은 수의 기독교인들이 있을 때, 대체로 정당한 구조들을 위해 일할 기회와 책임감을 더 적게 가지게 된다고 McGavran이 말한 것은 옳다. *Understanding Church Growth*, 26, 172-73을 보라. 『교회성장이해』(한국장로교출판사).

만약 어떤 이들이 한쪽 편에 좀 더 치중해 더 헌신해야 할 요청을 느낀다면, 가령 그들이 교회 건축을 지속하기보다는 오히려 다른 쪽의 일에 더 많이 헌신하고 있는 한, 나는 분명 반대하지 않을 것이다! 그러나 예수님의 모범을 따르는 것이 의미하는 바는 최근 수십 년간 몇몇 집단들은 거의 배타적으로 복음전도에만 몰두하고, 또 다른 집단들은 대부분 사회운동에만 전념했던 비극적인 편향성을 회개하고 포기하는 것이다.

그것은 또한 우리가 사회적 관심과 복음전도의 비율을 "최대치의 결과물이 발생하도록"[34] 조절해야만 한다는 교회성장 지도자 도날드 맥가브란의 제안을 거부하는 것을 의미하기도 한다. 단기간 교회성장을 극대화하기 위한 특정한 수지타산법이 척도가 아니라 예수님이 척도이시다. 만일 우리가 인종차별이 죄라고 말하지 못하고 보여주지 못한다면 한편으로는 단기간에 더 많은 백인 인종차별주의자들이 교회에 몰려들 수도 있다. 만약 복음전도자가 하나님은 버려진 불가촉천민들에 대해 특별한 관심을 가지고 계신다는 것을 가르치고 보여주는 데 소홀했다면, 인도의 더 많은 상위계급들이 단기간에 그리스도를 영접했을 수도 있다. 예수님이 제자도의 희생을 덜 단호하게 말씀하셨다면, 분명 큰 무리를

---

[34] Peter Wagner는(*Church Growth and the Whole Gospel*, 118-26) 1960-1990년대 학생자원운동과 주류 교회들의 쇠락의 역사는 복음전도의 지상명령에 우선권이 있음을 보여준다고 주장한다. 나는 양자의 쇠락에 대한 가장 중요한 이유는 양자에 대한 "동일한" 강조가 아니라 신학적 자유주의(그리고 그로 인하여 사회운동을 복음전도 보다 더 강조하는 경향)였다고 말하겠다. 사실상, Dean Hoge의 연구는 신학적 자유주의가 교회성장에 가장 부정적인 관계를 맺고 있음을 보여주었다("A test of Theories of Denominational Growth and Decline," in *Understanding Church Growth and Decline*, 1950-1978), ed., Dean R. Hoge and David A. Roozen (Philadelphia: Pilgrim Press, 1979), 191. 그리고 Wagner 자신은 다른 곳에서 "교회들이 복음전도의 지상명령 보다 문화 명령에 더 높은 우선권을 부여하지 않는다면 그들은 사회적으로 매우 활동적이면서도 여전히 왕성한 교인 성장을 누릴 수 있다"고 말한다(*Church Growth*, 123).

거느릴 수 있었을 것이다. 하지만 그 대신에 예수님은 그분의 인기가 막 커져가고 있었을 바로 그 때, 자신의 제자가 되기를 원하는 사람은 누구든지 모든 것을 포기할 준비가 되어야만 한다고 역설하셨다(눅 14:25-28).

더 나아가, 피상적인 그리스도의 제자들을 양산하는 단기간의 성공은 장기적으로는 재난을 불러올 것이다. 단기간의 교회성장이라는 전형적 수지타산법이 아니라, 성경적 가르침과 성육신하신 하나님의 모범에 충실함으로 복음전도와 사회운동에 대한 우리의 균형을 결정해야만 한다.

전도는 기독교적 사회운동과 비교해보았을 때 논리적 우선권을 소유한다. 복음전도의 훨씬 더 중요한 결과인 영생은 세상에서 그것과 필적할 수 있는 것은 아무 것도 없을 만큼 대단히 중대한 것이다. 그러나 그것이 모든 사람이 소명과 무관하게 적어도 자신들의 시간의 51퍼센트를 직접적인 복음전도에 헌신해야 함을 의미하지는 않는다. 마찬가지로 그것은 우리가 굶주리고 있는 사람들에게 양식을 주기 전에 먼저 그리스도를 영접하도록 초청해야만 한다는 의미도 아니다. 그러나 진실로 예수님을 따르고자 한다면, 기독교의 성도들과 교단들은 자연히 열정적으로 많은 양의 자원들을 복음전도와 사회운동 모두에 헌신하게 될 것이다.

chapter 10

분리할 수 없는 협력

> 복음과 선행은 분리될 수 없다.
> — 마닐라 선언(MANILA MENIFESTO)

존 퍼킨스(John Perkins)와 그의 아내 베라 메 퍼킨스(Vera Mae Perkins)와의 만남은 나의 삶에 있어 특별한 축복이었다. 그들은 내가 이 책에서 변론하는 일종의 성육신적인 하나님 나라의 기독교를 살아낸 사람들이었다.[1]

존 퍼킨스는 젊은 시절 미시시피 시골의 인종차별과 직면하기를 회피했다. 그러나 회심한 이후 존과 베라 메는 복음대로 살며 복음을 전파하기 위해 멘덴홀(Mendenhall)의 작고 고립된 마을로 이사했다. 먼저 그들은 고등학교에 복음을 전하는 성경클럽들을 조직했다. 그리고는 그들의 특별한 도움을 필요로 하는 흑인 학생들이 얼마나 많은가를 알게 되자, 가정교사 프로그램을 시작했다. 그들이 복음을 전하던 이들의 필요에 이처럼 깊은 주의를 기울이

---

1 Perkins의 *With Justice for All*을 보라.

다 보니, 주거 프로그램, 의료 상담, 그리고 협동조합 사업을 펼치게 되었고, 심지어 정치적 참여까지 이르게 되었다.

이 모든 것을 통해, 존과 베라 메는 회심한 지도자들의 새로운 세대를 양육하고 교회를 세워나가면서, 사람들을 그리스도께로 계속해서 인도했다. 그들에게 있어서, 복음전도와 사회적 관심은 분리되어 존재할 수 없는 동반자의 관계와도 같은 것이었다.

복음전도와 사회운동은 지난 9장에서 내가 말한 것보다 개념적으로나 실제의 생활에서나 모두 훨씬 밀접한 관계를 가지고 있다. 복음전도는 사회운동과 동일하지 않음을 역설하기 위해서, 나는 그것들이 구분되는 방식을 강조했었다.

이제 나는 복음전도와 사회운동이 얼마나 불가분리적으로 묶여 있는가를 보여주고 싶다. 실제 생활에서, 그것들은 존과 베라 메 퍼킨스의 사역 그리고 시카고에 있는 반석/서클선교회(Rock/Circle Ministries)의 복합적인 사역에서처럼 매우 밀접하게 연관된다. 그리고 심지어 특정한 기관들이 고유하게 한 가지 또는 다른 것에 주로 초점을 맞출 때조차도, 거기에는 수많은 상호적 관계들이 존재한다. "복음과 선행은 분리할 수 없다"고 "마닐라 선언"(*Manila Manifesto*)은 말한다.[2]

나는 상호관계성에 있어서 다룰 수 있는 다섯 가지 상세한 영역들을 설명하고자 한다.

---

2 *Manila Manifesto*, 4항. "마닐라 선언"의 입안자들은 분명 나와 마찬가지로, 복음전도와 사회운동이 서로를 배제하고는 결코 이루어질 수 없다는 것을 의미하지 않았다. 나는 불가분의 파트너십에 의하여, 그것들이 매우 밀접하게 상호관련되는 수많은 방식들이 존재한다는 것을 의미한다. 또한 다음을 참조. Samuel Escobar, "The Social Responsibility of the Church in Latin America," *Evangelical Missions Quarterly*(spring 1970): 144-45, "Statement of the Stuttgart Consultation on Evangelism" (1989), in Samuel and Hauser, eds., *Proclaiming Christ*, 215, 그리고 David Evans, "Evangelism with Theological Credibility," in Wright and Sugden, ed., *One Gospel*, 33 (전반적인 동역에 관한 나의 견해는 Evans의 견해와 아주 유사하다).

1. 성경적 복음전도의 신학적 토대

진정한 성경적 복음전도는 복음전도가 사회운동과 불가분리적임을 보여주는 신학적 토대를 제공한다. 이것은 복음전도자가 예수님의 **상황적 성육신**의 유형을 사용하여 죄를 설명하고, 사람들에게 그리스도를 주님으로 영접하도록 초청하고, 그리고 이 두 가지를 모두 행하는 것과 같이 진실이다.

성경적 복음전도는 사람들에게 죄를 회개하라고 요청한다. 그것은 그저 몇 가지 개인적인 죄들을 목록으로 만들어서 회개하라는 것이 아니라 모든 죄를 회개하라는 것이다. 성경적으로 충실한 전도자는 찰스 피니(Charles Finney)가 사람들에게 회심자들은 노예제도의 사회적인 죄를 떠나라고 역설했던 방식으로 불의한 사회구조에 연루된 것을 회개하라고 요청할 것이다.[3] 인종차별, 성차별, 그리고 경제적 억압은 하나님께 대한 모욕이다.[4] 그러므로 죄에 대하여 단지 성경적으로 충실한, 복음전도의 설교를 행하는 것만으로도, 전도자는 불의한 구조들에 도전하는 것이다. 인격적인 죄와 사회적인 죄 양자의 회개에 동일하게 주목함으로써, 전도자는 이미 사회운동과의 강력한 연결을 만들어낸다.

유사하게, 사람들에게 예수 그리스도를 구원자요 주님으로 영접하라고 요청하는 전도자는 사회운동이 뿌리내릴 수 있는 토대를 다시 세우는 것이다. 예수님의 주되심은 복음의 일부이다(고후 4:3-5).[5] 그를 주님으로 영접하는 것은 그저 주일 아침과 가정생활

---

[3] Donald Dayton, *Discovering an Evangelical Heritage* (New York: Harper, 1976), 19. 『다시보는 복음주의 유산』(요단출판사).
[4] Richard J. Mouw, "Evangelism and Social Ethics," *TSF Bulletin* (January-February 1982): 7.
[5] 로마서 10:8-16, 빌립보서 2:9-11. 또한 Stott, *Christian Mission*, 54참고. 『현대기독교선교』(성광문화사).

만이 아니라, 자신의 삶의 모든 방면에서 순복하는 것을 의미한다. 성경적 전도자는 예수님에게 나아오는 것은 주님을 침실뿐만 아니라 중역실의 주인이 되게 함을 의미한다고 설명할 것이다.

더 나아가, 진정한 복음전도는 복음을 전도대상자의 모든 상황에 적용하는 성육신적이며, 상황적인 전도이다. 예수님은 죄인들과 거리를 두고 말씀을 던지지 않으셨다. 그분은 그들 사이에 사셨고 하나님 나라의 좋은 소식이 현실체제의 근본적인 변화를 어떻게 가져오는지 본을 보이셨다. 비나이 사무엘(Vinay Samuel)과 크리스 수든(Chris Sugden)이 역설하듯이, 전도자가 사람들에게 "그들이 살고 있는 모든 상황 속에서" 복음이 어떻게 도전하는지 보여주지 않는다면, 복음의 충실한 선포자가 아니라, 무익한 외판원일 뿐이다.[6] 1979년 국제 아동의 해에, 국제적으로 원조를 받고 있는 스물 한 개의 선교 기관들이, 4천만의 인도 어린이들을 착취하는 아동노동의 죄에 대해서는 전혀 논의하지 않으면서 인도에서 어린이 전도를 했다는 것은 놀랍지 않은가?[7]

2. 복음전도는 사회운동을 촉진한다

둘째, 성경적 복음전도는 사회운동을 초래하는 동시에 목적으로 한다.[8] 역사가 성령의 능력으로 거듭난 새로운 기독교인들이 강력하게 변화되고 그 결과로 인해 역사를 변화시키는 것을 반복적으로 보여준 것은 사회운동이 복음전도의 결과임을 의미한다고

---

[6] Samuel and Sugden, *Christian Mission in the Eighties: A Third World Perspective* (Bangalore: Partnership in Mission-Asia, 1981), 12.
[7] Ibid., 25.
[8] 이것이 CRESR(21-22)이 말한 복음전도의 결과로서의 사회운동의 의미이다.

볼 수 있다.⁹ 나의 절친한 친구 제임스 데니스(James Dennis)의 개인적인 사례에서부터 존 웨슬리의 부흥운동에서 변화된 수십만 명, 복음에 의해 숙명적인 불가촉천민에서 오늘날 인도의 자신감 있는 참여자로 변화된 수백만 명에 이르기까지, 그 증거는 명백하다.¹⁰ 복음은 변화된 성품과 행동으로 세상을 바꾸는 새로운 사람들을 창조한다.

궁극적으로, 우리가 살고 있는 세계의 문제들은 하나님에 대하여 반역한 죄에 근거한다. 약물중독자들이나 성적으로 무책임한 죄인들이 회심할 때, 사회는 개선된다. 압제자들이 인종차별과 경제적 불의를 회개할 때, 사회는 개선된다. 새로운 사람들은 더 나은 사회를 창조한다.

불행히도, 이것들 중 그 어느 것도 저절로 되는 것은 없다. 기독교인들이 복음의 사회적 의미들에 대하여 배우지 않는다면, 그들은 사회에 적극적인 영향을 거의 끼치지 못할 것이다. 새로운 회심자들이 저절로 사회악들을 바로잡기 시작한다고 주장하는 것은 순진한 몰상식이다. 남침례교 전도자 델로스 마일스(Delos Miles)는 한 교회의 저명한 교인이 은행으로 달려가서 가난한 사람들에게 대출하는 것에 항의한 일을 묘사한다.¹¹ 또 다른 저명한 교인은 가난한 사람들에게는 엄청난 고금리의 대출을 시행하라고 대출담당직원에게 명령했다! 나는 이 소위 "거듭난" 교회 기둥들이 가난한 자들에 대해서 게으르고 무능하다고 비난하지는 않았을런지 몹시 궁금하다. 두 사람 모두 자신들은 가난한 자들을 돌보아 주었다고 말했을지도 모른다. 그들은 자신들의 행동이 억압적임을 인식하

---

9 6장의 177-185쪽을 보라.
10 또한 Philippe Maury, *Politics and Evangelism* (Garden City, N.Y.: Doubleday, 1959), 107을 보라.
11 Delos Miles, *Evangelism and Social Involvement* (Nashville: Broadman, 1986), 132.

지 못했다. 성경적인 전도자는 기독교인이 된다는 것은 전향한 삶의 양식대로 살며 전향한 사업실천을 약속하는 것을 포함한다고 역설할 것이다.

선교사들 역시 충만한 성경적 진리를 새로운 회심자들과 함께 나누지 못하는 일이 비일비재하다는 사실은 비극이다. 나는 일전에 위클리프 성경번역선교회(Wycliffe Bible Translators)의 한 사람과 격한 논쟁을 했었다. 우리가 때때로 아모스의 번역은 뒷전인 채 로마서만을 번역한다고 내가 말했기 때문이다.[12] 만약 우리가 가난한 사람들 중에서 새롭게 회심한 사람들에게 칭의 뿐만 아니라 정의에 대한 진리를 함께 가르친다면, 그들은 즉시 그들의 억압적인 사회적 구조들에 그것을 어떻게 적용할지 알게 될 것이다. 가난하고 억눌린 자들에게 있어 자신들의 죄를 위해 죽으신 그분이 불의한 구조를 혐오하는 가난한 이들의 하나님이시라는 충만한 성경적 메시지 보다 그들을 더 자유롭게 하는 것은 아무 것도 없다. 충분히 성경적인 방식으로 이루어졌을 때, 복음전도는 죄에서 돌이켜, 새로운 삶을 살며, 새로운 존엄성과 가치를 경험하며, 결과적으로 그들이 이제 알고 있는 바, 그들의 마음에 살아계시며 세상에서 통치하시는 성경의 하나님의 이름으로 억압의 구조들에 도전하는 새로운 사람들을 창조한다. 사회운동은 복음전도로부터 결과한다.

사회운동은 또한 복음전도의 한 목표이다. 한편으로 그리스도는 "선한 일을 열심히 하는" 자기백성을 창조하기 위해 우리를 구속하셨다(딛 2:14). 우리는 "그리스도 예수 안에서 선한 일을 위하여 지으심을 받은" 것이다(엡 2:10). 복음전도는 사회운동을 낳는 동시에 사회운동을 목적으로 한다.

---

[12] 선교사들은 "현존하는 정부들에게 하나님이 정하신대로 순종을 가르쳐야 한다"는 Donald McGavran의 진술(*Understanding Church Growth*, 292)을 참고하라.

3. 교회의 일상생활이 사회를 형성한다

교회가 참으로 자신이 전파하는 바의 본보기가 되어 인종차별, 계급상의 편견, 그리고 억압이라는 죄악의 장벽들을 진정으로 깨뜨릴 때, 교회는 그 존재만으로도 광범위한 사회에 강력한 영향을 끼친다.[13] 리처드 니버(Richard H. Niebuhr)에 따르면, 교회는 "사회의 개척자"이다. 교회가 사회운동에 종사할 때, 교회는 "사회적 책임의 최상의 형태"를 표현한다.[14]

교회 내부의 생활은 또한 "구체화된 전도의 말씀"이다.[15] 로잔회의 석상의 정식연설에서, 마이클 그린은 초대교회의 일상생활이 지닌 놀랄만한 복음전도의 파급효과를 강조했다:

> 이 기독교인들은 고대사회의 모든 색채, 모든 계급, 그리고 모든 불가촉천민들을 포용했다…그들이 서로간의 필요를 보살핀 것은 고대사회에서 회자되었다. 사람들이 이 기독교인들이 서로 어떻게 사랑하는지를 보았을 때…그들은 예수님의 메시지에 귀를 기울였다…기독교인 회중안의 교제가 사회의 다른 어느 곳에서건 발견될 수 있는 것에 비해 탁월한 것이 아니라면, 기독교인들이 목이 쉴 때까지 예수님의 변화시키는 사랑과 능력에 대해 이야기한다 하더라도 사람들은 귀를 기울이려 하지 않는다.[16]

에베소서 3:1-7은 이런 실천적 진리를 위한 신학적 기초를 제공해준다. 에베소서 3:6에 따르면, 교회는 복음의 일부다! 에베소

---

[13] 이 세 번째 포인트는 사실상 전자의 하위개념이다. 왜냐하면 그것은 (복음화된)교회가 사회에 영향을 주는 방식을 다루고 있기 때문이다.
[14] H. Richard Niebuhr, "Responsibility of the Church for Society," in *The Gospel, the Church and the World*, ed. Kenneth Scott Latourette (New York: Harper, 1946), 130–32.
[15] Fackre, *Word in Deed*, 68. 또한 Kirk, *New World*, 103–4참고.
[16] Michael Green, "Methods and Strategy in the Evangelism of the Early Church," in Douglas, ed., *Let the Earth Hear His Voice*, 169.

서 2:11은 그리스도의 십자가가 어떻게 고대 세계의 최악의 민족적 증오를 극복하고 유대인과 이방인 사이의 적대감의 장벽이 극복된 곳 안에서 그리스도의 한 새로운 몸을 창조했는지 보여준다. 하나님은 그리스도의 속죄하심에 대한 믿음이라는 동일한 기초 위에서 모두를 받아들이셨기 때문에, 그들은 이제 하나이다.

그리고 3장에서, 바울은 그가 전하는 복음을 **신비**라고 계속해서 기술한다. 이 신비란 무엇인가? 6절은 이 신비를 정의 내린다. 그것은 다양한 인종의 신자들로 이루어진 한 몸이다!

> 이는 이방인들이 복음으로 말미암아 그리스도 예수 안에서 함께 상속자가 되고 함께 지체가 되고 함께 약속에 참여하는 자가 됨이라. **이 복음**을 위하여 그의 능력이 역사하시는 대로 내게 주신 하나님의 은혜의 선물을 따라 내가 일꾼이 되었노라(엡 3:6-7).

새로운 다인종적인 교회는 복음의 일부다.[17] 자신들의 일상생활이 곧 메시아 왕국이 역사 속에 침투했다는 가시적인 증거임을 나타내는 새로운 구속의 공동체가 하나님의 은혜에 의하여 지금 존재한다는 사실은 우리가 공유하는 좋은 소식의 일부이다.[18]

---

17 그것이 내가 동종의 교회들에 대한 Peter Wagner의 주장을 받아들일 수 없는 이유이다. Peter는 주장한다. "동종성(homogeneity)은 복음전도의 지상명령을 돕고, 이종성(heterogeneity)은 문화명령을 돕는다"(*Church Growth and the Whole Gospel*, 170). 피터는 주장하길, 복음전도는 더 중요하기에 동종의 교회들은 우리를 방해해서는 안 된다는 것이다. 그것은 두 가지 이유에서 잘못이다. 무엇보다도, 에베소서 3:1-17이 옳다면, 교회의 다인종적 특성은 복음의 일부이다. 단지 우리의 "문화명령"만이 아니라, 복음의 온전한 본질이 위험에 빠진 것이다. 둘째로, 위에서 내가 주장한 것처럼, 와그너는 "문화명령"에게 일종의 부차적인 역할을 부여하는 타당한 근거를 결여하고 있다.

18 Lausanne 1차 회의의 연설에서, Green은 "교회는 매우 실제적인 의미에서 복음의 일부이다"라고 말했다 ("Methods and Strategy," in Douglas, ed., *Let the Earth Hear His Voice*, 169). 복음주의와 로마 가톨릭의 대화에서, 이 의제에 관한 일치가 있었다. Meeking and Stott, eds., *Evangelical-Roman Catholic Dialogue*, 66.

교회가 자신들이 전하는 복음의 가시적인 증명이 될 때, 교회가 갖는 교제는 강한 복음전도의 차원들을 갖는다. 교회의 일상생활의 질은 교회의 주님께로 불신자들을 끌어당기는 매력이 있다.

유사하게, 교회가 교회이고자 할 때, 교회가 사회를 둘러싸고 있는 장벽을 초월하는 새로운 실재의 유형을 보여줄 때, 교회는 모든 사회적 질서에 누룩처럼 퍼져나간다.[19] 병원과 고아원은 궁핍한 이들을 돌보아주던 기독교인들 속에서 시작되었다. 주일학교는 아동노동착취에 시달리는 문맹의 어린이들을 위하여 읽기, 쓰기, 그리고 산수를 가르치는 장소로 시작되었다. 주일은 그들의 유일한 휴일이었다. 천천히, 더 넓은 사회가 병원에 가는 것과 보편적인 교육이 모든 사람이 향유해야 하는 선한 것들임을 깨닫게 되었다. 광범위한 사회악의 무지함이나 억압에 도전하는 살아있는 본보기는 사회적 변화를 가져온다.[20]

신약성경의 가르침을 충분하게 이행한 교회는 탐욕, 부패, 이기심, 그리고 인종차별에 의하여 심하게 깨어진 우리의 세상에게 강력하고 매력적인 대안을 제공할 것이다. 만약 남아프리카 혹은 북아일랜드의(또는 필라델피아 전체라도 상관없다) 모든 기독교인들이 서로를 진정으로 보살피고 초대 교회의 방식대로 인종과 경제의 분계선을 넘어서 자신의 시간, 그들의 돈, 그리고 그들의 삶을 서로와 함께 나누기 시작했다면 1980년에 무슨 일이 일어나겠는가

---

[19] Arthur Johnston이 타락한 사회는 결코 교회 안에서 거듭나게 하는 은혜로 사는 양상을 완전히 따를 수 없음을 우리에게 상기시키는 것은 매우 타당하다("The Kingdom in Relation to the Church and the World," in Nicholls, ed., *In Word and Deed*, 125). 은혜 때문에, 교회는 세상에 훨씬 앞서가야만 한다. 다른 한편, 일반은총과 일반계시의 실재는 심지어 불신자들로 하여금 많은 선행들을 행하게 할 수 있고 선한 유형들을 모방하게 할 수 있다(적절하지는 않다 하더라도).

[20] 예를 들면, 16세기 재세례파가 종교적 자유 그리고 교회와 국가의 분리를 위해 막대한 희생을 치른 것을 참고하라. 수천 명의 순교자가 희생되었고 수 세기가 걸렸지만, 근대의 세계는 마침내 그들의 관점을 수용했다. 예를 들어, Franklin Littell, *The Free Church* (Boston: Starr King Press, 1957)을 보라.

생각해보라. 전 세계의 모든 교회가 바울의 지침(고후 8:8-15)을 충만하게 준행한다면, 부자와 가난한 자가 심히 비극적으로 분열된 우리 세상에 어떻게 도전을 주겠는가 생각해보라. 일정한 직접적 정치활동과 완전히 동떨어져 있다 해도, 그 파급효과는 엄청날 것이다. 우리는 그리스도 안에서 모두 하나이기 때문에 유대인이나 헬라인이나, 흑인이나 백인이나 그리스도 안에는 차별이 없다는 충만한 성경의 가르침대로 날마다 살아가는 것보다도 더 혁명적인 일은 없을 것이다.

우리 교회들이 그 길로 먼저 이끌어나가지 않는다면 우리가 정부에게 변화하라고 요구하는 것은 아무런 소용이 없다. 예수님의 새로운 메시아적인 공동체로서 이해되는 교회는 수많은 최근의 기독교 사회운동에서 연결고리를 잃어버리고 말았다. 나는 주류 교회들이 60년대에 표출했던 인종 평등과 평화를 위한 굉장한 관심에 박수갈채를 보낸다. 그리고 복음주의 지도자들과 교회들이 미국으로 하여금 정의에 조금 더 가까이 움직이게 했던 마틴 루터 킹(Martin Luther King)의 울려 퍼지는 외침과 담대한 행동이 있었을 때 대부분 침묵했던 것을 나는 슬픔으로 고백한다.

그러나 적어도 백인 주류 교회 안에는 그 잃어버린 연결고리가 존재하고 있었다. 백인 목회자들은 정의와 평화를 위해서 행진하고 항의하기도 했다. 그들은 기독교인들, 심지어 평신도들조차 거부했던 악습을 법적으로도 금지하라고 강경하게 정부에 요구했다. 그들은 군대를 이끌지만 않았을 뿐 마치 장군들과도 같았다.

60년대 어느 날 저녁, 한 무리의 목사들이 인종차별을 배격하고자 시카고 변두리에 함께 모였다. 그들은 자신들이 살던 모든 백인 지역이 흑인들의 입장을 거부하는 것에 경악했다. 그리고 그들은 경제와 정치 지도자들이 이런 구조적인 배척의 배후에 있음을 알게 되었다. 그래서 그들은 유색인종 거주자들을 받아들이도록 정치가들과 기업가들에게 정치적 압력을 가하기 위한 전략을 짜기 위해 함께 모였다.

오랜, 열띤 논의 끝에, 한 참가자가 일어나서 모여 있는 목사들에게 색다른 질문을 했다. "여러분 교회의 교인들 중에는 시장도, 기업의 경영주도, 은행장도 없습니까?" 모든 사람들은 어리둥절해 했다. 아무도 그가 말하는 것과 그들의 정치적 전략화 사이의 연관성을 알아차리지 못했다. 사회의 인종차별에 대한 근본적인 대안의 본을 보여주는 첫 걸음은 그리스도 안에서 한 몸이 되어 일하는 것이어야만 한다는 것을 그들은 전혀 생각하지도 못했던 것이다.

기독교인 지도자들이 광범위한 구조적 변화를 요구하기 위해 정부에 요청할 때, 다음과 같이 말할 수 있다면 더 큰 완전함과 능력을 가지게 된다. "우리는 당신에게 입법하도록 요구하는 것을 이미 생활에서 실천하고 있는 기독교 공동체들을 대표합니다." 더 큰 지구촌 경제 정의를 충족하기 위해서, 제2, 제3세계를 향한 외교정책상 큰 대가를 치러야 하는 변화를 우리가 요구한다면 그것은 오직 우리 자신이 더 정당하고 생태적으로 환경이 보존된 지구를 지향하는 소박한 삶의 양식을 이미 구체화하기 시작한 기독교 총회들에 참여할 때에만 고결한 것이다. 핵무장 해제와 국제평화를 위한 우리의 요구는 오직 우리의 가정들과 교회들 안에서 평화와 하나됨이 자라나고 있을 때에만 고결한 것이다.

만일 내가 성령께서 나와 아내 사이에 치유를 그리고 내가 속한 총회의 일원들 사이에 하나됨을 제공하시도록 나의 힘으로 할 수 있는 모든 것을 행하지 않는다면, 내가 의원들이나 대표들에게 어떻게 국제사회 연합에 평화를 가져올 것인지 말하고 요구하는 것은 완전히 오만하고 어리석은 짓이다.

우리가 사회의 불의한 구조에 영향력을 끼칠 수 있는 것은 오직 하나님의 백성들이 진정으로 그리고 가시적으로 예수님의 새로운 대안적 사회가 되기 시작할 때에만, 오직 우리가 참으로 예수님의 새로운 나라의 근본적 가치들을 구현하기 시작할 때에만 가능한 것이다. 그러나 교회가 진실로 예수님의 새로운 가치들의 유형이 될 때, 교회의 신비롭고 새로운 실재는 광범위한 공동체에 폭발적 파급효과를 끼치게 된다.

남은 두 개의 요점은 어떻게 복음전도가 구속받은 사람들로서 사회에 영향을 끼치며 신자들의 구속받은 공동체가 총체적인 사회 질서에 효력을 미치는가를 명백히 밝혀준다. 때때로, 사람들은 이러한 영향력을 막연히 세상 속에서 기독교인의 믿음이 **흘러넘치는**(spill-over) 효과라고 일컫는다. 그러나 그런 이미지는 타당하지 않다. 그것은 너무 쉽사리 교회와 세상이 두 개의 아주 무관한 실재들이라는 개념으로 이끌어갈 수 있다. 분명 그것들은 구분되며 함부로 혼동해서는 안 된다. 그러나 교회가 예수님에게 충실할 때, 교회는 **흘러넘침**의 이미지가 시사해 주는 것 보다 훨씬 더 심오하게 세상에 침투한다.

예수님의 소금, 누룩, 그리고 빛의 이미지들은 더 역동적이고 강력한 것이다.[21] 그가 말한 각각의 이미지들은 교회가 세상 속으로 깊숙이 투과해 들어가는 모습을 가리키는 것이다. 빛은 어두움을 몰아낸다. 소금은 고기덩어리 속으로 스며들어간다. 누룩은 반죽덩어리 전체를 발효시킨다. 그들이 직접적으로 정치적인 일을 하지 않더라도, 진실로 하나님 나라 복음의 유형인 구속받은 백성들은 사회에 스며들어가서 사회를 변화시킨다.

---

21 마태복음 5:13-16, 13:33, CRESR, 34을 보라.

4. 사회운동의 복음전도적 차원

네 번째로, 사회적 관심은 또한 복음전도를 촉진한다.[22] 정반대로, 불의에 대한 교회의 침묵은 복음전도를 침식한다.[23] 사무엘 에스코바(Samuel Escobar)는 20세기 초 볼리비아에서 일하던 선교단체의 이야기를 들려주었다. 그들이 후아타자타(Huatajata)에서 토지를 빌렸을 때, 250명의 농노들이 토지와 함께 왔다. 그 농노들(aymaras)을 전도하려는 반복된 노력들은 실패로 돌아갔다. 1942년, 선교사들은 농노신분을 폐지했고 농노들에게 토지를 주었다. 교회는 성장하기 시작했다. 10년 후, 토지개혁을 위한 국가 정책이 광범위한 프로그램 지원을 위해 성공적인 후아타자타의 선교 단체의 실험을 인용했다. 그 후에, 교회는 농노들 가운데서 훨씬 더 급속한 성장을 이루었다.[24]

가난한 사람들에게 민감하고 그들을 사랑하는 모든 기독교인은 동일한 결과를 체험했다. 우리가 예수님의 이름으로 사람들을 돌보아줄 때, 우리의 긍휼의 행동들이 복음을 향하여 마음을 열게 한다. 우리가 가난한 사람들 편에 서서 그들을 위협하는 방식에 도전할 때, 그들은 그리스도께 돌아오라는 우리의 초청을 더 잘 받아들이게 된다.

분명 여기에 잠재적인 위험도 있다. 우리의 사회적 관심은 사람들을 기독교인으로 회심시키려고 사람들 입맛에 맞추어 함부로 고안한 편법이 되어서는 안 된다. 사회운동은 그 자체의 독립적인 정당성을 가지고 있다. 창조주께서 모든 사람이 선한 창조를 누리기를 원하시기 때문에 우리는 그 일을 행하는 것이다. 동시에, 우

---

[22] CRESR, 22-23은, 복음전도를 위한 "교량"으로서의 사회적 관심을 말한다.
[23] Samuel and Sugden, *Lambeth*, 73을 보라.
[24] Escobar and Driver, *Christian Mission*, 44-45.

리의 순수한 연민이 복음전도적인 차원을 가질 때, 우리는 기쁨을 누린다. 계속 되풀이하여 말하지만, 그것은 우리가 진실로 궁핍한 사람들을 보살펴 줄 때 그리고 정의를 갈구하는 억눌린 사람들 편에 설 때 일어나는 일이다.[25]

그러나 우리는 어려운 현실과 직면해야만 한다. 때때로, 불의한 구조에 대한 도전들은 교회성장을 일시적으로 둔화시킨다. 만약 1930년대에 주류 독일 교회가 확고하고도 강력하게 나치주의를 반대했다면, 혹독한 박해가 있었을 것이고 교회출석자도 단기간에 급격히 감소했을 것이다. 그러나 선지자적 충실함은 장기적으로 제2차 세계대전이 끝난 후 무더기로 기독교를 버렸던 세속의 유럽인들에게서 기독교 신앙의 신뢰성을 회복하는 데 도움이 되었을 것이다.[26]

5. 제자도와 환경

다섯 번째로, 사회운동은 복음전도의 열매들을 보호하는 것을

---

[25] Arthur Johnston은 또한 우리가 복음의 능력을 우리의 선한 사회운동에 주로 의지하게 만들어서는 안 된다는 데에 합당한 주의를 기울인다. Johnston이 주장한 대로, 복음은 심지어 우리가 그리스도의 충만한 긍휼을 보여주기에 실패한다 해도, 독자적인 진정성이 있다("The Kingdom", in Nicholls, ed., *In Word and Deed*, 303). 동시에 하나님은 타인들이 복음을 영접하는 데에 약간의 영향력을 끼치도록 우리의 충성심을 허용하시기로 선택하셨다. 예수님은 우리 서로간의 사랑과 보살핌이 그분이 아버지께로부터 오셨음을 세상이 확신하게 만드는 것이라고 말씀하셨다(요한복음 17:20-23). 사도행전 6:1-7에서, 작은 자들의 물질적 궁핍에 대한 관심을 나타낸 것이 교회를 성장으로 이끌었다.

[26] 나는 공적 교회 구조가 모든 혹은 심지어 대부분의 기독교 정치 참여를 위한 올바른 제도적 위치에 있다고 주장하는 것은 아니다. 종종 사회참여적 복음주의운동(Evangelicals for Social Action) 혹은 세상을 위한 양식(Bread for the World)과 같은 패러처치(parachurch) 구조가 더욱 적절하다.

10. 분리할 수 없는 협력 **289**

도울 수 있다.[27] 만약 도심 속의 회심자들이 모든 합법적인 일자리가 외곽 지역으로 옮겨가 버렸고 마약 운반만이 버젓한 생활을 위한 유일한 방법처럼 보이는 사회적 환경으로 내몰리는 상황이 온다면, 엄청나게 많은 죄의 유혹이 있을 것이다. 수많은 여타의 사회 문제들에 대해서도 유사하게 말할 수 있다. 구세군(Salvation Army)의 설립자, 윌리엄 부스(William Booth)는 "악행이 선행보다 막대한 이익을 가지게 만드는" 환경들에게 유죄판결을 내렸다. "무신론적인 삶에 힘을 실어주는" 그러한 환경들에 그는 맞섰다.[28] 도심 속에서 좋은 일자리를 창조하고 마약 사용을 제거하는 사회운동은 새로운 회심자들이 더 쉽게 예수님의 신실한 제자들이 되도록 만들어줄 것이다.

복음전도와 사회운동은 불가분리적으로 상호 연관되어 있다. 각각은 서로를 이끌어준다. 그들은 서로 상호적으로 지원한다. 실천적 부분에 있어서도 자주 그렇게 서로 엮이어 있다. 그래서 그것들을 따로 떼어놓는 것은 어리석고 무익하며 심지어 파괴적인 일이다.[29] 복음전도와 사회운동은 구분되며, 자원들을 똑같이 받을 만한 가치가 있으며, 불가분리적으로 상호 연관되어 있다.

이 성육신적 하나님 나라로서의 기독교가 가지는 온전한 사명의 다섯 번째 양상은 2장에서 개괄했던 처음 세 가지 양상들의 약점들은 피하는 동시에 강점들은 포함하고 있다.[30] 또한 초래되는

---

27 Mott, *Biblical Ethics and Social Change*, 125-26. 『복음과 새로운 사회』(대장간).
28 Ibid., 126에서 인용.
29 결과적으로, 우리는 마치 사회운동과 복음전도가 총체적으로 무관한 것들인 것처럼, 단순히 사회운동에 복음전도를 덧붙이거나 아니면 그 반대라는 식으로 생각해서는 안 된다. CRESR이 말했던 것처럼, 한 마리 새의 두 날개와 같이, 그것들은 동일한 것은 아니지만, 그러나 매우 상호 연관되어있어서 다함께 결속되어 있다(23).
30 이 다섯 번째 양상은 Vinay Samuel과 Albrecht Hauser가 "선교와 전도는 구조와 공동체에 사회적 변화를 가져오는, 정의를 위한 행동에 참여함으로 그리스도를 구원자요 주님으로서 고백하도록 복음을 선포하고 사람들을 초청하는 것을

문제들을 해결하기 위한 더 나은 기초를 마련해준다.

성육신적 하나님 나라로서의 기독교는 모두 개인의 영혼을 얻는 것에 주된 관심을 두는 사람들의 가장 깊은 관심을 제기하고 있다. 잃어버린 죄인들을 거룩하신 하나님과 화목하게 하시는 유일한 중보자, 예수 그리스도에 관한 놀라운 소식을 함께 나누는 것보다 더 긴급한 것은 아무것도 없다는 데에 동의한다. 죄가 단순한 사회적 구조들 보다 더 깊다는 것을 망각하는 유토피아적인 사회 설계는 실패할 것이다. 유사하게, 예수님의 새로운 구속 공동체로서의 교회를 강조하는 급진적 재세례파의 양상은 총체적인 사명에 그 중심을 둔다. 평화, 정의, 그리고 창조세계의 통합에 관심을 두는 지배적인 교회일치운동의 양상도 역시 마찬가지이다. 창조주가 가난한 이들의 하나님이시라는 성경의 진리를 무시하고 억눌린 자들을 위한 정의를 추구하지 않는 기독교인들은 불순종적이며 이단적이다. 더 나아가서, 인간들의 죄, 그리고 구원에 관한 성경의 관점은 르네상스 이후 대부분의 서구 기독교인들의 생각보다 훨씬 더 총체적이다. 역사적 기독교의 정통성이 지닌 근본적 진리들을 포기해버린, 네 번째 양상의 유일하게 핵심적인 관심은 다섯 번째 양상에서는 제 자리를 찾는 데 실패한다.

다섯 번째 양상의 총체적인 접근방법은 다른 접근방법들보다 더 좋은 문제해결 방법이다. 나는 두 가지를 언급한다. 그 두 가지는 주류 교회의 쇠퇴와 **구속적 들리심**(redemptive lift)의 문제이다.[31]

통합한다"고 요약한 "Statement of the Stuttgart Consultation on Evangelism"의 그것과 매우 유사하다. Samuel and Hauser, eds., *Proclaiming Christ in Christ's Way*, 10. Stuttgart Consulation에서는, 복음전도와 사회적 관심은 동일하지 않지만 "불가분리적으로 연관된 것"이다(215). 그러나 나로서는, 포괄적 범주로서의 "통합적 전도"보다는 오히려 통합적인 혹은 총체적인 선교라고 말하는 것이 더 분명할 듯 하다.

31 MacGavran은 그 문제를 *Understanding Church Growth*, 15장에서 논의한다. 그러나 "구속적 들리심"은 내가 고안한 용어이다. 나는 그가 "구속"과 "들리심" 사이를

지난 30년 동안 주류 개신교 교회들의 비참한 쇠퇴는 상식이 되어버렸다. 분명 어떤 사람들은 **잘못된** 이유들 때문에 떠나버렸다. 어떤 교구민들은 자신들의 교회가 인종과 경제적 정의에 대하여 용기 있는 입장을 표명하는 것에 분개했으며 그리하여 이러한 **불편한** 사회적 주제들이 논의되지 않는 편향된 복음주의 교회로 바꾸어버렸다. 그러나 쇠퇴의 주된 이유는 역사적 기독교의 정통성이 지닌 핵심적 신학적 진리들에 대한 확실성의 상실로 인해 복음전도의 열정이 사그라진 데 있다. 만약 사람들이 예수님이 참으로 성육신하신 하나님이라고 확신하지 않는다면, 사람들이 그리스도는 유일하신 중보자이심을 확신하지 않는다면, 그때는 복음전도가 덜 긴급하거나 심지어 부적절한 일이 된다.

주류 교회들은 인종차별, 경제적 불의, 그리고 억압에 대하여 용기 있게 맞서는 것을 포기해서는 **안 된다**. 그러나 그들은 자신들의 사회활동의 근거를 견고한 성경적 정통성 안에 둘 필요가 있다. 그리고 그들은 지상의 억눌린 자들을 자유하게 하는 일과 마찬가지로 잃어버린 죄인들을 그리스도께로 인도하는 일에 열심을 내야 할 필요가 있다.

도날드 맥가브란(Donald McGavran)은 그의 고전적인 저서, 『교회성장이해』(*Understanding Church Growth*)에서 다른 문제 한 가지에 초점을 두었다. 맥가브란은 18세기 부흥운동 속에서 나타났던 것과 유사한 문제로 고민했다. 존 웨슬리는 변화를 체험한 새로운 회심자들이 근면하게 되고 마침내는 경제적으로 풍요롭게 되면 곧 그들이(혹은 그들의 자녀들이) 신앙을 잃어버린다는 사실에 통탄해 했다.

맥가브란은 가난했다가 기독교인이 된 후 꽤 빠른 부의 증가를 이룬 이들에게서 동일한 사실을 관찰했다. 그들의 새로운 경제적

구분하는 것이 타당한지에 의문을 제기한다.

신분이 불신자 이웃들의 큰 사회와의 연결을 잘라 버리는 것 같다는 것이 하나의 결론이었다. 그들은 이제 **다른** 사람들이었으며 그것은 이웃들을 전도하는 데 훨씬 비효과적이었다. 맥가브란의 주요한 해결책은 복음전도와 교회성장의 최우선권을 주장하며 복음전도를 위해 대부분의 자원을 사용해야 한다는 것이었다.³²

성육신적 하나님 나라로서의 기독교는 더 좋은 해결책을 제공한다. 그 해결의 핵심 열쇠는 새로운 회심자들에게 가난한 자들과 억눌린 자들을 향한 하나님의 관심에 대한 충분한 진리를 가르치는 것이다. 새로운 기독교인들이 파괴적인 관습에서 자유하며 증가하는 물질적인 풍요를 누리기 시작하는 변화된 사람들이 될 때, 그들은 가난한 이웃들에게 총체적인 선교로 다가가게 될 것이다. 복음전도와 사회 변화를 향한 평등한 열정을 가진 제자가 됨으로써, 그들은 가난한 사람들과 함께한 그리스도의 성육신의 본을 보여줄 것이다. 슬럼가나 시골 공동체들에서 가난한 사람들로부터 멀리 이사하기 보다는 오히려, 그들은 그곳에 남아서, 새로운 가능성의 본을 보이고, 경제적 자원들을 공유하고, 모든 사람을 그리스도께로 초청하게 될 것이다.

나의 친구인 필라델피아의 넬슨 디아즈 판사(Judge Nelson Diaz)는 놀라운 그 실례이다. 넬슨은 가난한 푸에르토리코 출신 편모슬하에 태어나 빈민가에서 성장했다. 다행히도, 그리스도에 대한 신앙은 그를 갱단과 마약의 파괴로부터 지켜주었다. 대신에, 그는 좋은 교육을 받았으며, 성공적인 법률가가 되어 마침내 펜실베니아 제1사법부 민사소송 법정 판사가 되었다. 1992년에 그는 필라델피아에서 빌리 그래함 선교단의 공동의장이었다.

나는 그 선교단의 고문이었고 어느 저녁 집회에 디아즈 판사는

---

32 Ibid., 297–309.

자신의 간증을 나누었다. 그가 빈곤을 극복하고 위대한 성공에 이르게 된 것을 간증할 때 청중들은 깊게 감동을 받았다. 그는 또한 로스쿨에서 직면했던 인종차별과 변화를 요구하기 위해 스페인계와 흑인 학생들을 조직했던 방법을 묘사했다. 그러나 내게 가장 인상 깊었던 것은 그가 어디서 살고 있으며 어디서 예배하고 있는지를 상기시켜 준 것이었다. 그와 그의 가족은 필라델피아 북부의 매우 가난한 구역에 살고 있다. 그가 지도자로 있는 흑인들, 백인들, 그리고 스페인계 사람들의 다인종 교회는 도심 속의 끔찍하게 가난하고 위험한 지역들 중 한 곳의 바로 한가운데에 있다. 그는 거기서 살며 거기서 예배드리고 있다. 왜냐하면 가난한 공동체가 그의 존재, 모범, 그리고 지도력을 절실하게 필요로 하고 있음을 알기 때문이다. 그는 예수님을 신뢰하기에, 담대하게 거기에 머물고 있는 것이다.

나는 성육신적인 하나님 나라로서의 기독교에 관한 이 장을 시카고에 있는 반석/서클(Rock/Circle)선교회의 목사인 롤리 워싱턴(Raleigh Washington)과의 대화로 시작했다. 그들의 최근 회심자들 중 한 사람의 이야기는 복음전도와 사회운동이 구분되며, 최대한 똑같이 자원을 사용할 가치가 있고, 불가분리적으로 상호 연관되어 있다는 나의 논제의 좋은 요점을 제공해준다.

그리 오래지 않은 어느 때에, 카산드라 홈즈 프랭클린(Cassandra Holmes Franklin)은 반석/서클선교회가 운영하는 의료 진료소에 와서 의사의 도움을 구했다. 그녀는 원하던 것을 얻었고, 그들은 또한 그녀에게 예수님을 소개했다. 곧이어 그녀는 그리스도께 나아왔고, 반석교회에 등록했으며, 성가대의 대원이 되었다. 얼마 후에 그녀는 자신의 두 아이의 아빠인 쇼웬(Showen)과 결혼식을 올렸다. 남편 역시 곧 인격적인 신앙을 갖게 되었다. 이제 그녀의 남편은 작은 사업을 시작하는 서클선교회의 경제 개발 벤처에서 동

역자로 직업을 갖게 되었다.[33]

그것이 성육신적인 하나님 나라로서의 기독교이다. 반석교회는 복음전도를 행하면서 동시에 누군가는 건강을 보살피고 일자리를 마련해 주는 일을 소망할 수 있었다. 서클 선교회는 주거와 고용과 소망을 마련해줄 수 있었다. 이 소망은 누군가가 사람들을 그리스도께로 인도하게 하는 소망이었다. 그리스도는 사람들을 변화시키시고 그들에게 새로운 가치와 존엄성, 주도권, 그리고 정직함을 가져다주셨다. 그것은 순차적으로 일자리 창출 프로그램 사업이 더 잘 이루어지게 하는 원동력이 된 것이다. 그러나 기독교 선교는 복음전도와 사회적 관심이 예수님의 이름과 능력 안에서 함께 공존할 때 최선의 사역을 할 수 있게 된다.

---

33 Ronald J. Sider, "Religious Faith and Public Policy," *ESA/Advocate* (April 1992): 2.

chapter 11

우리의 역사적 순간

> 구원의 세 번째 천년이 다가옴에 따라 하나님은 기독교를 위한 위대한 봄을 준비하고 계신다.
>
> — 요한 바오로 II세[1]

    2000년대가 밝아 오기 직전 마지막 세대에 사는 특권을 누리는 기독교인들은 역사적인 기회를 맞이하고 있다.

    전 세계 기독교인들의 수는 전례가 없는 비율로 늘어나고 있다. 전 세계는 하나의 마을처럼 가까워지고 있으며 새로운 기술이 등장하면서 복음을 듣지 못한 사람들에게 그리스도의 소식을 전하는 것이 한층 더 쉬워졌다. 전 세계의 기독교인들이 복음전도가 시급하다는 점과 총체적인 접근이 필요하다는 점에 동의하고 있다. 이 같은 의견의 일치는 미래에 대한 낙관적인 전망을 갖도록 한다. 뿐만 아니라 일단의 역사적인 정치적 변화들도 복음전도의 문을 더 크게 열어 놓았다. 2천년 기독교 역사의 마지막 십년은 예수 그리스도의 제자가 됨에 있어서 절정의 시간이다.

---

[1] *Redemptoris missio*, 86.

1. 희망의 이유

　세계의 기독교는 살아 움직이고 있다. 20세기에는 이전 세기의 그 어느 때 보다도 많은 사람들이 기독교인이 되었다. 1900년에는 약 5억5천8백만 명의 기독교인들이 있었다. 1992년에는 기독교인들의 숫자가 18억3천3백만 명으로 불어났다. 전문가들은 8년 후 2000년이 되면 기독교인들의 숫자가 21억3천명으로 늘어날 것으로 전망한다.[2]

　이 통계에 첨가해야 할 사실은 이와 같은 폭발적인 팽창은 전체 인구성장과 거의 정확히 병행한다는 점이다. 오늘날 기독교인들의 숫자보다 불신자들의 숫자는 훨씬 더 많다. 1900년에 기독교인들은 세계 인구의 34.4%를 점유했었다. 기독교 통계학자인 데이비드 베렛(David Barrett)은 2000년에는 기독교인들의 숫자가 세계 인구의 34.1%를 점유하게 될 것으로 추정한다. 이 같은 통계수치는 아직도 기독교인들이 해야 할 일이 많다는 것을 뜻한다.

　그러나 불신자들과 헌신적인 기독교인들의 숫자 비율은 미래에 대한 희망적인 전망이 근거없는 것이 아님을 보여준다. 베렛의 추정에 따르면 **지상명령**(Great Commission)에 헌신한 기독교인들의 숫자가 매년 6.9%의 비율로 늘어나고 있는데, 이는 전 세계 인구 증가율의 두 배가 넘는 수치다.[3] 물론 정확한 통계수치는 아직 발표된 것이 없으므로 주의를 요한다.[4] 그러나 랄프 윈터(Ralph Winter)

---

[2] David B. Barrett, "Annual Statistical Table on Global Mission: 1992," *International Bulletin of Missionary Research* 16, no. 1 (January 1992): 27.

[3] David B. Barrett and Todd M. Johnson, *Our Globe and How to Reach It* (Birmingham: New Hope, 1990), 32.

[4] Robert T. Coote, "The Numbers Game in Evangelism," *Transformation* 8, no. 1 (January-March 1991): 1-5를 보라. 또한 6-8에서 동일한 주제에 관한 Ralph Winter의 대답을 보라.

는 1950년에 **성경을 믿는** 기독교인 한 사람 당 21명의 불신자가 있었다는 점을 지적하고 있는데, 이런 지적은 하나의 중요한 경향을 윈터가 감지하고 있음을 보여 준다. 그에 의하면 1980년에 **성경을 믿는** 기독교인 한 사람 당 불신자의 숫자는 11명이었다. 1992년이 되자 그 비율은 1명당 7명꼴로 다시 줄어들었다.[5]

오늘날 오순절주의자들과 은사주의자들이 가장 성공적으로 복음전도를 수행한 결과 이들의 숫자가 폭발적인 비율로 증가하고 있다. 1970년에 이들의 숫자는 7천2백만 명이었다. 22년이 지난 후(1992) 이들의 숫자는 500% 증가하여 4억천만 명이 되었다. 베렛은 2000년에는 오순절주의적이고 은사주의적인 기독교인들의 숫자만 5억6천만 명에 달할 것으로 추정한다.[6]

제3세계에서 일어나고 있는 어마어마한 교회성장은 우리가 기쁨과 희망을 갖게 되는 또 다른 이유다. 1900년에는 적어도 모든 기독교인들의 75%가 유럽, 북미, 그리고 러시아와 같은 지역에 사는 백인들이었다. 2000년이 되면 모든 기독교인들 가운데 56%가 전통적으로 **기독교적인** 국가들 밖에 사는 제3세계 기독교인들이 될 것이다. 아프리카, 아시아, 라틴 아메리카에 사는 기독교인들의 숫자는 100년 만에 1300% 증가하여 거의 12억 명에 이르게 될 것이다.[7]

제3세계 선교사들의 숫자가 엄청난 비율로 증가하고 있다는 사실은 매우 중요하다. 1990년에는 49,000명의 제3세계 선교사들이

---

[5] David Barrett이 이끄는 로잔통계전문위원회는 기본적인 분석을 진행했다. 다음을 보라. Ralph Winter, "The Diminishing Task," *Mission Frontiers* (January–February 1992): 5. Winter가 말하는 "성경을 믿는" 기독교인들이라는 범주는 Barrett의 "지상명령"(Great Commission)에 헌신한 기독교인들이라는 범주와 흡사하다.

[6] Barrett, "Annual Statistical Table… 1992," 27.

[7] Ibid.

자기 나라 밖의 나라에서 복음을 전했다.[8] 2000년이 되면 이들의 숫자는 10만 명에 이르게 될 것이다.[9] 1990년에 모든 외국인 선교사들의 총수가 62,000명이라는 점을 고려할 때, 제3세계 선교사들의 숫자가 얼마나 대단한 것인지 알 수 있다.[10]

다른 언어와 역사를 지닌 사람들과 범문화적으로 복음을 나누는 놀라운 특권은 더 이상 **서구의** 혹은 **백인들의 유럽**인들의 전유물이 아니다. 아프리카인들이 유럽과 북미에 와서 복음을 전한다. 그리스도를 믿는 나바호(Navajo) 인디언들이 유럽의 라플란드인들(Laplanders)에게 선교사를 보내고 있으며, 유럽의 집시(Gypsies)들이 아프리카 마다가스카르(Madagascar)에서 복음을 전하고 있다!

또 다른 희망의 이유는 많은 교회에서 복음전도와 사회적 관심이 함께 가야 한다는 점에 점차 의견의 일치를 보고 있기 때문이다. 로잔운동과 세계복음주의협의회에 참여한 복음주의자들 중에 사회적 관심의 중요성을 확증하는 사람들이 늘어나고 있다.[11] 에큐메니칼 진영의 개신교인들과 로마 가톨릭교인들도 최근에 복음전도의 중요성을 강조했다.[12]

20세기의 마지막 세대에 복음전도를 강조한 것은 복음주의자들과 은사주의자들만이 아니었다. 세계 성공회 연합은 1988년 람베스회의(Lambeth '88)에서 1990년대를 "복음전도의 세대"라고 부르면서, "복음전도가 교회의 가장 중요한 과제임"을 인정하는 결의

---

8 MARC Newsletter, March 1992, 2.
9 "Today's Choices for Tomorrow's Mission," 190에서의 David Hesselgrave의 평가.
10 Barrett, "Annual Statistical Table… 1992," 27.
11 다음 두 글을 보라. WEF와 LCWE에서 출간한 1982 Grand Rapids Report, *Evangelism and Social Responsibility: An Evangelical Commitment*와 1989년 마닐라에서 열린 LCWE Lausanne 2차 회의의 결과물인 1989년 마닐라선언서(*Manila Manifesto*): *The Manila Manifesto* (Pasadena: LCWE, 1989).
12 다음을 보라. WCC의 *Mission and Evangelism: An Ecumenical Affirmation* (1983) 그리고 요한 바오로 II세의 *Redemptoris missio* (1991).

안을 통과시켰다.[13] 요한 바오로 II세는 1990년에서 2000까지를 "전 세계적인 복음전도의 세대"라고 명명했다. 그가 발표한 회칙 『교회의 선교사명』(Redemptoris missio)은 로마 가톨릭 교인들을 향하여 그리스도를 모르는 자들과 복음을 나누라고 요청한다. "가난한 자들은 빵과 자유에만 굶주려 있는 것이 아니라 하나님에 굶주려 있다. 선교활동은 무엇보다도 그리스도 안에 있는 구원을 증언하고 선포해야 하며, 지역교회를 설립해야 한다. 이때 선교활동은 진정한 의미에서 해방의 수단이 된다."[14]

마지막으로 미하일 고르바초프(Mikhail Gorbachev)와 보리스 옐친(Boris Yeltsin)에 의하여 시작된 획기적인 정치적 변화는 복음이 들어갈 수 있는 새로운 문을 열어 놓았다. 이제 더 이상 무신론은 동부 유럽과 구소련연방에 소속되어 있던 국가들의 공식종교가 아니다. 교회는 역사상 가장 잔인하게, 그리고 성공적으로 교회를 말살하려는 제반의 시도들을 이겨내고 살아남았고, 승리했다. 이전 공산주의 국가들 안에 있던 수백만 명의 사람들은 이제 기독교가 자신들의 사회 재건에 절실하게 필요한 토대를 제공해 줄 것이라는 희망을 가지고 기독교를 열심히 탐구하고 있다.

공산주의의 붕괴는 동부 유럽과 구소련에서 복음전도를 할 수 있는 새로운 기회를 제공하는 것 이상의 의미를 지닌다. 물론 이 지역에 복음을 전할 수 있게 된 것만 해도 획기적이고 놀라운 일이다. 공산주의에 대한 승리는 자유와 민주주의라는 이름으로 찾아 왔다. 자유라는 이름의 **바이러스**가 지구촌 곳곳에 퍼져 나가 느리지만 확실하게 중국, 북한, 그리고 심지어는 회교사회에도 복

---

[13] Resolution #43, *The Truth Shall Make You Free: The Lambeth Conference 1988* (London: Church House Publishing, 1988), 231. 또한 다음의 분석을 보라. Samuel and Sugden, *Lambeth*, 50.

[14] *RM*, 83. 또한 다음을 참조. Barrett and Johnson, *Our Globe*, 3.

음을 전할 수 있는 새로운 기회를 열게 될 것이다.

　냉전이 끝나면서 더 큰 평화, 정의, 자유의 시대의 가능성이 열렸다. 분명히 인간의 이기심은 사탄과 협력하여 이렇게 열린 많은 문들을 닫아 버리려고 몸부림 칠 것이다. 그러나 1990년대는 세계인들에게 싸우기보다는 협력할 수 있는 역사적인 기회를 제공하고 있다. 부유한 나라들이 가난한 자들에게 힘을 불어 넣어 주기 위해 더 많이 서로 나눈다면, 그리고 모든 사람들이 환경을 보호하기 위해 함께 협력하여 일한다면, 우리의 후손들은 세 번째 천년이 두 번째 천년의 세기말보다 더 안전하고 자유로울 것이라는 타당한 전망을 가지고 세 번째 천년의 첫 세기를 시작할 수 있을 것이다. 이 세계 안에서 기독교인들은 보다 더 자유롭게 복음을 전할 수 있게 될 것이며, 성경적 신앙을 모든 삶의 영역에 적용할 것이다.

2. 문제점들

　그러나 우리의 낙관론은 아직 경계할 필요가 있다. 사탄은 개종되지 않았다. 인간의 죄는 우둔하고 파괴적인 광란의 질주를 계속하고 있다. 깊은 우려를 해야 할 많은 이유들이 있다.

　가장 심각한 문제 가운데 하나는 현대의 세속주의가 유럽과 북미의 수 천만 명의 사람들을 미혹하고 있다는 사실이다. 천년이 넘는 장구한 세월동안 기독교의 중심지였던 유럽에서는 오늘날 단지 극소수의 사람들만이 기독교를 실천하고 있다. 독일, 프랑스, 영국과 같은 나라에서는 다만 5% 가량의 사람들만이 매 주일 교회에 출석한다. 프랑스 인구의 75%가 명목상의 가톨릭 교인들

이지만, 오직 6%만이 실질적인 가톨릭 교인들이다.¹⁵

계몽주의가 등장한 이후 200년이 흐르면서 서구의 지성인들은 성경적 계시에 등을 돌렸다. 이들은 **과학주의**라는 그릇된 신을 숭배해 오면서 자연은 존재하는 모든 것이며 과학이 진리에 이르는 유일한 길이라는 맹목적 신앙을 견지해 왔다.

현대과학은 선하고 지혜로우신 창조주의 설계하시는 손에 의하여 가능하게 된 경이로운 도구다. 그러나 서구의 세속주의는 과학을 우상으로 만들었다. 유감스럽게도 서구뿐만 아니라 다른 지역의 지적 엘리트들까지도 유사과학적인 세속주의에 무릎을 꿇었다. 현대 기독교가 현대 세속주의에 대항하여 싸우는 법을 터득하지 못한다면, 기독교는 서구와 지구촌의 지성인들 사이에서 지속적으로 터전을 상실해갈 것이다.¹⁶

미국은 적어도 부분적으로는 현대 세속주의가 가해 온 일부 충격을 피해갈 수 있었다. 지난 세대 동안 미국 성인의 44%가 매주일 교회에 출석했다. 기독교 설문조사 전문가인 조지 바나(George Barna)는 1992년에 주일 교회출석률이 49%에 달한다고 보고한다.¹⁷

그러나 교회에 출석하는 것이 예수님을 따르는 것과 직결되는 것은 아니다. 북미 기독교의 상당한 부분이 사회적 미숙성을 드러

---

15 William A. Dyrness, "A Unique Opportunity," in W. Dayton Roberts and John A. Siewert, *Mission Handbook*, 14th ed. (Monrovia: MARC, 1989), 17.
16 복음주의자들은 현대 세속주의의 반 초자연주의에 오래전부터 도전해 왔다. 그러나 그들은 현대성이라는 더 큰 문제에 대해서는 이제 막 씨름하기 시작했다. Andrew Walker의 *Enemy Territory: The Christian Struggle for the Modern World* (London: Hodder and Stoughton, 1987)와 Os Guinness의 *The Gravedigger File* (London: Hodder and Stoughton, 1983)은 복음주의자들로서는 이례적으로 현대성의 문제를 깊이있게 다룬 작품들이다. 최근 Leslie Newbigin은 현대성에 대한 탁월한 분석을 출간했다. *The Other Side of 1984* (Geneva: WCC, 1984), 『서구 기독교 위기』(대한기독교서회). 그리고 *Foolishness to the Greeks: The Gospel and Western Culture* (Geneva: WCC, 1986). 『헬라인에게는 미련한 것이요』(IVP).
17 George Barna, *The Barna Report: What Americans Believe* (Ventura: Regal, 1991), 234.

낸다. 사람들이 교회에 출석하긴 하지만 예수님 그리고 예수님과 함께 도래하는 하나님 나라를 자신들의 삶의 중심으로 삼지 않는다. 세속적 가치들이 그들의 사고와 삶의 넓은 영역들을 효율적으로 형성한다. 북미의 기독교인들은 할리우드적 감각성, 월 스트리트의 물질주의, 혹은 일반 문화의 개인주의적인 상대주의에 성공적으로 저항하지 못하고 있다.[18] 이들의 정치적 견해는 예수님과 성경 보다는 자신들의 역사와 지정학을 더 많이 반영한다.

「크리스채너티 투데이」(Christianity Today)의 전편집자인 케네스 칸처(Kenneth Kantzer)는 물질주의가 북미의 기독교인들이 직면한 가장 심각한 문제들 가운데 하나라고 말한다.[19] 미국의 복음주의자들은 세금으로 잡히지 않는 소득으로 약 8천억 달러를 벌어들인다. 이들은 80억 달러는 다이어트 프로그램에 쓰면서도 선교에는 20억 달러를 쓸 뿐이다.[20]

범세계적인 기독교인들의 소비 형태도 비슷하다. 전 세계적으로 기독교는 부유하다. 기독교인들은 세계 인구의 3분의 1을 차지하고 있지만(33%), 매년 세계 총수입의 3분의 2를 점유한다(62%).[21] 비극적인 사실은 기독교인들이 이 막대한 부의 97%를 자기 자신을 위하여 소비한다는 점이다! 오직 1%만 세상을 구제하는 용도로 사용될 뿐이다. 단지 2%만 모든 형태의 기독교사역을 하는 데 사용된다.[22] 그러나 기독교적 대의를 위하여 사용하는 그토록 작은 2%조차도 대부분 자신들을 위해, 즉 자기 나라의 회중

---

18 이 문제에 대한 탁월한 논의 Walker, *Enemy Territory*를 보라.
19 예를 들어 Sider, *Rich Christians in an Age of Hunger* (Dalla: Word, 1990), xi-xiii의 제3판 서문에 실린 그의 글을 보라. 『가난한 시대를 사는 부유한 그리스도인』(IVP).
20 Phil Bogosian, "The Time Has Not Yet Come!" *Mission Frontiers* (March-April 1992): 39.
21 David B. Barrett, *Cosmos, Chaos and Gospel: A Chronology of World Evangelization from Creation to New Creatin* (Birmingham: New Hope, 1987), 75.
22 Ibid.

들과 자기 나라의 각 도시를 위해 사용된다. 1992년 세계의 기독교인들은 9조6천9백6십억 달러를 벌어 들였다. 이 중에서 1억6천9백만 달러(1.74%)를 모든 형태의 기독교 활동을 위해 사용했고, 이 금액 중 92억 달러(5.4%)만 해외선교비로 지출되었다.[23]

대부분의 기독교인들은 풍요롭게 혹은 적어도 편안하게 살아가고 있지만, 세계의 4분의 1이 극심한 가난으로 고통을 겪고 있다. 매일 10만 명이 넘는 사람들이 기아와 영양실조로 죽어가고 있다. 매일 5만5천명이 예수님에 관해 들어보지도 못한 채 죽는다.

이 비참한 세계 안에서 네 사람 중에 한명 꼴로(14억 명) 거의 절대빈곤 상태에서 살아가고 있다.[24] 기아와 영양실조가 이들의 몸과 꿈을 고통스럽게 하고 기형화시키고 있다. 많은 사람들이 굶어 죽고 있으며 영양실조에 걸려 있다. 깨어진 이 세계 안에서 네 명 가운데 한 명이 복음에 관하여 한번도 들어보지 못한 채 살다가 죽는다.[25] 그들은 그리스도 안에 나타난 하나님의 놀라운 사랑에 대하여 한번도 들어 보지 못한 채 영원에 들어간다.

이 두 집단은 대체로 중첩된다. 절망적으로 가난한 사람들은 대부분 복음화되지 않은 자들이다. 이것이 문제가 되는가? 이 사실은 가난한 자에게 복음을 전하고 멸망하는 자에게 영생을 주기 위하여 오셨다고 말씀하시는 그분을 따르는 제자들에게 중요한 일인가? 중요한 일이 되어야 한다! 르네 파디야(René Padilla)는 성경적 신앙을 따르는 자들은 죽어가는 사람들 가운데 굶주림의 희생

---

[23] 출처는 다음에 나온 통계임. "Annual Statistical Table… 1992," 27, 그리고 Barrett and Johnson, *Our Globe*, 32. 심지어 5.4%의 대부분은 미전도종족이 아닌 오히려 "또 다른 기독교 국가 선교"를 위해 사용된다(ibid., 27).

[24] FAO에 따르면, 1990년 한 해에만 5천1백만 명의 사람들이(매일 139,726명) 영양실조 및 그와 관련된 질병으로 죽었다. 거의 절대적인 빈곤에 대한 통계는 다음을 보라. Michael P. Todaro, *Economic Development in the Third World*, 4th ed. (New York: Longman, 1989), 31-32.

[25] Barrett, *Cosmos, Chaos and Gospel*, 75.

자들을 고려하지 않은 채 얼마나 많은 영혼들이 매 순간 그리스도 없이 죽어가는가 하는 것만을 조사해서는 안 된다고 지적하고 있는데,[26] 이 지적은 정당한 것이다.

부유한 기독교인들이 세계의 가난을 간과하는 것은 성경적으로 볼 때 이단적인 것이요, 전략적으로 볼 때는 우둔한 것이다. 공산주의가 붕괴한 이후의 시대에는 점점 더 심화되어 가고 있는 빈부의 격차에 근거한 북-남 갈등으로부터 세계평화에 대한 가장 심각한 위협들 가운데 하나가 찾아올 것이다. 인종간의 적대감, 인종적인 편견, 환경파괴는 우리의 후손들과 손자들에게 무서운 위험요인이 될 것이다.

조심스럽게 그러나 기대감을 가지고 21세기를 바라볼 때, 기독교인들이 낙관적인 기대를 가질 수 있는 이유들도 많이 있지만 이와 동시에 우려할 만한 많은 이유들도 공존하는 것이 사실이다. 우리가 총체적 선교 곧, 우리가 종종 구분해 두는 일들을 신실한 성경적 근거 위에서 통합하는 태도를 지향할 때 위험을 감소시키고 기회를 극대화하는 희망을 잃지 않게 될 것이다.

3. 세 번째 천년을 위한 성육신적 하나님 나라로서의 기독교

현대 세계는 복음전도와 사회적 관심을 모두 실행하며, 성령의 갱신, 현존, 능력을 점점 더 간절히 간구할 뿐만 아니라 열정적으로 생각하고 전략을 구상하며, 교회를 세우는 동시에 사회를 변화시키는 헌신된 기독교인들을 절실하게 요청하고 있다. 현대 세계는 총체적인 선교에 헌신한 성육신적 하나님 나라의 제자들을 필

---

[26] "Evangelism and the Word," in Douglas, ed., *Let the Earth Hear His Voice*, 132.

요로 하고 있다.

총체적 선교가 모든 교회의 기구들의 중심을 차지할 때 나타나는 효과에 대하여 생각해 보라. 기독교 학교들과 대학들은 교회를 설립하고 사회를 변화시킴으로써 세상을 변화시킬 준비를 갖춘 재능 있는 기독교 지도자들을 훈련시켜 배출할 것이다. 복음전도와 교회개척을 위한 프로그램들과 구조들은 사회적 변화에 대한 관심을 자라게 하는 모판이 될 것이다. 구호, 개발, 구조변화에 헌신된 기독교 기관들은 기도, 성령의 사역, 복음전도를 사회적 계획 속에 통합시킬 것이다. 신학교에서는 열정과 능력을 갖춘 목사들을 훈련시켜 한편으로는 지역교회 안에서의 내적인 양육에 대하여, 다른 한편으로는 복음전도와 사회적 변혁을 위한 세계 속에서의 외적인 행동에 대하여 동일한 관심을 가진 총체적인 회중을 길러내게 될 것이다. 더욱 더 많은 지역의 회중들이 다가오는 하나님 나라를 증언하는 기획으로 거듭나게 될 것이다.

나에게는 총체적 선교가 지닌 모든 함의들을 개발할 능력이 없다. 그럼에도 불구하고 총체적 부흥, 총체적 변증학, 총체적 정치 참여, 총체적 회중을 위한 몇 가지 사상을 아주 간략하게 제시해 보고자 한다. 우리는 편향적 기독교를 넘어설 수 있다!

복음전도에 헌신한 기독교인들이 사회운동에 참여한 기독교인들과, 성령의 권능 안에서 갱신운동에 관심을 가진 기독교인들과 연합하여 도시 전체를 아우르는 부흥운동을 전개할 때 어떤 일이 일어나겠는가? 우리는 이 연합모임을 **평화회복운동**(shalom revivals)이라고 부를 수 있을 것이다.[27] 이미 살펴 본 것처럼 **평화**(*shalom*)라는 구약의 용어는 모든 면에서의 온전함 곧 하나님, 이웃, 땅과의 바른 관계를 뜻한다.

---

[27] Jim Wallis는 Ken Medema와 함께 미국 전역을 돌며 행했던 일련의 1일 이벤트("Let Justice Roll")를 전개하며 일종의 "총체적 부흥" 운동을 하고 있다.

평화회복운동은 빌리 그래함 전도운동(Billy Graham Crusader)과 동일한 방식으로 그리스도를 영접하도록 하는 선명한 복음 초청을 포함한다. 그러나 평화회복운동은 기독교인들에게 가난한 자들과 나누고 억눌린 자들을 위하여 정의를 추구할 것을 적극적으로 요청한다. 또한 이 운동은 기독교인들에게 완전한 성령의 사역에 아무런 제한 없이 마음의 문을 열고 주님과 동행하는 삶을 심화시킬 것을 요청한다. 복음을 듣는 동안 그리스도를 모르는 자들은 앞으로 나와 그리스도를 영접하도록 초청받는다. 미온적인 기독교인들은 앞으로 나가서 자신들의 삶을 하나님께 온전히 드리고 온전한 성령의 열매와 은사를 받도록 권고 받는다. 기독교인들은 하나님이 자신들에게 새롭고 구체적인 봉사의 소명을 주신다는 느낌을 받으면 앞으로 나오도록 권고 받는다. 그 소명은 새로운 복음전도의 노력일 수도 있고, 새로운 소명일 수도 있고, 새로운 기독교 갱신 계획일 수도 있고, 구체적인 정치참여일 수도 있다.

아마도 빌리 그래함과 같은 인물이라면 평화회복운동을 시작할 수 있었을 것이다. 그래함은 자신의 운동을 하는 가운데 주목할 만한 사회적 요소 한 가지(행동하는 사랑)를 포함시켰다. 만일 그래함이 남아프리카의 데스몬드 투투(Desmond Tutu)를 기독교 사회운동가들의 대표자로 초청하고 동시에 태국의 크리엥삭 샤룽웡삭(Kriengsak Chareonwongsak)을 은사주의 기독교인들의 대표자로 초청하여 대도시를 돌면서 평화회복운동을 전개하였다면 어떤 결과가 나타났을까?[28] 복음전도, 사회운동, 성령의 능력을 통한 변화

---

28 Dr. Kriengsak에 대해서는 다음을 보라. Carolyn Boyd, *The Apostle of Hope: The Dr. Kriengsak Story* (Chichester: Sovereign World, 1991). Dr. Kriengsak은 아시아 은사주의 연맹의 의장이다. 평화회복운동에 대해서는, *Gospel Herald* (march 17, 1992): 1-4에 실린 나의 논문을 보라. 초대의 부흥과 사회적 관심의 상호관계에 대해서는, Donald Dayton, *Discovering an Evangelical Heritage* (New York: Harper, 1976), 『다시보는 복음주의 유산』(요단출판사). Timothy L. Smith, *Revivalism and Social Reform* (New York: Harper Torch Books, 1965), 그리고 J. Edwin Orr, "Evangelical Dynamic and

에 동참하는 기독교 기관들이 모두 참여하는 모습이 나타났을 것이다. 삶을 새로운 봉사에 헌신하기 위하여 결단하며 나오는 기독교인들이 복음전도 기관, 사회운동 기관, 교회갱신 기관에 연결될 수 있었을 것이다.

총체적 변증학은 총체적 부흥운동과 조화된다. 앞에서 나는 서구의 세속주의의 문제에 관하여 이야기한 바 있다. 세속주의가 지성계 특히 대학을 장악하여 대학을 압도적으로 반기독교적인 기구로 바꾸어 놓았다. 계몽주의적 세속주의가 지성인들이 신앙을 잃게 하는 한 가지 이유인 것은 분명하지만 기독교인들의 실패가 또 다른 중요한 이유임을 간과해서는 안 된다. 기독교인들은 자신들이 말하는 대로 살지 못했다. 이 사실을 발견한 많은 지성인들이 혐오감을 느끼면서 위선적인 기독교로부터 멀어져 갔다.

만일 롤리 워싱턴(Raleigh Washington)의 우리 구원의 반석 교회(Rock of Our Salvation Church)와 같이 가난한 자들과 함께 하는 총체적 교회들이 시카고대학과 같은 곳에서 변증과 복음전도운동을 전개한다면 어떤 결과가 나타날까?

총체적 교회들이 세속적인 대학인들의 지적 의심에 대응하려면 틀림없이 예리한 지성을 필요로 할 것이다. 그러나 총체적 교회들은 담대한 도전도 할 수 있을 것이다. "오라! 그리고 흑인과 백인, 가난한 자와 부유한 자가 어울려서 함께 예배하고 힘을 모아 도시 공동체의 절박한 문제들을 해결해 나가고 있는, 인종의 벽을 넘어선 우리 교회를 연구해 보라! 세속적인 사회운동가들, 인본주의 교육자들, 정치인들은 도시내부의 붕괴를 되돌릴 수 있는 힘을 잃었다. 그러나 도시내부의 붕괴를 막는 일이 하나님의 권능이 함께 하는 반석/서클선교회를 통해 여기서 일어나고 있다. 우리는 사

Social Action," in A. R. Tippett, ed., *God, Man and Church Growth* (Grand Rapids: Eerdmans, 1973), 18장을 보라.

람들이 의와 정의를 필요로 한다는 것을 알고 있다. 기독교는 진리이며 따라서 역사한다. 만일 여전히 지적인 의심을 가지고 있다면, 우리는 언제든지 예수님의 부활에 대한 역사적 증거의 문제나 하나님의 존재에 관련된 문제나 어떤 문제든지 기꺼이 토론할 준비가 되어 있다. 그러나 우리는 무엇보다도 인종을 초월한 복합적 교회인 우리 교회에 와서 하나님의 권능이 현대 세계를 찢어 놓고 있는 인종적이고 경제적인 분열을 어떻게 치유시켜 주시는가를 보도록 여러분을 초청한다."

나는 이와 같은 변증과 복음전도 초청에 대하여 세속적인 지성 공동체가 어떻게 반응할지 궁금하다.[29] 물론 어떤 사람들은 여전히 상대적이고 개인주의적인 세속주의가 가져다주는 즉흥적인 즐거움을 좋아할 것이다. 그러나 더욱 더 많은 지성인들이 계몽주의적 세속주의, 그리고 이 사조의 후손격인 무신론적 마르크스주의가 실패했다는 사실을 깨닫고 있다. 그러나 슬픈 것은 이들이 기독교가 아닌 동양종교로 향하고 있다는 사실이다. 이들이 기독교로 돌아오지 않는 이유들 가운데는 기독교가 세계적인 기아, 경제적 불평등, 인종차별, 군사주의, 생태계 파괴와 같은 절박한 문제들을 해결하는 데 아무런 도움도 주지 못하고 있기 때문이다. 결과적으로 이들은 뉴 에이지(New Age)라는 현대적 명칭으로 변장한 고대의 일원론적 신들에게로 향한다. 이들에게 필요한 것은 온전한 성경적 기독교다. 이들에게 이 점을 알게 하려면 총체적인 제자도와 총체적인 변증이 요청된다.

성경에 근거한 기독교적인 총체적 정치 참여운동은 총체적 변

---

[29] 최근의 국민 조사는 질문을 제기했다. "교회를 더 매력적으로 만드는 것은 무엇인가?" 두 번째로 많았던 대답은 교회가 가난한 자들과 어려움 당한 자들을 도와주는 것이었다. 다음을 보라. *Never on a Sunday: The Challenge of the Unchurched* (Glendale, Calif.: The Barna Research Group, 1990), 24.

증을 진정한 변증으로 만드는 데 도움이 될 수 있다. 모든 사람들이 붕괴되어 가는 가정, 황폐해진 도시내부, 수십억의 굶주리는 이웃, 그리고 생태계의 파괴와 같은 절박한 문제들이 시급히 해결되어야 한다는 점을 어느 정도는 알고 있다. 그러나 세속적인 전제들에 근거한 해결책들은 계속하여 실패할 것이다.

전 세계적 차원에서 볼 때 헌신적인 기독교인들이 철저하게 성경적인 전제들에 근거하여 전개하는 포괄적 정치참여가 필요하다.[30] 정치참여를 해 보면 정치가 중요하기는 하지만 정치가 할 수 있는 일이 제한되어 있다는 사실을 알게 된다. 오직 하나님만이 변화시키시는 은총을 통하여 새로운 인간을 창조하실 수 있다. 물론 건전한 사회구조는 선을 격려하고 악을 누그러뜨릴 수 있다. 교회, 학교, 언론매체, 기업과 같은 중간기구들이 정부가 독재화되고 전횡적이 되는 것을 막는 데 중요한 역할을 한다. 정치참여 운동은 좌파나 우파와 같은 정치적 이념을 떠나 철저하게 성경적인 윤리 원칙들과 사려 깊은 사실분석에 근거한 구체적인 정치적 제안들을 발전시킬 수 있을 것이다. 하나님의 계획에 의해 형성된 정치참여운동은 가정을 강화하고 가난한 자들을 격려하며, 평화와 자유를 증진하고, 인간생명의 존엄성과 환경의 보전에 관심을 기울일 수 있다. 이 운동은 대안적인 사회적 전망을 세상 사람들에게 제시할 수 있을 것이다.

이 운동은 또한 현대 기독교인들의 비극적인 물질주의와 이기성에 도전할 수 있다.[31] 명목상의 **기독교인들**이 세계의 부의 3분의 2를 장악하고 있으며 이들이 유럽과 북미의 정치적으로 지도력이

---

30 이에 대한 간략한 설명은 다음 나의 글을 보라. *Completely Pro-Life* (Downers Grove, Ill.: InterVarsity, 1987), "Toward a Biblical Perspective on Equality," *Interpretation* (April 1989): 156-69, 그리고 다음에 실린 정치철학에 관한 나의 논문들, *ESA/Advocate* (September, October, and November-December 1988)을 보라.

31 나는 이 문제에 대해 *Rich Christians in an Age of Hunger*에서 자세히 서술하려 했다.

있는 나라들을 장악하고 있다. 유감스럽게도 바로 이 **기독교인들**이 가난한 국가들을 도와 환경문제를 해결하고 국민들이 궁핍하지 않은 삶을 살 수 있도록 지원하는 데 필요한 값비싼 희생을 거부하고 있다.

나는 전 세계를 휩쓸고 있는 자유와 민주주의의 기본적인 관념들은 성경적 진리에 뿌리 내리고 있다고 생각한다. 그러나 자유와 민주주의를 증진시키는 국가들이 가난한 자들이 부르짖는 식량과 정의의 요구에 등을 돌린다면, 지구상의 가난한 자들은 조만간 자유와 민주주의에 대한 지지를 철회할 것이다.

우리는 지구라는 행성 위에서 역사적으로 중요한 시기를 맞이하고 있다. 물론 완전한 평화와 정의는 그리스도의 재림시에 임할 것이다. 그러나 노예제도를 폐지하고 자유와 민주주의의 영역을 넓히는 것은 우리들의 몫이다. 다가오는 몇 세대 동안에 우리는 한걸음 앞으로 전진할 수 있을 것이다. 부유한 자들은 전혀 새로운 방법으로 가난한 자들과 물질을 나눔으로써 세계적 빈곤을 감소시키고 환경을 새롭게 할 수 있다. 정의와 생태적 온전함이 자라나는 세계 안에서는 국제적 분쟁도 줄어들 것이다. 인권을 보호하고 자유와 민주주의의 영역을 확장하는 중차대한 과제들이 보다 성공적으로 이루어질 것이다. 자유가 증진되면 복음을 나눌 기회도 더 많아질 것이다. 인간사회는 여전히 선과 악이 뒤엉킨 진흙탕을 벗어날 수 없겠지만, 하나님의 자녀들인 우리의 자녀들과 손자들은 훨씬 덜 위험한 세계 안에서 살 수 있을 것이다.

그러나 이런 미래가 현실화되려면 지도적인 나라들이 결단을 내려 세계의 모든 나라들이 보다 균등하게 좋은 지구의 자원을 공유하도록 해야 한다. 뿐만 아니라 명목상의 **기독교인들**이 다수 유권자의 자리를 차지하고 있는 부유한 나라들이 희생해야만 한다. 정의, 생명, 평화 그리고 자유를 위해 일하는 성경적 기독교인들이 전개하는 지속적이고 세계적인 정치운동이 이기적이고 물질주의적인 유권자들을 설득해 필요한 희생을 이끌어 낼 수 있다고 생각하는 것은 지나친 희망인가? 이 일이 성공적으로 이루어진다면 다음 세기는 보다 안전해 질 것이다. 창조주가 경외 받을 것이다. 그리고 타인에 대한 사심 없는 관심을 산출하는 신앙에 대하여 더 마음을 열게 될 것이다.

나는 독자들이 앞의 몇 문단(그리고 그 이전의 장들)을 읽고 기독교인들이 정치적 삶의 형성을 도모해야 한다는 확신을 갖게 되기를 희망한다. 그러나 정치가 사회구조를 변화시키는 유일한 길이라고 생각하는 것은 아주 어리석은 일이다.

정부뿐만 아니라 기업, 언론매체, 교육, 법에 이르기까지 사회의 모든 영역이 총체적인 기독교인들을 필요로 한다. 정부만이 아니라 경제, 법, 의료, 교육, 언론매체 등의 영역들에 대하여 진정한 성경적 원리들이 가지는 함의를 철저하게 탐구하고 실행에 옮기는 기독교 지도자들도 사회변혁에 참여하는 것이다.

의료계 또는 법조계에서 일하는 지도자들도 자신에게 주어진 복음주의적 기회를 무시해서는 안 된다. 이들이 세상 사람들과는 다른 규범에 따라서 살아가면서 놀라운 변화를 요구한다면, 사람들은 어떤 연유로 그런 요구를 하는지 궁금해 할 것이다. 그러면 이들은 성경적 원리에 따라서 사회의 특정한 영역을 변화시키고자 하는 노력을 계속해 가면서 그리스도에 관하여 사람들에게 말해 줄 수 있게 될 것이다.

마지막으로 나는 총체적인 회중들이 더 많이 일어나도록 일하고 또 기도한다. 지구상의 수많은 교회 회중들이 예수님과 더불어 사랑을 나누면서 불신자들을 끊임없이 그리스도께로 나아오도록 초청하고, 긍휼히 여기는 마음으로 가난한 이웃을 도와서 굶주린 자들을 먹이며, 억눌린 자들을 격려하는 놀라운 일들이 끊이지 않고 일어나기를 바란다.

　나는 목회자들의 모임에 초대받아 강연을 할 기회를 만날 때마다 참석한 목회자들에게 사람들을 그리스도께로 인도하는 동시에 사회운동에도 참여하는 성도들의 숫자가 얼마나 되는지 묻곤 한다. 유감스럽게도 대부분의 목회자들이 한 사람도 기억해내지 못한다. 그런 사람은 어쩌다가 희귀하게 가뭄에 콩 나듯 발견될 뿐이다. 소수의 목회자들이 단지 몇 사람 정도를 열거할 수 있을 뿐이다. 이 일에 대하여 예수님이 어떻게 생각하실지 물으면 그들은 그저 슬픈 표정으로 미소를 지을 뿐이다. 얼마나 통탄스럽고 믿기 힘든 비극인가!

　사회참여적 복음주의운동의 지원을 받는 네트워크9:35(Network 9:35)는 이 비극을 교정하기 위하여 노력하고 있다. 네트워크9:35는 전인을 섬기는 사역을 하신 예수님의 모범을 따르면서(마9:35), 지역교회가 복음전도와 사회봉사 사역을 동시에 추진할 수 있도록 지원하고, 또한 두 사역을 연결시켜 주는 일을 한다. 네트워크9:35는 컨퍼런스, 세미나, 도구제공, 자문, 회중에 대한 지도, 총체적 유형을 가지고 웹 사이트 운영, 상담소, 총체적 사역에 대한 최신 정보 제공 등과 같은 다양한 일을 하고 있다. 네트워크9:35 웹사이트를 통하여 사람들은 미국과 세계의 다른 지역에서 진행되는 총체적 사역에 참여하는 사람들과 연합할 수 있다.

　예수님이 진리를 말씀하시고, 성경이 하나님의 말씀이라면, 모든 기독교인 회중은 총체적이 되어야 한다. 모든 기독교 회중은 성도들이 복음전도의 일, 죄인의 구원을 위하여 끊임없이 기도하는 일 그리고 매달 정기적으로 새로운 신자들을 예수님의 구속받은 공동체 안으로 맞아들이는 기쁨을 경험할 수 있도록 무장시켜야 한다. 이와 함께 모든 기독교 회중은 공동체 안에, 그리고 세계에 흩어져 있는 상처받은 자들을 섬기는 일에도 헌신해야 한다.

이런 교회는 편협한 기독교라는 악명을 종식시킬 수 있을 것이다.

교회가 세상의 악을 드러내면 세상은 분노에 찬 적개심을 품고 덤벼들 때도 있을 것이다. 그러나 이 교회는 더 빈번히 하나님의 변혁시키는 힘을 가시적으로 드러냄으로써 존경과 두려움의 대상이 될 것이다. 이 교회는 성장할 것이다. 이 교회는 가난한 자들을 먹이도록 돕고 환경을 회복시킬 것이다. 이 교회는 사람들을 영생의 길로 인도할 것이며, 사람들은 이 길에서 말로 다 할 수 없는 기쁨으로 창조주이자 구속주이신 그분의 임재 안에 회복된 피조세계 속에서 영원히 춤출 것이다.

Good News and Good Works
by Ronald J. Sider

Appendix

사회정의는 구원의 일부인가?

우리는 **구원**이란 단어를 오직 사람들이 의식적으로 그리스도를 고백하고 그리스도의 새로운 공동체에 등록할 때 일어나는 것을 지칭하는 좁은 의미로만 사용해야 하는가? 아니면 교회일치운동의 기독교인들(2장에서 말한 세 번째 양상)이 사용하는 확장된 용법을 채택하여 구원이라는 단어를 좁은 의미에 그치지 않고 사회에서의 자유와 정의의 확장에도 전체적으로 적용해야 하는가?

넓은 의미로 사용되는 것이 최선일 경우에는 열린 마음으로 경청하는 것이 중요하다. 또한 우리는 구스타보 구티에레즈(Gustavo Gutiérrez)와 같은 사람들이 경계했던 것을 잊어서는 안된다. 그들은 "자신들의 기득권을 보호하기 위해" 좁은 의미의 사용을 채택한다. "그리스도의 공로를 **모으려고** 하는 자들은 **잃을** 것이다."[1]

---

[1] Gustavo Gutiérrez, *A Theology of Liberation* (Maryknoll: Orbis, 1973), 178.

불공정한 고정관념을 피하는 것 역시 매우 중요하다. CRESR[2]은 첫 번째 양상이 지닌 구원에 관한 개인주의적 이해를 잘 넘어섰다. 구원은 인격적인 동시에 사회적이고(신자들의 공동체 안에서) 그리스도의 재림 시에는 우주적일 것이다.[3] 광의적인 용법을 왜곡해서도 안 되며 세 번째 양상을 주장하는 사람들이 단지 정치를 통한 수평적 사회 변화로부터 결과하는 것(네 번째 양상)으로만 구원을 축소하기를 원한다고 주장해서도 안 된다.

구원이라는 용어를 오직 하나님과 신자들 사이에 회복된 관계의 전 영역을 가리키는 뜻으로 사용해야 한다고 믿는 사람들과 예수 그리스도 안에 살아 있는 믿음을 가졌을 때와 이로 인한 결과를 가리키는 뜻으로 사용해야 한다고 믿는 사람들 사이에서는 실제적인 토론이 벌어지고 있다. 그 결과라는 것은 죄의 용서, 인격적 성화, 그리고 교회 내에서의 변화된 관계를 포함한다. 그것은 또한 그리스도께 모든 무릎을 꿇게 하시는 그분의 재림 때에 가져오실 우주적 회복을 포함한다. 그러나 이런 관점에서, 구원이라는 언어는 교회를 넘어서 기독교인들과 불신자들이 함께 더 자유롭고 정의로운 사회구조를 만들어냄으로 인해 오게 되는 인간 사회 내의 자유와 정의의 성장을 논하는 데 사용되어서는 안 된다. 물론 좁은 의미의 구원의 관점을 채택하는 사람들은 기독교인들

『해방신학』(분도출판사). 더 광범위한 구원의 정의를 사용하는 Gutiérrez와 다른 해방신학자들의 논의에 대해서는, Emilio Nuñez, *Liberation Theology* (Chicago: Moody, 1985), 7장을 보라. 『해방신학평가』(CLC). 초기 사회복음주의 운동에서의 사회적 구원의 개념에 대해서는, 예를 들어, Walter Rauschenbusch, *A Theology for the Social Gospel* (New York: Abingdon, 1945), 110ff 을 보라. 『사회복음을 위한 신학』(명동출판사). WCC에 대해서는, 예를 들면, section II, "Salvation and Social Justice," in *Bangkok Assembly*, 1973 (Geneva: WCC, n.d.) 을 보라.

2 공식적인 기록에 대하여는, *Evangelism and Social Responsibility: An Evangelical Commitment*. WEF and LCWE, 1982 를 보라. CRESR에서 제출된 문서들에 대해서는, Nicholls, ed., *In Word and Deed* 를 보라.

3 *Evnagelism and Social Responsibility*, 28-29.

이 사회의 죄와 싸워야 하며 불의한 구조들을 바꾸어야 한다고 역설한다. 그들은 기독교 신앙이 더 큰 사회에서 강력한 **흘러넘침**의 효과를 가지고 있다고 믿는다. 그러나 우리는 그 결과로 구원이 아니라, 정의, 자유, 그리고 환경의 온전함을 불러일으켜야 한다.

세 번째 양상에서의 보수주의 유형이 주장하는 넓은 의미의 관점은 앞서 말한 모든 것을 지칭할 때 구원이라는 용어를 사용하는 경향이 있다. 구원은 사람들이 의식적으로 그리스도를 영접하고 교회에 일원이 되는 때 일어나는 것과 더불어 또한 모든 사회가 더 정의롭고 자유롭게 되는 때 일어나는 것을 동시에 포함한다. 이 광의적인 용어를 사용하는 사람들 대다수는 견고한 정통신학과 불신자들을 그리스도에 대한 살아있는 신앙으로 인도하려는 복음전도의 열정을 가지고 있다.[4] 그러나 구원은 사탄이 왜곡시킨 창조질서를 바로잡고자 하는 하나님의 총체적 구원계획을 지칭한다. 그것은 교회 안에서 가장 분명하게 일어나지만 또한 모든 사회가 인종분리정책 같은 제도적 인종차별이나 경제적 억압 또는 미성년노동을 줄여나갈 때 일어난다.

광범위한 사회에서 하나님 나라의 도래를 말하는 것이 옳은지 아닌지에 관한 논쟁은 구원이 얼마나 광의적인가에 대한 논쟁과 평행을 이룬다. 예수님은 "하늘에서 이룬 것 같이 땅에서도" 하나님 나라가 이루어지기를 기도하셨다. 데이비드 보쉬(David Bosch)는 "하나님 나라는 예수님이 악한 것을 이기는 곳마다 도래한다. 이것은 교회 내에서 가장 충만하게 일어난다(또는 일어나야만 한다). 그러나 그것은 또한 사회에서도 일어난다"고 주장한다.[5] 그러므로

---

4 예를 들면, 풀러 신학교 총장 Richard J. Mouw(예. *Political Evangelism* 〔Grand Rapids: Eerdmans, 1973〕), "국제 복음주의 선교신학연맹"의 사무총장 Vinay Samuel(각주 16, 19번을 보라).

5 David J. Bosch, *Witness to the World* (Atlanta: John Knox, 1980), 209. 『세계를 향한 증거』(두란노). 1977년에 나도 같은 이야기를 했다. Ronald J. Sider, *Evangelism,*

우리는 사회가 자유와 정의의 성장을 누릴 때 하나님 나라의 도래와 구원의 임재라고 말해야 한다.

이 두 견해들 중 어느 것이 더 성경에 충실한가? 어느 것이 더 오늘날 기독교인들로 하여금 교회의 머리이신 주님이 원하시는 모든 것을 성취하는 데 더 나은 도움이 될까? 각각의 입장에 대한 가장 강력한 주장들을 면밀히 검토하는 것이 우리의 결정에 도움이 될 것이다.

1. 넓은 의미의 구원

1) 인간의 총체적 형상

어떤 사람들은 구원 용어의 넓은 의미의 사용을 거절한다. 왜냐하면 그들은 강한 영육이원론을 포함해서, 사람들에 대한 극도의 개인주의적 관점을 갖고 있기 때문이다. 그들은 죄의 사회적 측면이 아니라 오직 죄의 인격적인 측면만을 본다. 그리고 그들은 사람들이 공동체를 위하여 창조되었기에 악한 사회 구조들이 변혁되지 않는다면 우리는 하나님이 작정하신 모든 온전함을 누릴 수 없다는 사실을 망각한다.

칼 브라튼(Carl Braaten)은 비성경적인 영육이원론은 많은 복음주의자들이 구원이라는 언어의 광의적인 사용을 거절하는 이유를 설명한다고 언급하면서 다음과 같이 주장한다. "육체와 분리된 영혼의 구원 같은 것은 없다…다른 어느 장소가 아니라 우리의 육

Salvation and Social Justice (Bramcote Notts : Grove Books, 1977), 11. 『복음전도, 구원, 사회정의』(IVP). 또한 Vinay Samuel과 Chris Sugden의 "Evangelism and Social Responsibility," in Nicholls, ed., *In Word and Deed*, 210을 보라.

체들 안에서 하나님의 구원의 드라마가 펼쳐지는 것이다."[6]

그러한 주장은 분명 너무 포괄적이다. 모티머 아리아스(Mortimer Arias)는 십자가 위의 강도가 죽음으로 육체를 떠나는 바로 그 때, "오늘" 그가 낙원에 그분과 함께 있으리라는 예수님의 위로의 약속을 영접했던 것을 지적한다.[7] 브라튼은 계속해서 원칙적으로 완전한 사회 구조 안에서 살고 있으면서도 여전히 하나님 앞에서 죄인으로 존재할 수 있다고 진술한다.[8] 반면에, 배고픔으로 죽어가는 사람이라 해도 여전히 역시 주님으로 인해 기뻐할 수 있고 영생을 확신할 수 있다(기독교인들은 그리스도의 몸인 교회 안에서 그런 비극을 묵인하는 기독교인들은 지옥에 갈만한 죄의 책임이 있다고 확신한다).

그러나 브라튼의 기본적인 지적은 정확하다. 구원을 주로 혹은 전적으로 개인 영혼의 구원으로만 알고 있는 사람들이 있다. 그리스도께로 나오는 것은 지상에서의 삶에 아주 작은 도전과 더불어 용서와 천국행 티켓을 받아들이는 것을 의미할 뿐이다. 그런 사람들은 육과 영의 통일체로서 인간을 보는 성경적 관점을 엄청나게 왜곡하고 있다. 그들은 우리가 5장에서 보았던 대로, 신약성경과 구약성경 모두에서 구원이라는 언어가 하나님이 부서진 몸을 치유하시고 사람들 사이의 하나 됨을 회복하시는 것을 지칭하는 핵심적인 방식을 간과하고 있다. 그들은 예수님의 새로운 구속의 공동체 안에서의 변혁된 관계가 신약성경에서의 구원이라는 말이 뜻하는 바의 일부라는 사실을 망각하고 있다.

그러나 우리는 그 모든 것을 말할(그리고 이처럼 비성경적인 영육이원론을 거절할) 수 있다. 그리고 여전히 교회 밖 사회의 제한적인 개선은 구원이라기보다, 정의라고 불러야 한다고 주장할 수 있다.

---

6 Braaten, *Flaming Center*, 149.
7 Arias, *Announcing the Reign*, 11.
8 Braaten, *Flaming Center*, 150.

2) 사회악과 구조적 변화

사회악의 실재를 인식하게 된다면 광의적인 용법의 필요성을 알 수 있을까? 많은 사람들이 죄는 개인적인 동시에 사회적이기 때문에, 교회 밖에서 조직적인 개선이 구원에 포함되어야만 한다는 의미에서 구원은 개인적이면서 동시에 구조적이라고 주장했다.[9] 분명한 사실은 타락은 하나님과의 깨어진 관계뿐만 아니라 이웃과의 깨어진 관계에서도 초래되었다는 것이다. 성경은 악한 사회 구조를 예리하게 규탄한다.[10] 또한 하나님과의 바른 관계가 이웃과의 바른 관계를 요구한다고 역설한다.[11]

하나님은 우리를 사회적 존재로 창조하셨다. 그러므로, 올랜도 코스타스(Orlando Costas)가 단언한 대로, 교회와 사회를 단순히 "개인들의 총합"[12]이라고 보는 개인주의적 사회학으로 일하는 것은 비성경적인 동시에 독단적이다. 우리는 결코 세상을 변화시키는 **유일한** 길은 개인들을 회심시키는 것이라고 함부로 가정해서는 안 된다. 인격적인 회심은 사회에 영향을 끼친다. 사실상 세속의 사회운동가들이 꿈꾸거나 상상하는 것 보다 훨씬 더 많이 끼친다.[13] 그러나 사회 구조가 사람들의 행동에 영향을 끼치는 심오한 방식을 간과하는 것은 극히 단순한 짓이다. 엄격한 속도 제한은 우리의 급하게 운전하는 방식을 바꾸어 놓는다. 무책임한 혼외임신을 보상해주는 복지 정책은 부도덕한 행동을 조장한다. 정치적

---

9 예를 들면, Costas, *Christ Outside the Gate*, 30, 그리고 WCC 방콕 회의 2부의 보고서, "Salvation Today", in *International Review of Mission* 62, no. 246 (April 1973): 199.
10 8장의 236-241쪽을 보라.
11 6장의 164-167쪽과 Samuel and Sugden, "Evangelism and Social Responsibility," in Nicholls, ed., *In Word and Deed*, 199-209을 보라.
12 Costas, *Christ Outside the Gate*, 41.
13 회심에 관해서는 6장을 보라.

인 변화를 통해서는 새롭고 이타적인 사람들이나 완전한 사회 구조를 창조할 수 없다. 그러나 최근 민주적 제도들의 확산은 사회구조들이 변화될 수 있다는 것을 보여준다. 그리고 그러한 제도들도 확실히 강력한 방식으로 우리를 형성한다.

사실상, 사람들은 공동체를 위해 만들어진 사회적 존재들이기 때문에, 우리는 단순히 변화된 사회 구조와 동떨어져서는 충분한 인간화를 향유할 수 없다. 분명 노예조차도, 하나님의 죄 사함을 받을 수 있고 영생을 예정 받을 수도 있다. 그러나 노예로서, 억눌린 노동자로서, 또는 영양실조에 걸린 여성으로서는 창조주께서 의도하신 존엄성, 자유, 그리고 온전함을 누릴 수가 없다. 거꾸로 비나이 사무엘(Vinay Samuel)과 크리스 수든(Chris Sugden)이 여성들과 가난한 사람들을 비인간화하는 사회 구조가 바뀌고 그들을 더 위대한 존엄성으로 대접한다면, 가난한 사람들 속에 자리 잡는 새로운 자기존중은 타락이 가져온 훼손을 상당 부분(비록 완전히는 아닐지라도) 극복할 것이라고 주장한 것은 정확하다.[14]

그러나 다시 말하지만, 앞서의 주장들 중에 그 무엇도 넓은 의미의 구원의 정의를 요구하지는 않는다. 우리가 공동체의 일원이라는 사실은 구원에 강력한 사회적 요소가 존재해야만 한다는 것을 의미한다. 그러나 그것은 정확하게 두 번째 양상의 신봉자들이 교회 안에서의 구속받은 관계에 관해 강력하게 강조할 때 주장하는 것이다.

성경은 불의한 사회구조가 우리의 거룩하신 하나님을 노하게 하며 마찬가지로 사람들도 비인간화 시킨다고 가르치기에, 불의한 사회구조들을 변화시키는 것은 분명 매우 중요하다. 그러나 많은 기독교인들은 오늘날 사회 구조를 개선하기 위해 고안된 정치

---

14 Vinay Samuel 과 Chris Sugden, "Toward a Theology of Social Change," in sider, ed., *Evangelicals and Development*, 58.

활동의 결과들을 구원이라 부르지는 않지만, 정치활동에 높은 우선권을 둔다.

하나님 나라의 가치들에 순종하는 증인으로서 기독교인들이 예수님의 이름으로 더 큰 사회를 변화시킬 때, 기독교인들이 누리는 구원과 그리스도가 시작하신 하나님 나라는 확실히 **흘러넘침**[15]의 효과를 세상 속에 가지고 있다. 하나님은 분명히 인도에서 중요한 방식으로 억압적인 카스트 제도를 변화시키기 위해 기독교인들을 (그리고 힌두교인들도) 사용하셨다. 불가촉천민 출신의 교육받고, 윤택해진 힌두교 여인은 확실히 새로운 존엄성과 온전함을 향유하고 있다. 그녀는 그리스도의 나라의 이러한 혜택을 누리기 위해 그리스도를 고백할 필요가 없다. 그러나 그녀가 "하나님의 구원 역사"를 함께 나눈다고 말하는 것은 정확한가? 카스트 제도를(부분적으로) 몰아내는 이런 활동이 "분리된 집단들 사이에 적대감의 나누어진 장벽을 무너뜨리고, 그리스도 안에서 한 새로운 인간성을 직접 창조하시는 하나님의 역사의 한 부분"이라고 말하는 것은 정확한가?[16]

에베소서 2:14-15는 분명히 예수 그리스도를 인격적으로 영접하고 그리하여 나누어진 인종과 계급의 장벽이 무너져버린 예수님의 새로운 공동체를 향유했던 사람들을 가리키고 있다. 힌두교를 유지하고 선택함을 표명하는 사람들을 지칭하는 데에 이런 언어를 사용하고 구원을 말하는 것은 모순이라 여겨진다. 이것은 말하자면 성경의 언어에 더 충실하지 못한 것이며 정의와 인간의 권리보다 그녀의 종교적 선택을 더 존중하는 것은 아닌가? 카스트

---

15 교회와 세상 사이의 구분을 강조하기 위해 나는 "*spill over*(흘러넘침)"란 단어를 사용한다. 그러나 이 이미지는 교회 안에서 경험된 구원이 세상에 영향을 주는 모든 방식을 보여주기에는 부적절하다. 그 이상은 10장의 284쪽을 보라.

16 Samuel and Sugden, "God's Intention for the World," in Samuel and Sugden, eds., *Response to Human Need*, 141-142.

에 대항한 투쟁에 대해서 비나이 사무엘과 크리스 수든은 다음과 같이 결론을 내린다.

> 사회적 변혁이 일어난다고 해서 그것이 곧 구원은 아니다…그리스도를 고백하지 않는 사람들은 이 세상에서 하나님 나라에 의해 구원받지 않았다. 단지 왕께 대한 순종과 믿음만이 구원을 제공할 수 있다.[17]

우리는 기독교인들의 순종적인 사회정치활동으로 인해 불신자들이 누리는 **혜택**이나 **흘러넘침** 효과를 구원이 아닌 다른 단어들로 묘사해야 한다.

3) 우주적 구원

우리는 하나님의 구원 계획이 궁극적으로 개인들에게 뿐만 아니라 사회와 창조계 자체에까지도 확장될 것임을 5장에서 알게 되었다. 지상의 왕들은 요한계시록 21장이 약속하듯이, 새 예루살렘으로 그들의 영광을 가지고 들어갈 것이다. 재림의 때에는 심지어 탄식하는 피조물도 그리스도의 구원의 능력을 경험할 것이다(롬 8장). 더 나아가, 이러한 구절들은 모두 우리가 알고 있는 대로 자연과 역사 그리고 도래하는 하나님 나라 사이의 중요한 연속성을 시사해준다. 분명 근본적인 불연속성은 존재한다. 죄 때문에 우리는 정치적 참여를 통하여 완전한 하나님 나라를 창조할 수 없다. 그리스도는 그의 재림 시에 그것을 완전히 이루실 것이다. 그러나 또한 연속성도 초래한다. 정의, 자유, 평화 그리고 온전함이 사회 속에서 나타날 때마다 우리는 역사의 주인이신 예수 그리스도

---

17 Ibid., 142. 그러나 그들이 여기서 의미하는 모든 것이 내가 주장하는 "spillover"가 아니라면, 그들이 "하나님의 구원사역을 나눈다는" 141페이지에서의 주장과 모순되지 않는가?

께서 그의 재림 시에 도래할 완성을 향하여 역사를 이끌어가고 계심을 확인할 수 있다. 그리고 또한 사회들이 그런 방향으로 움직일 때 경험하는 제한적인 선함과 아름다움은 다소 신비로우면서도 실질적인 방식으로 구속되고 하나님 나라 안으로 들려 올라갈 것임을 확실히 말할 수 있다.

그것은 현재의 제한적인 선에 구원이라는 언어가 적용되어야 함을 의미하는가? 신약성경 어디에도 그러한 곳은 없다. 로마서 8:18은 도움이 되는 교훈을 준다. 사람들과 모든 창조 질서가 함께 탄식하며 만물의 궁극적 구속에 참여하기를 열망한다. 그러나 신자들과 창조물 사이에 현존하는 중요한 차이가 있다. 바울은 기독교인들이 이미 성령의 "처음 익은 열매"를 가지고 있으며 최후의 종말을 소망으로 "구원을 얻었으매"라고 말한다(23-24절).

그러나 창조물에 대해서는 전혀 이런 식으로 언급하지 않는다. 창조질서가 사람에게서 분리되어 이미 일정부분이 그렇게 구속되었다거나 구원받았다고 하는 어떠한 암시도 없다. 바울은 단지 하나님의 영광을 종말론적으로 나타내실 때에 창조물이 충만히 구속될 것이며 그 동안에 그것은 종말론적인 해방의 참여를 열망하고 있다고 말 할 뿐이다. 로마서 8:18은 곧 오늘날 구원이라는 언어를 교회를 넘어 더 큰 사회에서의 환경이나 사회경제적 개선을 지칭하기 위해 사용하는 것에 전혀 어떠한 지지도 하지 않는다. 신약성경의 나머지 부분도 마찬가지다.

4) 세상을 다스리시는 그리스도의 현재적 주권

신약성경은 십자가에 달렸다가 다시 살아난 나사렛 출신의 목수가 **지금** 교회뿐만 아니라 온 세상의 주님이라는 깜짝 놀랄만한 주장을 반복하여 하고 있다(엡 1:22, 골 1:15-20).

지상명령에서, 예수님은 선포하신다. "하늘과 땅의 모든 권세를 내게 주셨으니"(마 28:18). 그리고 요한계시록 1:5은 예수님이 **현재** "땅의 임금들의 머리"가 되신다고 말씀한다. 그것은 그리스도의 통치와 구원이 교회뿐만 아니라 세상에도 현존한다는 것을 의미하는가?

우리가 앞의 장에서 보았듯이, 분명 구원 사역의 혜택들 중 일부는 그리스도를 고백하지 않는 사람들 속에도 존재한다. 그러나 신약성경은(두 가능한 예외들을 제외하고) 항상 구원이라는 언어를 단지 사람들이 예수 그리스도를 주님과 구주로서 영접하고 그의 새로운 구속 공동체의 일원이 될 때 일어나는 일에만 적용하기 위해 사용한다. 유사하게 하나님 나라에 관한 신약성경 본문의 근거들 중에 **그 어느 것도 절대로** 예수 그리스도를 의식적으로 고백하는 것과 하나님 나라의 현존을 분리하여 말하지 않는다.

만인구원론자이고, 신자들 모두가 이미 구원받았다고 믿지 않는 이상(비록 구원받은 사실을 알지 못한다 하더라도), 그리스도의 구원과 보존의 행동, 현존과 주권 사이의 어떤 구분을 해야만 한다. 창조주와 만물의 보존자로서, 그리스도는 지금 만물의 법적인(*de jure*) 주님이시다. 그러나 구주로서, 그리스도는 사실상(*de facto*) 오직 그를 알고 있는 이들만의 주님이시다.[18]

5) 창조/구속 사이의 구분을 거부

이러한 널리 사용된 신학적 구분에 따르면, 세상을 창조하시고 보존하시는 하나님의 역사는 그것을 구속하시는 그분의 역사와 동일하지 않다. 하나님은 그리스도를 계속 거절하는 이들을 포함

---

18 이 구분은 CRESR 문서에서 사용된다. *Evangelism and Social Responsibility*, 33을 보라.

한 모든 곳에서, 일반은총에 의해 창조를 보존하시고, 질서를 유지하시며, 모두를 위한 정의의 창조를 위해 역사하신다. 오직 이스라엘의 역사 속에서 그리고 예수 그리스도의 대속의 삶과 죽음 그리고 부활 안에서만 하나님은 구원의 은혜를 제공하셨다. 오늘날 우리가 현재적 실재로서 구원이라 말할 수 있는 것은 사람들이 그리스도를 고백하고 그의 구속의 공동체에 들어가는 때뿐이다.

창조/구속의 구분에 대한 주요한 반대들은 무엇인가?[19]

첫째, 그러한 접근방법이 기독교신앙의 종말론적 차원에 대해서는 무지하다는 주장이다. 그것은 구원의 사역 속에서 예수님의 나라가 이미 역사 속으로 침투했으며 그리스도께서 모든 창조 질서 가운데 죄에 대한 승리를 완성하기 위해 다시 오시기까지 악과의 싸움을 계속할 것이라는 사실의 중요성을 소홀히 여긴다. 이러한 무관심 때문에, 전통적인 범주들은 억압을 바로잡기보다 오히려 질서를 유지하기 위해 사회 속에서의 하나님의 행동을 좌시하는 경향이 있다. 이처럼 기독교인들은 사회비판과 변화의 선구자가 되기보다는 오히려 현재 체제의 보수적인 수호자들이 된다.[20]

둘째, 개인적인 신자와 교회의 **영적인** 영역이 국가들과 사회적 구조의 **세속적** 영역 보다 훨씬 더 중요하다고 여겨지는 이원론이 쉽게 발전한다. 기독교의 에너지는 주로 혹은 독점적으로 내면적인 영적 생활, 전도, 그리고 교회에만 초점을 맞추게 된다. 사회

---

19 많은 신학자들이 이 문제를 논쟁했다. 다음을 보면 나는 특히 Samuel과 Sugden과 더불어 상호간에 영향을 주고받을 것이다. "Theology of Social Change," in Sider, ed., *Evangelicals and Development*, 50-61, 그리고 Samuel and Sugden, "Evangelism and Social Responsibility," in Nicholls, ed., In Word and Deed, 189-214. 그러나 다음을 함께 보라, Costas, *Christ Outside the Gate*, 29-42(특히 41쪽), 그리고 Braaten, *Flaming Center*, 57-62.

20 Samuel and Sugden, "Theology of Social Change," in Sider, ed., *Evangelicals and Development*, 51-52, Sugden, "A Critical and Comparative Study," 271, 그리고 Braaten, *Flaming Center*, 61. 그는 이 문제가 그들이 특별한 두 왕국 신학을 가진 루터파에게는 사실이었다고 지적한다.

내의 정의는 방치하게 된다.²¹

셋째, 만약 그리스도의 구속 사역이 그리스도를 의식적으로 고백하는 곳에만 제한된다면, 이는 곧 비나이 사무엘과 크리스 수든에 따르면 다음과 같다.

> 이것은 그리스도의 죽으심과 부활로부터 솟아오르는, 사회 내의 인간을 위한 하나님의 목적을 향한 어떤 진실한 변화가 오직 교회의 한계 내에서만 발생할 수 있음을 의미한다.²²

이것은 복음전도와 사회적 관심 사이의 관계에 대한 복음주의의 혼동의 원인이다. "그리스도를 아는 지식이 항상 어떤 진실한 사회적 변화를 요구하기 때문에, 복음전도는 항상 우선권을 가진다."²³ 대신에 사무엘과 수든은 하나님이 세상을 그분의 구속계획에 포함시키기 위해 교회 밖에서 구속의 역사를 펼치신다고 역설한다.²⁴ 사무엘과 수든은 "하나님이 세상 속에서 역사하실 때마다, 그 역사는 그리스도께서 십자가 위에서 죄와 악에 대하여 이기신 승리에 기초해있다"고 주장한다.²⁵ 그렇지 않다고 생각하는 것은 유일하신 삼위일체 하나님이 아닌 세 명의 신을 믿는 삼신론이다. 왜냐하면, 하나님이 근본적으로 다른 두 가지 방식으로 행동하신다고 그릇되게 주장하는 방식은 하나님의 경륜적 행동을 그리스도 안에서의 그분의 구속행동으로부터 분리시키기 때문이다.²⁶

---

21 Braaten, *Flaming Center*, 61. Samuel and Sugden, "Social Change," in Sider, ed., *Evangelicals and Development*, 52.
22 Ibid., 51.
23 Ibid.
24 Ibid., 54, Sugden, "A Critical and Comparative Study," 301-2.
25 Samuel and Sugden, "Evangelism and Social Responsibility," in Nicholls, ed., *In Word and Deed*, 203.
26 Samuel과 Sugden이 이러한 행동의 다른 방식들을 말할 때 단순하게 특징적이라는 것인지 아니면 상반적이라는 것인지는 의미가 분명하지 않다. 만약 후자라면,

창조/구속의 설계도가 이미 시작된 메시아 왕국과 그 왕국의 현 체제에 대한 급진적 비판의 중요성을 소홀히 여기거나 축소하는 결과를 야기할 수밖에 없는 필연적인 이유는 없다. 만약 누군가가 예수님의 나라의 윤리적 가치들이 오직 사적이고, 개인적인 특정 영역에만 한정된 것이며 모든 삶과 사회 일반에 적용되는 것은 아니라고 주장한다면, 그는 근본적으로 시작된 예수님 나라의 사회적 영향력을 약화시키는 것이다.[27] 죄인들이 물론 예수님의 윤리를 매우 잘 따를 수는 없다. 그러나 그들은 해야만 한다. 그들이 그것을 행하는 데 실패한다면 이는 그들의 반역과 단절을 측량하는 결정적인 척도가 된다.

그의 나라의 백성은 예수님이 시작하시고 완성하기 위해 다시 오실 나라의 척도로 모든 타락한 사회를 측량할 것을 끝까지 고집할 것이다. 부활이 예수님의 나라를 확고하게 선포했기 때문에, 기독교인들은 역사가 어느 방향으로 진행하는가를 알고 있다. 그러므로 그들은 또한 비록 불완전하다 할지라도, 그 방향으로 움직이도록 사회를 자극하기 위해 왕성하게 일할 것이다. 그들이 제한적인 결과들을 **구원**이 아닌 **정의**라고 일컫는다는 사실이 조금이라도 그들의 헌신을 감소시킬 것이라는 필연성은 없다. 그들은 언젠가 주님이 재림하실 것이며 그들의 사역을 완성하실 것임을 기억하고 있기 때문이다. 그때는, 정의의 사역 속에서 자신들의 작은

그 때는 반대가 타당하다. 그러나 만약 단지 특징이라면(이후의 나의 주장대로), 나는 문제를 찾지 못하게 된다.

[27] 기독교인 공무원들이 "당신의 의무를 그리스도께 물어야만 하는 것은 아니"라는 Martin Luther의 진술을 참고하라. John R. W. Stott, *Christian Counter-Culture* (Downers Grove, Ill.: InterVasity, 1978), 113에서 인용. 『존스토트의 산상수훈』(생명의말씀사). 산상설교에 관한 Luther의 주석을 보라. Jaroslav Pelikan, ed., *Luther's Works*, vol. 21 (st. Louis: Concordia, 1956), 110-13. 나는 이런 종류의 윤리적 이원론이 잘못되었다고 생각한다. 다음을 보라. Ronald J. Sider and Richard K. Taylor, *Nuclear Holocaust and Christian Hope* (Downers Grove, Ill.: InterVarsity, 1982), 114-17.

승리들에 대해 감사하면서, 기쁨으로 외칠 것이다.

> 세상 나라가 우리 주와 그의 그리스도의 나라가 되어 그가 세세토록 왕 노릇 하시리로다(계 11:15).

기독교인들이 억압적인 현실체제의 보수적인 동맹자들이 되는 것은 그들이 창조와 구속 사이를 구별하기 때문이 아니다.

둘째, 창조/구속 이원론은 필연적으로 또 다른 오해되고 해로운 이원론들을 초래하는가? 사실상 창조와 구속을 구별하는 일부 사람들은 또한 구속이 단지 영혼과 무형적인 천국에서의 영생에만 관계한다는 플라톤적 영육 이원론을 가지고 일한다. 우리가 보았듯이, 그것은 성경적인 견해가 아니다. 어떤 이들은 또한 성속이원론을 가지고 일한다. 오직 인격적인 신앙과 교회만이 **영적**이라는 것이다. 그러나 그런 사고는 현대 세속화로부터 흘러나온 것이지 성경적 신앙이 아니다. 성경은 하나님이 만유의 주, 즉 내면적 삶과 정치와 사업의 생활 모두의 주가 되신다고 강조한다. 사업이나 정치에 있어서 그리스도께 대한 순종으로 일하는 것은 목사가 되거나 **해외선교사**가 되는 것만큼이나 똑같이 **영적**이다. 오인된 이원론 중에 그 어느 것도 창조와 구속 사이의 타당한 구분과 어떠한 필연적 연관성을 가지고 있지는 않다.

셋째, 그리스도에 대한 의식적인 고백이 있는 곳에만 구원이 임하기에, 사회를 위해 하나님이 목적하신 방향으로의 모든 사회적 변화는 교회 내에서 일어나야만 한다고 말하는 것은 정확한 것이 아니다. 기독교인들의 변화된 생활은 여러가지 방식으로 더 큰 사회로의 **흘러넘침**의 효과를 가지고 있다. 기독교인들이 진리와 윤리에 대한 성경 계시를 선포하는 것은 일부의 불신자들에게는 설득력이 있다. 그들의 변화된, 성령 충만한 생활과 구속공동체는 불신자들에게조차 매력적인 역할 유형을 제공한다. 사회적 불의에 대한 그들의 왕성한 도전과 성공적인 정치참여는 모든 사람들의 생활을 풍요롭게 하는 방식으로 구조와 사회적 관습을 변화시킨다. 이 모든 경우들 속에서, 우리는 기독교인들 속에서 일어나는 그리스도의 구속사역이 교회와 세상 속에서 함께 수많은 변화를 생산한다고 말해야만 한다. 우리가 더 큰 사회 내에서의 제한적인 변화를 구원이 아닌 정의와 자유라 부른다고 해서, 그런 변화가 그리스도 안에 있는 하나님의 구원 사역으로부터 흘러나온다는 사실이 어떤 식으로든 왜곡되는 것은 아니다.

삼신론(tri-theism)의 결과는 무엇인가? 하나님의 사역을 모순되게 만들지 않는 한, 단지 그 행동들을 구별한다고 해서 삼신론에 떨어지는 것은 아니다. 성경은 모든 곳에서 하나님의 거룩하심과 사랑, 정의와 긍휼을 구별한다. 동일한 하나님이 벌을 내리시고 용서도 하신다. 죄인들에 대한 하나님의 유죄판결과 죄인들에 대한 그분의 용서는 상반되며 동일하지 않다. 누구도 십자가 위의 그리스도가 하나님이 우리를 다루시는 방식에 대하여 우리가 알고 있는 것의 전부를 계시한다고 말할 수는 없다. 마지막 심판 때에 일부 사람들이 받게 될 살아계신 하나님으로부터 영원히 분리되는 하나님의 유죄판결은(마 25장) 또한 성경이 하나님의 행동에 대하여 우리에게 말해주는 것의 분명한 일부분이다. 그것은 십자가 위에서 그리스도 안에 계신 하나님이 행하시는 일에 모순되지 않는다. 하지만 확실히 구분된다.

칼 브라튼(Carl Braaten)이 말하는 것처럼, "율법과 복음 모두 하나님이 세상 속에서 일하시는 방식이다."[28] 율법을 주시는 하나님의 행동은 복음을 주시는 하나님의 행동과 동일하지는 않다. 그

---

[28] Braaten, *Flaming Center*, 59.

두 가지는 상호 연관되지만 동일하지는 않다.

유사하게, 하나님의 창조와 구속의 역사는 밀접하게 상호 연관되지만 동일하지는 않다. 하나님은 자연의 질서와 역사를 창조하신다. 그리고 그 안에서 인간들은 신성한 협력자로 순종하며 반응하도록 초청받았다. 인간의 죄가 창조질서 전체에 걸쳐서 황폐화를 양산했을 때, 하나님은 그 질서를 유지하는 동시에 또한 그리스도의 재림 시에 완성될 때, 온전함으로 창조질서를 회복시키실 구속의 계획을 발전시키는 행동을 하신다. 그러나 그러한 성취의 때까지, 하나님은 계속 사람들을 초청하셔서 그분의 은혜로운 구원의 제공을 영접하게 하시고 충만한 궁극적 구원의 일부를 현재의 삶 가운데 체험할 수 있도록 하신다. 하지만 많은 사람들이 거절한다. 그리고 하나님은 그들에게 구속 공동체로 부르시는 그분의 구원초청을 거절할 자유를 허락하실 것이다. 누구든지 창조와 구속 사이의 구분을 유지하지 않는다면, 그리스도를 통해 하나님이 제공하신 것을 받아들이고 교회에 들어오는 사람들과 그렇지 않은 사람들 사이의 중요한 신약적 구분을 이해하거나 유지하기가 곤란해지며 아마도 불가능해진다. 이런 구분이 없다면, 우리는 칼 브라튼이 지적한 것처럼, 기독교와 문명을 미국의 시민 종교가 빈번하게 저지르는 비참한 방식으로 융합하게 될 것이다.[29]

골로새서 2:15은 구원 용어를 구조적 변화를 말할 때 사용한 성경적 전례가 있음을 보여주기 위해 자주 인용된다. 바울은 십자가 위에서의 그리스도의 승리를 말씀한다.

> 통치자들과 권세자들을 무력화하여 드러내어 구경거리로 삼으시고 십자가로 그들을 이기셨느니라(골 2:15).

---

[29] Ibid. 58.

이 본문이 의미하는 것은 무엇인가?

바울이 "통치자들과 권세자들"(*archai kai exousiai*)이라고 말한 것은 사회의 구조와 사회적 관습 모두를 지칭한다. 또한 이러한 구조들 배후에 존재하면서 이것들을 통하여 역사하는 초자연적이고 타락한 존재들도 지칭한다.[30] 정확하게 십자가 위에서 이런 통치자들과 권세자들에게 무슨 일이 일어났는가? 이 본문의 의미는 로마 군대의 역사에서 유래한다. 성공적인 로마 장군은 정복당한 나라의 지배자들을 강제적으로 로마 장군의 전차 뒤에서 맨발로 행진하게 한다.[31]

그러므로 바울은 그리스도가 십자가 위에서 통치자들과 권세자들에 대해 결정적 승리를 쟁취하셨다고 말한다. 그리스도는 그들의 권세를 깨뜨리시고 굴욕을 주셨다. 추측컨대 그리스도의 목적을 훼방하는 그들의 능력은 심각하게 약화되었을 것이다.

물론, 바울이 그들의 악한 능력이 완전히 부서졌음을 의미하는 것은 결코 아니다. 바울은 빈번하게 기독교인들이 이러한 권세자들과의 싸움을 계속하는 방법에 대해 이야기한다(엡 6:12).

아마도 사탄과 그 악한 세력들에 대한 예수님의 투쟁이 도움이 되는 교훈을 줄 것이다. 예수님은 그가 사탄이 빛처럼 떨어지는 것을 보셨다고 노골적으로 말씀하셨다. 그는 자신이 악한 강자를 결박하는 때를 보셨다.[32] 그러나 그는 결코 그러한 악한 권세자들이 완전히 패배했다고는 기대하지 않으셨다. 또한 그는 그들이 회

---

30 다음을 보라. Sider, *Christ and Violence*, 50-57과 거기에 인용된 문헌. 또한 Walter Wink의 세 권의 저작들, *The Powers* (8장의 각주 33번을 보라). Wesley Carr는 매우 상이한 견해를 취하고 있다. *Angels and Principalities* (Cambridge: Cambridge University Press, 1981).

31 다음을 보라. Albert van den Heuvel, *The Rebellious Powers* (Naperville: SCM Book Club, 1966), 44.

32 4장의 90쪽을 보라.

복되었다고도 전혀 말씀하지 않았다.

　골로새서 2:15에서도 이와 유사하게 십자가에서의 권세자들과 통치자들의 구속에 관하여 전혀 어떤 언급도 없다. 본문은 그리스도를 자발적으로 영접하지 않고 억지로 굴복한 것이라고 말한다. 그들의 권세는 부서졌지만 그러나 발생했던 일정한 변화는 구속이라 말하기에는 너무나 훨씬 불완전하다.

　그러나 골로새서 1:19-20은 구원 용어를 대비적 문맥에서 사용하지 않는가? 이 구절은 말씀한다. "그의 십자가의 피로 화평을 이루사(부정과거 분사) 만물 곧 땅에 있는 것들이나 하늘에 있는 것들이 그로 말미암아 자기와 화목하게 되기를(부정과거 부정사) 기뻐하심이라(부정과거)." 16절에서, 바울은 하늘과 땅의 만물이 그리스도로 말미암아 창조되었다는 사실을 이야기한다. 그리고 그는 노골적으로 권세자들과 통치자들을 포함시켰다. 이제 그는 그리스도의 십자가를 통하여 만물이 화목하게 **이루었다**는 것을 말하기 위해서 과거 시제(부정과거)를 사용한다. 하나님의 우주적인 구원 계획에 대한 이런 논의의 문맥 속에서, 우리는 "만물"을 단지 사람이 아닌 그 이상의 많은 것을 지칭하는 것으로 인정해야 한다. 창조질서의 모든 부분은 그리스도로 말미암아 창조되었으며 또한 그리스도 안에서 화목하게 되었다(물론 그것은 개개의 모든 사람이 구원받으리라는 것을 의미하지 않는다. 바울은 만인구원론자가 아니다. 그러나 그것은 모든 창조의 영역이 십자가의 영향을 받았다는 것을 의미한다).

　화목이라는 단어는 바울의 구원 단어 그룹에서 중요한 용어들 중에 하나다. 화목이라는 행위가 성경 본문에서 과거 시제로 사용되고 있기 때문에, 화목에 대해 말할 수 있는 합법성이 확보되기도 하고, 또한 구원이 하늘과 땅의 모든 것에 영향을 주기 시작했다고 말할 수도 있게 된다. 아마도 이 본문은 더 큰 사회에서 샬롬이 부분적으로 출현하는 것에 대해 구원이라는 단어를 사용할 수 있음을 확증하는 것이다.

그러나 다시, 중요한 질문이 생겨난다. 바울은 만유가 하나님과 화목하게 되었다고 말씀한다. 그러나 그것은 모든 사람들이 이미 화목하게 되었다는 것을 의미하지는 않는다.[33] 다른 곳에서, 그는 불신자들에게 하나님과 화목하게 되라고 절박하게 간청한다(고후 5:20). 그들이 그리스도를 믿는 믿음에서 분리되면 방황하게 되고 세상에서 아무런 소망도 없음을 확신하기 때문이다(엡 2:12). 그러므로 골로새서 1:20은 그리스도께서 십자가상의 결정적인 승리를 쟁취하심을 통해 사람들이 복음을 듣고 영접할 때 비로소 하나님과의 화목을 가능하게 만든 것을 의미한다. 즉 부정과거 시제는 그들이 실제로 **언제** 화목하게 되는지를 말해주는 것이 아니다. 오히려 그것은 화목을 가능하게 만드시는 하나님의 결정적인 행동이 이미 일어났음을 우리에게 말해준다.[34]

동일한 추론이 만물의 우주적 구속에 적용된다. 십자가는 분명 그 일을 가능하게 하는 결정적인 승리였다. 그러나 언제 그러한 구속이 일어나는지 밝히기 위해서는 다른 본문으로 가야만 한다. 앞에서 말했듯이 바울서신이나 신약의 나머지 부분 **어디에서도** 그리스도의 영광 가운데 오실 재림 이전에 창조나 사회의 구조에 구원이라는 단어를 사용하는 곳은 없다. 그러므로 우리는 골로새서 1:20을 바울서신과 신약의 나머지 부분과의 일관성을 유지하는 방식으로 해석해야 한다.

그것은 그리스도의 생애, 죽음, 그리고 부활의 영향력이 중대한 방식으로 이미 모든 창조질서 전반에 걸쳐 악의 세력을 깨뜨렸음

---

33 그렇지 않다면 보편주의자들이 옳다(나는 그렇게 믿지 않는다).
34 예전에 나는 "How Broad Is Salvation?" in Nicholls, ed., *In Word and Deed*, 102-3에서의 논의에서 이 점을 분명하게 보지 못했으며 결과적으로 현재 내가 인정하는 것보다 더 광범위한 단어 사용을 강조했다.

을 의미한다. 이에 적어도 두 가지 결정적인 결과들이 따라온다.

첫째, 사탄은 그리스도의 구속하심을 얻은 공동체의 성장을 막을 수 없다. 둘째, 사회 내의 악의 무리를 바로잡는 데 있어 더 큰 진보가 가능하다. 후자는 어느 정도 중요한 의미에서 악의 비가시적인 권세들에 대한 십자가 위에서의 승리의 결과이다. 그리고 그것은 구원의 능력을 알고 있는 기독교인들이 사회 구조에 영향을 끼치고 변화시킬 때 구체화된다. 그러나 만약 우리가 신약적 사용에 머물기를 원한다면, 우리는 신자들의 구속함을 얻은 공동체 밖에서의 변화를 **구원**이라고 부르지 않을 것이다.

나는 창조/구속의 구분을 포기하라고 하는 주장을 타당하다고 생각하지 않는다. 사실상, 바울은 그것을 골로새서 1:15-20에서 분명하고 정확하게 사용한다. 그리스도는 만물의 창조자이시며 더불어 보존자이시고(15-17절), 또한 만유의 구속자이시다(18-20절). 두 활동은 놀랍고도 신기하게 연관되며 상호보완적이다. 그러나 그것들이 동일한 것은 아니다.

2. 좁은 의미의 구원

광의적 사용을 선호하는 논의들 중 어느 것도 입증된 것은 없다.[35] 유력한 논의들은 다른 선택을 지지한다.

---

[35] Vinay Samuel은 또한 더 좁은 관점을 옹호하는 사람들은 "이생에서의 모든 **영적인** 것은 완전하며, 그러므로 구속에 관한 우리의 모든 경험은 불완전함과 섞일 수 없다"고 전제한다고 주장한다. Sugden, "A Comparative Study," 276에서 인용. 일각의 그러한 주장은 잘못된 것이라는 Samuel의 지적은 확실히 옳다. 신자들과 교회 내에도 구원의 용어의 신약적 사용에 있어서는 많은 불완전함이 있다. 그러나 교회와 세상 모두가 선과 악의 혼합이기 때문에 양자에 아무 차이가 없고 구원이라는 말이 둘 모두에 적용된다는 식의 결론이 따라오지는 않는다. 더 큰 사회가 아닌 교회여야 한다는 것에 세가지 요점이 있다. (1)기독교인들은

실질적으로 신약성경에서의 모든 사용은 좁은 의미의 정의를 뒷받침하고 있다. 신약성경 어디에서도 예수님 자신이 물리적으로 현존하는 곳이나 사람들이 의식적으로 그를 메시아, 구주, 그리고 주님이라고 고백하는 곳을 제외하고는 예수님이 선포하신 그의 나라의 임재를 말하지 않는다. 신약성경 어디에서도 그리스도의 재림 때의 만물의 우주적 변화를 이야기할 때를 제외하고는 구원이라는 단어를 교회 밖에서 일어난 일에 명시적으로 사용하지 않는다(이 점에 있어서는 교회와 세계가 동일할 것이다). 성경의 사용은 우리가 오늘날 사회 속에서 생산하는 정의와 자유의 신장을 **구원**이라고 부르는 것을 지지하지 않는다.

광의적인 사용은 교회에 관한 교리에 대해 문제를 제기한다. 교회는 대체로 사람들이 구원을 경험하는 곳에 현존하는 것이 사실이다. 그러므로 만약 베트남이 전쟁이 끝났을 때 구원받은 것이라고 한다면, 누구든 베트남 사람들도 역시 어떤 의미에서 교회 안에 있었다고 추측할 것이다. 칼 브라튼이 말한 것처럼, 우리가 창조와 구속 사이에 기본적인 어떤 구분을 유지하지 않는다면, 기독교는 문명과 융합되어 버린다. 교회와 세상 사이에 대한 기본적인 신약성경의 구분은 어려워지거나 불가능해진다.

동일한 종류의 논의가 영원한 구원의 주제에도 적용된다. 만인구원론자가 아니라면(그리고 모두는 아니지만, 광의적인 언어를 사용하는 사람들 중 일부는), 하나님의 은혜로 하나님을 영접하고 영생으로 인도받는 것을 경험한 사람들과 예수님이 주시는 구원의 제공을 거절한 사람들을 구별해야만 한다. 만약 사회정의의 증가로 사회

죄의 용서를 누린다. (2)그들은 현재 신자들 안에 내주하시는 성령의 성화하는 능력을 경험한다. (3)1항과 2항 때문에, 교회는 세상이 경험하지 못하는 방식으로 하나의 공동체로서 하나님의 임재, 능력, 그리고 변화하게 하심을 누리는 새로운 구속의 공동체이다. 결과적으로 신약성경이 왜 구원이란 말을 세상이 아닌 교회에 적용하는가를 이해할 수 있다.

의 모든 사람이 **구원**받을 수 있다면, 곧이어 다시 이러한 구분은 곤란해지게 된다.

광의적인 의미로 사용하는 많은 사람들이 이런 마지막 두 가지 문제를 해결하는 유일한 길은 다른 종류의 구원을 구별하는 것이다. 사무엘과 수든은 우리가 살펴 본 것처럼, 교회 밖의 세상이 그리스도를 통하여 어떤 종류의 **구원**을 경험한다고 주장한다. 그러나 그들은 분명히 다음과 같이 역설한다(왜냐하면 그들은 보편주의자들이 **아니기** 때문이다). "〔십자가 위에서의 그리스도의〕승리에 대한 의식적인 고백은 교회 내에서 발생한다. 그리고 구원은 그 의식적인 고백과 연결되어 있다."[36] 유사한 방식으로, 해방신학자 구스타보 구티에레즈(Gustavo Gutiérrez)는 사회경제적 해방이 구원이라고 주장한다. 그러나 그것은 구원의 완전성이 아니다.[37] 해방이나 구원은 그러므로 몇 가지 구분의 단계들을 갖고 있다. 사회경제적 해방은 하나님과의 바른 관계와 영생을 포함하는 완전한 구원과 같은 것이 아니다.

그러나 구원의 다양한 단계들을 구별하는 이런 과정은 결국에는 초창기의 카테고리들, 정의와 구원이 의미하고자 예정되었던 동일한 종류의 구분들을 끌어들이는 것인가? 그러므로 만약 그것이 구분을 의미한다면, 우리는 **이원론**을 피할 수 없다. 그러므로 성경의 카테고리들에 고착하는 것이 더 도움이 되지 않겠는가?

광의적 사용을 신봉하는 사람들이 유지하고자 하는 것들 중 많은 부분, 아마 대부분은 협의적 사용을 신봉하는 자들에 의해서도

---

36 Samuel and Sugden, "Theology of Social Change," in Sider, ed., *Evangelicals and Development*, 54. 또한 Samuel and Sugden, "Evangelism and Social Responsibility," in Nicholls, ed., *In Word and Deed*, 211.

37 Gutiérrez, *A Theology of Liberation*, 176-77. 『해방신학』(분도출판사). 구원 교리에 관한 Gutiérrez의 탁월한 비평에 대해서는 다음을 보라. Emilio A. Nuñez, *Liberation Theology* (Chicago: Moody, 1985), 7장. 『해방신학평가』(CLC).

동일하게 지지받을 수 있다. 그리스도는 지금 교회뿐만 아니라 세상의 주인이시다. 그리고 평화와 정의의 확장을 위해 세상 속에서 일하신다. 그것은 현재 역사의 부패를 심판하기 위한 척도를 제공하는 그 나라가 향하는 방향으로 역사가 움직이고 있음을 의미한다. 그리스도는 세상 속에서 그분의 뜻을 성취하기 위해 기독교인들뿐만 아니라 불신자도 사용하신다.[38] 그리스도 안에 있는 구원의 영향력은 교회뿐만 아니라 세상 속에서 강력한 영향력을 가진다.[39] 하나님의 궁극적 의도는 인간, 사회, 그리고 모든 탄식하는 만물을 변화시키는 우주적 구원이다. 그 모든 것과 그 이상이 협의적 사용을 신봉하는 사람들에게 열정적으로 지지받을 수 있으며 지지받아야만 한다.

역사적으로 그리고 세계적으로 협의적 사용을 지지하는 진술들

---

[38] 이사야 45장은 교훈적이다. 이방 왕 고레스는 하나님의 "기름 부음을 받은" 자이며(1절) 하나님은 이스라엘을 구원하기 위해 그를 사용하신다(13, 17절). 그러나 선지자는 고레스는 여호와를 알지 못한다고 분명하게 말한다(4-5절). 구원이란 말은 단지 이스라엘에 대해서만 사용된다(17절). 그리고 그 구절은 울려퍼지는 유일신적 선포로 끝이 나며 열방을 향해 "내게로 돌이켜 구원을 받으라 나 외에 다른 이가 없느니라"(22절)라고 호소한다. 하나님은 그의 경륜 가운데 고레스 왕을 사용하신다. 그러나 본문은 믿지 않는 고레스가 구원을 경험했다고 말하지 않는다.

[39] 이 과정에서 그리스도의 작정의 전부가 아닌 일부가 그리스도에 대한 분명한 고백의 방식을 준비하는 것이다. 때때로 Samuel은 역시 광범위한 형식으로 이 점을 진술한다. Sugden은 Samuel의 견해를 이와 같이 요약한다. "교회 밖에서 하나님의 역사의 목표는 항상 사람들을 하나님 나라로 데려오는 것이며 그리스도의 몸의 일원이 되게 하는 것이다"(Sugden, "A Comparative Study," 288). 그것은 하나님의 작정의 전부가 아니라 일부이다. 정확하게 창조/구속의 구분은 교회 밖에서의 하나님의 역사는 창조의 선함을 보존하며 또한 사람들로 하여금 결코 그들이 그리스도를 영접하지 않는다 할지라도 사는 동안 그러한 선함을 누릴 수 있도록 해준다고 말하는 것을 허락한다. 사람들로 하여금 현세에서 양식과 정의를 누릴 수 있도록 고안된 사회운동은 오로지 창조의 기초 위에서만, 고유한 독립적 근거를 가지게 된다. 물론 하나님은 모든 사람들이 그리스도를 영접하기를 고대하신다. 그러나 우리는 세상에서 하나님의 활동의 근거를 그리스도께로 사람들을 데려오고자 하는 그분의 열망에만 두어서는 안 된다(8장의 223-224쪽을 보라).

을 확인할 수 있을 것이다. 르네 파디야(René Padilla)는 말한다.

> 우리는 구원을 육체적 필요의 충족, 사회적 개선, 또는 정치적 자유와 동일한 것으로 받아들일 수 없다.[40]

존 칼빈(John Calvin)은 다음과 같이 말한다.

> 하나님의 나라는 오직 중보자 그리스도께서 사람들을 값없는 죄 사함으로 용서받게 하시고 의롭게 거듭나게 하시어, 아버지 하나님과 연합시키실 때에만 세워지며 번성하게 된다.[41]

로잔언약은 복음주의가 사회운동을 등한시 한 것을 회개하고 그것의 중요성을 확인했다. 그러나 구원과 정의를 같은 것으로 여기는 것은 거부했다.

비록 인간과의 화목이 하나님과의 화목이 아니며, 사회운동이 복음전도가 아니며, 정치적 해방이 구원이 아니라 할지라도, 그럼에도 불구하고 우리는 복음전도와 사회-정치적 참여 모두가 우리 기독교인의 의무의 일부임을 확인한다(5항).

나는 오늘날 교회가 구원 용어를 사람들이 그리스도를 영접하고 구속함을 받은 공동체에 들어갈 때 일어나는 일과 그리스도께서 모든 창조질서의 우주적 회복을 가져오실 때 일어날 일을 지칭하기 위하여 사용할 지혜를 갖추었다고 생각한다. 그것은 심지어 지금도 구원이 인격적이고 사회적인 것임을 의미한다(교회 내에서). 그리고 그것은 보편적이며 총체적일 것이다.

---

40 Padilla, *Mission Between the Times*, 41. 또한 Scherer, *Gospel, Church and Kingdom*, 86-87.
41 사도행전 28:31에 관한 주석은 다음에서 인용됨. Robert Doyle, "The Search for Theological Models," in Webb, ed., *Christians in Society*, 38 (36-38을 모두 보라). 역시 마찬가지로, Wagner, *Church Growth*, 5-10.

사람들에게 존엄성, 건강, 자유, 그리고 경제적 복지를 주기위해 억압적인 사회구조를 바꾸는 것은 매우 중요하다. 그러나 그것은 사회적 정의이지 구원은 아니다. 이 점을 기억하는 것이 성경적이며, 심각한 신학적 오류로부터 오늘의 교회를 더 잘 보호할 수 있다.[42]

---

[42] 그러나 나는 Orlando Costas, Richard Mouw, Vinay Samuel, 그리고 Chris Sugden과 같은 이들에게(그들 모두가 광의적 용법을 사용하는 데) "신학적 오류"의 책임이 있다고 생각하지는 않는다. 그들은 모두 왕성하게 사회운동뿐만 아니라 복음전도의 중요성을 확고히 하면서 교회와 세상의 경계가 사라지는 것과 보편주의를 피하는 견고한 성경적 신학을 유지한다.

참고문헌

Abraham, William J. *The Logic of Evangelism*. Grand Rapids: Eerdmans, 1989.
Aeschliman, Gordon. *Global Trends: Ten Changes Affecting Christians Everywhere*. Downers Grove, Ill.: InterVarsity, 1990.
Anderson, Gerald H., ed. *Witnessing to the Kingdom: Melbourne and Beyond*. Maryknoll: Orbis, 1982.
Arias, Mortimer. *Evangelization and the Subversive Memory of Jesus: Announcing the Reign of God*. Philadelphia: Fortress, 1984.
Armstrong, James. *From the Underside: Evangelism from a Third World Vantage Point*. Maryknoll: Orbis, 1981.
Arnold, Clinton E. *Powers of Darkness: Principalities and Powers in Paul's Letters*. Downers Grove, Ill.: InterVarsity, 1992.
Barna, George. *What Americans Believe: An Annual Survey of Values and Religious Views in the United States*. Ventura: Regal, 1991.
Barna Research Group. *Never on a Sunday: The Challenge of the Unchurched*. Glendale, Calif.: Barna Research Group, 1990.
Barrett, David B. *Cosmos, Chaos and Gospel: A Chronology of World Evangelization from Creation to New Creation*. Birmingham: Foreign Mission Board of the Southern Baptist Convention, 1987.
Barrett, David B., and Todd M. Johnson. *Our Globe and How to Reach It*. Birmingham: New Hope, 1990.
Bevans, Steve, and James A. Scherer, eds. *New Directions in Mission and Evangelization: A Collection of Recent Mission Statements*. Maryknoll: Orbis, 1992.
Bloesch, Donald G. *Essentials of Evangelical Theology*. 2 vols. San Francisco: Harper, 1978-79.
Boff, Leonardo and Clodovis. *Salvation and Liberation*. Translated by Robert R. Barr. Maryknoll: Orbis, 1984.
Bohen, Marian. "The Future of Mission in a Pluralistic World." *Theological Education* (autumn 1990): 31-43.
Borg, Marcus J. *Jesus: A New Vision; Spirit, Culture, and the Life of Discipleship*. San Francisco: HarperCollins, 1991.
Borthwick, Paul. *How to Be a World Class Christian*. Wheaton: Victor, 1991.
Bosch, David J. "Toward Evangelism in Context." In *The Church in Response to Human Need*, edited by Vinay Samuel and Chris Sugden, 180-92. Grand Rapids: Eerdmans, 1987.

———. *Transforming Mission: Paradigm Shifts in Theology of Mission.* Maryknoll: Orbis, 1991.

———. *Witness to the World: The Christian Mission in Theological Perspective.* Atlanta: John Knox, 1980.

Braaten, Carl E. *The Flaming Center: A Theology of the Christian Mission.* Philadelphia: Fortress, 1977.

———. *Justification: The Article by Which the Church Stands or Falls.* Minneapolis: Augsburg, 1990.

Bria, Ion, ed. *Go Forth in Peace: Orthodox Perspectives on Mission.* Geneva: WCC, 1986.

Buttry, Daniel. *Bringing Your Church Back to Life: Beyond Survival Mentality.* Valley Forge: Judson, 1988.

Canberra 1991: Message, Report and Programme Policy Report of the WCC Seventh Assembly. Geneva: WCC, 1991.

Carpenter, Joel A., and Wilbert R. Shenk, eds. *Earthen Vessels: American Evangelicals and Foreign Missions, 1880–1980.* Grand Rapids: Eerdmans, 1990.

Coleman, Robert E. *The Master Plan of Evangelism.* Tarrytown, N.Y.: Revell, 1972.

Colson, Charles. *Kingdoms in Conflict.* Grand Rapids: Zondervan, 1987.

Concerned Evangelicals. *Evangelical Witness in South Africa: A Critique of Evangelical Theology and Practice by South African Evangelicals.* Grand Rapids: Eerdmans, 1986.

Costas, Orlando E. *Christ outside the Gate: Mission beyond Christendom.* Maryknoll: Orbis, 1982.

———. *The Church and Its Mission: A Shattering Critique from the Third World.* Wheaton: Tyndale, 1974.

———. *The Integrity of Mission.* San Francisco: Harper, 1979.

———. *Liberating News: A Theology of Contextual Evangelization.* Grand Rapids: Eerdmans, 1989.

Curry-Roper, Janel M. "Contemporary Christian Eschatologies and Their Relation to Environmental Stewardship." *The Professional Geographer* 42, no. 2 (1990): 157–69.

Dayton, Donald. *Discovering an Evangelical Heritage.* New York: Harper, 1976.

Douglas, J. D., ed. *Let the Earth Hear His Voice: International Congress on World Evangelization, Lausanne, Switzerland.* Minneapolis: World Wide Publications, 1975.

Driver, John. *Understanding the Atonement for the Mission of the Church.* Scottsdale, Penn.: Herald, 1986.

Dyrness, William A. *Learning about Theology from the Third World.* Grand Rapids: Zondervan, 1990.

———. *Let the Earth Rejoice: A Biblical Theology of Mission.* Westchester: Crossway, 1983.

Engel, James F., and Jerry D. Jones. *Baby Boomers and the Future of World Missions.* Orange, Calif.: Management Development Associates, 1989.

Escobar, Samuel. "Evangelical Theology in Latin America: The Development of a Missiological Christology." *Missiology: An International Review* XIX, no. 3 (July 1991): 315–32.

———. "From Lausanne 1974 to Manila 1989: The Pilgrimage of Urban Mission." *Urban Mission* 4 (March 1990): 21–29.

———. "Has McGavran's Missiology Been Devoured By a Lion?" *Missiology* XVII, no. 3 (July 1989): 349–52.

———. *Liberation Themes in Reformational Perspective.* Sioux Center, Iowa: Dordt College Press, 1989.

———. "The Social Responsibility of the Church in Latin America." *Evangelical Missions Quarterly* (spring 1970): 129–53.

Escobar, Samuel, and John Driver. *Christian Mission and Social Justice.* Scottsdale, Penn.: Herald, 1978.

Evangelism and Social Responsibility: An Evangelical Commitment. Lausanne Committee for World Evangelization and the World Evangelical Fellowship, 1982.

Fackre, Gabriel. *Word in Deed: Theological Themes in Evangelism.* Grand Rapids: Eerdmans, 1975.

Fung, Raymond. "Mission in Christ's Way: The Strachan Lectures." *International Review of Mission* 78, no. 309 (January 1989): 4–29.

Glasser, Arthur F., and Donald A. McGavran, eds. *Contemporary Theologies of Mission.* Grand Rapids: Baker, 1983.

Gnanakan, Ken R. *Kingdom Concerns: A Biblical Exploration towards a Theology of Mission.* Bangalore: Theological Book Trust, 1989.

Green, Michael. *Evangelism in the Early Church.* London: Hodder & Stoughton, 1970.

———. *Evangelism through the Local Church.* London: Hodder and Stoughton, 1990.

Gustafson, James W. "The Integration of Development and Evangelism." *International Journal of Frontier Missions* 8, no. 4 (October 1991): 115–20.

Gutiérrez, Gustavo. *A Theology of Liberation: History, Politics and Salvation.* Maryknoll: Orbis, 1973.

Haring, Bernard. *Evangelization Today.* Rev. ed. New York: Crossroad, 1991.

Harris, Murray J. *From Grave to Glory: Resurrection in the New Testament.* Grand Rapids: Zondervan, 1990.

Hathaway, Brian. *Beyond Renewal: The Kingdom of God.* Milton Keynes, England: Word (UK), 1990.

Hesselgrave, David J. *Today's Choices for Tomorrow's Mission: An Evangelical Perspective on Trends and Issues in Missions.* Grand Rapids: Zondervan, 1988.

Isaacson, Alan. *Deeper Life: The Extraordinary Growth of the Deeper Life Bible Church.* London: Hodder and Stoughton, 1990.

Jansen, Frank Kaleb, ed. *Target Earth: The Necessity of Diversity in a Holistic Perspective on World Mission.* Pasadena: Global Mapping International, 1989.

Jeremias, Joachim. *Jerusalem in the Time of Jesus: An Investigation into Economic and Social Conditions During the New Testament Period.* Philadelphia: Fortress, 1975.

John Paul II. *Redemptor Hominis* (March 4, 1979).

———. *Redemptoris missio* (January 22, 1991).

———. *Sollicitudo rei socialis* (December 30, 1987).

Johnston, Arthur. *The Battle for World Evangelism.* Wheaton: Tyndale, 1978.

———. "The Kingdom in Relation to the Church and the World." In *In Word and Deed,* edited by Bruce J. Nicholls. Grand Rapids: Eerdmans, 1985.

Kagawa, Toyohiko. *New Life through God.* Translated by Elizabeth Kilbara. New York: Revell, 1931.

Kettler, Christian D., and Todd H. Speidell, eds. *Incarnational Ministry: The Presence of Christ in Church, Society and Family.* Colorado Springs: Helmers and Howard, 1990.

Kings, Graham. "Evangelicals in Search of Catholicity: Theological Reflections on Lausanne II." *Anvil* 7, no. 2 (1990): 115–28.

Kirk, Andrew. *A New World Coming: A Fresh Look at the Gospel for Today.* London: Marshalls Paperbacks, 1983.

Kraft, Charles H. *Christianity with Power: Your Worldview and Your Experience of the Supernatural.* Ann Arbor: Servant, 1989.

Krass, Alfred C. *Five Lanterns at Sundown: Evangelism in a Chastened Mood.* Grand Rapids: Eerdmans, 1978.

The Manila Manifesto: An Elaboration of the Lausanne Covenant Fifteen Years Later. Pasadena: LCWE, 1989.

Maury, Philippe. *Politics and Evangelism.* Translated by Marguerite Wieser. Garden City: Doubleday, 1959.

McGavran, Donald A., ed. *The Conciliar-Evangelical Debate: The Crucial Documents 1964–1976.* Pasadena: William Carey, 1977.

———. "Missiology Faces the Lion." *Missiology: An International Review* XVII, no. 3 (July 1989): 335–41.

———. *Understanding Church Growth.* Rev. ed. Grand Rapids: Eerdmans, 1980.

McLoughlin, William G. *Revivals, Awakenings, and Reform.* Chicago: University of Chicago, 1978.

Meeking, Basil, and John Stott, eds. *The Evangelical-Roman Catholic Dialogue on Mission 1977–1984: A Report.* Exeter: Paternoster, 1986.

Miles, Delos. *Evangelism and Social Involvement.* Nashville: Broadman, 1986.

Moberg, David O. *Wholistic Christianity.* Elgin: Brethren Press, 1985.

Mohabir, Philip. *Building Bridges.* London: Hodder and Stoughton, 1988.

Moltmann, Jürgen. *The Way of Jesus Christ: Christology in Messianic Dimensions.* San Francisco: HarperCollins, 1990.

Montgomery, Jim. *Dawn 2000: 7 Million Churches to Go.* Pasadena: William Carey Library, 1989.
Mott, Stephen Charles. *Biblical Ethics and Social Change.* New York: Oxford, 1982.
Mouw, Richard J. *Called to Holy Worldliness.* Philadelphia: Fortress, 1980.
———. *Political Evangelism.* Grand Rapids: Eerdmans, 1973.
———. *Politics and the Biblical Drama.* Grand Rapids: Eerdmans, 1976.
Nazir-Ali, Michael. *From Everywhere to Everywhere: A World View of Christian Witness.* London: Collins, 1991.
Newbigin, Leslie. *Foolishness to the Greeks.* Geneva: WCC, 1986.
———. *The Gospel in a Pluralist Society.* Grand Rapids: Eerdmans, 1989.
———. *The Open Secret: Sketches for a Mission Theology.* Grand Rapids: Eerdmans, 1978.
———. *Unfinished Agenda: An Autobiography.* Grand Rapids: Eerdmans, 1985.
Nicholls, Bruce J., ed. *In Word and Deed: Evangelism and Social Responsibility.* Grand Rapids: Eerdmans, 1985.
Nuñez, Emilio A. *Liberation Theology.* Chicago: Moody, 1985.
Padilla, René. *Mission between the Times: Essays on the Kingdom.* Grand Rapids: Eerdmans, 1985.
Padilla, René, ed. *The New Face of Evangelicalism: An International Symposium on the Lausanne Covenant.* Downers Grove, Ill.: InterVarsity, 1976.
Pannell, William. *Evangelism from the Bottom Up.* Grand Rapids: Zondervan, 1992.
Perkins, John. *With Justice for All.* Ventura: Regal, 1982.
Pinnock, Clark H. *A Wideness in God's Mercy: The Finality of Jesus Christ in a World of Religions.* Grand Rapids: Zondervan, 1992.
Pullinger, Jackie. *Chasing the Dragon.* London: Hodder and Stoughton, 1980.
Roberts, J. Deotis. *A Black Political Theology.* Philadelphia: Westminster, 1974.
———. *Liberation and Reconciliation: A Black Theology.* Philadelphia: Westminster, 1971.
Samuel, Vinay, and Albrecht Hauser, eds. *Proclaiming Christ in Christ's Way: Studies in Integral Evangelism.* Oxford: Regnum, 1989.
Samuel, Vinay, and Christopher Sugden. *A.D. 2000 and Beyond: A Mission Agenda.* Oxford: Regnum, 1991.
———. *Christian Mission in the Eighties: A Third World Perspective.* Partnership booklet, no. 2. Bangalore: Partnership in Mission–Asia, 1981.
———, eds. *The Church in Response to Human Need.* Grand Rapids: Eerdmans, 1987.
———. "Evangelism and Social Responsibility: A Biblical Study on Priorities." In *In Word and Deed,* edited by Bruce J. Nicholls, 189–214. Grand Rapids: Eerdmans, 1985.
———. *Evangelism and the Poor: A Third World Study Guide.* Rev. ed. Oxford: Regnum, 1983.

―――. *Lambeth: A View from the Two-Thirds World.* London: SPCK, 1989.
Scherer, James A. *Gospel, Church and Kingdom: Comparative Studies in World Mission Theology.* Minneapolis: Augsburg, 1987.
Scriven, Charles. *The Transformation of Culture.* Scottsdale, Penn.: Herald, 1988.
Shenk, David W., and Ervin R. Stutzman. *Creating Communities of the Kingdom: New Testament Models of Church Planting.* Scottsdale, Penn.: Herald, 1988.
Sider, Ronald J. *Christ and Violence.* Scottsdale, Penn.: Herald, 1979.
―――. *Completely Pro-life.* Downers Grove, Ill.: InterVarsity, 1987.
―――, ed. *Cry Justice: The Bible on Hunger and Poverty.* New York: Paulist, 1980.
―――, ed. *Evangelicals and Development: Toward a Theology of Social Change.* Philadelphia: Westminster, 1981.
―――, ed. *Lifestyle in the Eighties: An Evangelical Commitment to Simple Lifestyle.* Exeter: Paternoster, 1982.
―――. *Nonviolence: The Invincible Weapon?* Dallas: Word, 1989.
―――. *Rich Christians in an Age of Hunger.* 3rd ed. Dallas: Word, 1990.
Sinclair, Maurice. *Ripening Harvest, Gathering Storm: What Is the Relevance of the Christian Faith in a World Sliding into Crisis?* London: Church Missionary Society (and MARC), 1988.
Smith, Timothy. *Revivalism and Social Reform.* New York: Harper Torch Books, 1965.
Stamoolis, James J. *Eastern Orthodox Mission Theology Today.* Maryknoll: Orbis, 1986.
Steuernagel, Valdir Raul. "The Theology of Mission in Its Relation to Social Responsibility within the Lausanne Movement." Ph.D. diss., Lutheran School of Theology, Chicago, 1988.
Stott, John R. W. *Christian Mission in the Modern World.* Downers Grove, Ill.: InterVarsity, 1975.
―――. *The Cross of Christ.* Downers Grove, Ill.: InterVarsity, 1986.
Stransky, Thomas F. "Evangelization, Mission and Social Action: A Roman Catholic Perspective." *Review and Expositor* (spring 1982): 343–50.
Sugden, Chris, and Oliver Barclay. *Kingdom and Creation in Social Ethics.* "Grove Booklets on Ethics," no. 79. Bramcote, Nottingham: Grove Books, 1990.
Sugden, Christopher, and Michael Neville. "A Critical and Comparative Study of the Practice and Theology of Christian Social Witness in Indonesia and India between 1974 and 1983 with Special Reference to the Work of Wayan Mastra . . . and Vinay Samuel. . . ." Ph.D. diss., Westminster College, Oxford, 1987.
Utuk, Efiung S. "From Wheaton to Lausanne: The Road to Modification of Contemporary Evangelical Mission Theology." *Missiology: An International Review* XIV, no. 2 (April 1986): 205–20.

Van Leeuwen, Arend Th. *Christianity in World History: The Meeting of the Faiths of East and West*. Translated by H. H. Hoskins. New York: Scribner's Sons, 1964.

Verkuyl, Johannes. *Contemporary Missiology: An Introduction*. Translated by Dale Cooper. Grand Rapids: Eerdmans, 1978.

Volf Miroslav. "Materiality of Salvation: An Investigation in the Soteriologies of Liberation and Pentecostal Theologies." *Journal of Ecumenical Studies* 26, no. 3 (summer 1989): 447–67.

WCC. *Mission and Evangelism: An Ecumenical Affirmation*. Geneva: WCC, 1982.

Wagner, C. Peter. *Church Growth and the Whole Gospel: A Biblical Mandate*. New York: Harper, 1981.

―――. *Warfare Prayer*. Ventura: Regal, 1992.

Walker, Andrew. *Enemy Territory: The Christian Struggle for the Modern World*. London: Hodder and Stoughton, 1987.

Wallis, Jim. *Agenda for Biblical People*. New York: Harper, 1976.

―――. *The Call to Conversion: Recovering the Gospel for These Times*. New York: Harper, 1981.

―――. *Revive Us Again: A Sojourner's Story*. Nashville: Abingdon, 1983.

Webb, B. G., ed. *Christians in Society*. Explorations, 3. Homebush West, Australia: Lancer Books, 1988.

Webster, Douglas D. *A Passion for Christ: An Evangelical Christology*. Grand Rapids: Zondervan, 1987.

Will, James E. *A Christology of Peace*. Louisville: Westminster/John Knox Press, 1989.

Wilson, Frederick R., ed. *The San Antonio Report. Your Will Be Done: Mission in Christ's Way*. Geneva: WCC, 1990.

Wimber, John. *Power Evangelism*. San Francisco: Harper, 1986.

Winter, Ralph. "Crucial Issues in Missions: Working towards the Year 2000." "Momentum Building in Global Missions: Basic Concepts in Frontier Missiology." "Seeing the Basic Picture." Unpublished papers, 1990.

Winter, Ralph, and Steven C. Hawthorne, eds. *Perspectives on the World Christian Movement: A Reader*. Pasadena: William Carey, 1981.

Wolterstorff, Nicholas. *Until Justice and Peace Embrace*. Grand Rapids: Eerdmans, 1983.

Wright, Nigel. *The Radical Kingdom*. Eastbourne: Kingsway Publications, 1986.

Wright, Tom. *New Tasks for a Renewed Church*. London: Hodder and Stoughton, 1992.

Yoder, Perry B. *Shalom: The Bible's Word for Salvation, Justice and Peace*. Newton, Kans.: Faith and Life, 1987.

Your Kingdom Come: Mission Perspectives. Report on the World Conference on Mission and Evangelism. Melbourne, Australia, May 12–25, 1990. Geneva: WCC, 1980.

Good News and Good Works
by Ronald J. Sider

명칭 및 인명 색인

ㄱ

가난한 시대를 사는 부유한 그리스도인 28
교회성장운동 46
교회와 사회 56
교회의 선교사명 60, 299
구세군 289
구스타보 구티에레즈 57, 315, 337
구스타프 아울렌 151
국제 복음주의 선교신학연맹 30
국제선교리뷰 28
그들을 먹이기 위해 221
그리스도 연합교회 183
그리스도 형제교회 23
글렌 케레인 251
기독학생회 25
깁슨 윈터 65

ㄴ

네트워크9:35 312
넬슨 디아즈 292
노먼 페린 76

ㄷ

대럴 월레스 32
더글라스 웹스터 166
데스몬드 투투 306
데이비드 기타리 30, 215, 255
데이비드 로우스 왓슨 254
데이비드 모버그 27
데이비드 베렛 296
데이비드 보쉬 36, 317
데이비드 왓슨 189
델로스 마일스 279
도날드 맥가브란 46, 168, 170, 255, 273, 291
도날드 블뢰쉬 47
드와이트 무디 48
디브야샨티 기독교공동체 179
디오티스 로버츠 166, 181

ㄹ

롤리 워싱턴 251, 293, 307
랄프 윈터 296
람베스회의 298
레슬리 뉴비긴 171
레오나르도 보프 92
레이몬드 펑 241

로잔 세계복음화대회 27, 45, 120, 223, 263
로잔언약 45, 204, 265, 339
로잔운동 298
루퍼스 존스 26
르네 파디야 152, 163, 303, 339
리처드 니버 281
리처드 마우 58
리처드 쇼울 56
리처드 오슬링 27

ㅁ

마닐라 선언 275
마닐라 선언문 276
마리안 보헨 66
마이클과 에디 뱅크스 부부 125, 137
마이클 그린 129, 204, 281
마이클 나지르 알리 260
마틴 루터 137
마틴 루터 킹 25, 284
만민에게 60
머레이 해리스 145
메시아대학 26
모티머 아리아스 83
미국기독교교회협의회 21
미하일 고르바초프 299

ㅂ

바오로 VI세 60
반석 276, 293
반석교회 294
버나드 램 27
베라 메 퍼킨스 275
보리스 옐친 299
복음전도와 사회적 책임의 관계에 관한 회담 263, 265
복음주의 선언에 관한 회의 204
복음주의적 사회참여를 위한 시카고선언 27
브라이언 해더웨이 72
브리지재단 178
비나이 사무엘 59, 177, 255, 278, 321
빌리 그래함 27, 35, 44, 177, 292

ㅅ

사무엘 에스코바 27, 287
사해사본 94
사회참여적 복음주의운동 232, 251, 312
샤론 갈라퍼 27
서클도시선교회 251, 276, 293, 307
선교와 전도 30, 54, 55, 223, 254
성 어거스틴 137
성 요한 성공회 교회 178
세계교회협의회 28, 36, 46, 54, 190, 222, 254
세계복음주의협의회 29, 298
세계복음화국제대회 44
세계복음화를 위한 국제 은사주의회의 212
세상을 위한 양식 270
스테판 닐 180

ㅇ

아렌드 반 르우벤 65
아서 존스톤 46
안드로우사의 아나스타시오스 190
알버트 슈바이처 106
앨런 워커 215
엠마누엘 메스텐 56
예일신학교 25
올랜도 코스타스 320
요한 바오로 II세 60, 87, 241, 295, 299
우리 구원의 반석 교회 251, 307
월터 라우쉔부쉬 9
위르겐 몰트만 110
위클리프 성경번역선교회 280
윌리엄 부스 289
윌리엄 윌버포스 25
윌리엄 캐리 197
윌리엄 호킹 66

ㅈ

정의·평화·창조질서의 보전 29
제임스 데니스 32, 183, 279
제임스 윙 212
제임스 윌슨 182
제임스 콘 181

색인 **351**

조지 바나 301
존 스토트 45, 150, 204, 225, 261, 263
존 웨슬리 279, 291
존 칼빈 339
존 커트니 머레이 144
존 퍼킨스 225, 275
존 하워드 요더 52
존 힉 66
희년 공동체 31
짐 월리스 27, 157

ㅊ

찰스 피니 25, 27, 277

ㅋ

카산드라 홈즈 프랭클린 293
칼 바르트 192
칼 브라튼 318, 330, 336
칼 헨리 27, 204
케냐교회협의회 217
케냐주간리뷰 216
케네스 칸처 204, 302
콜린 사무엘 177
크리스 수든 278, 321, 323, 327
크리스채너티 투데이 302
크리앵삭 샤롱웡삭 306

ㅌ

타임 27
테 아타투 기독교 공동체 71
트리니티복음주의신학교 145
틴 챌린지 157

ㅍ

포이 발렌틴 27
폴 니터 66
폴 리스 27
폴 헨리 27

풀러신학교 58
프랭크 게벨린 27, 49
프랭크 치케인 215
플라톤 50
피터 와그너 107, 167, 168, 170
피터 쿠즈믹 49

ㅎ

하워드 스나이더 114
할 린지 47
해롤드 린드셀 50
현대의 복음선교 60
호세 미구에즈 보니노 181
호세 미란다 35, 64
휘튼대회 47, 25

C

C. H. 다드 109, 239, 253
CRESR 316
C. S. 루이스 203

F

F. F. 브루스 141

M

M. M. 토마스 255

복음전도와 사회운동 총체적 복음을 위한 선행신학
Good News and Good Works

2013년 4월 30일 초판 발행

지음 | 로날드 J. 사이더
옮김 | 이상원 · 박현국

펴낸곳 | 사) 기독교문서선교회
등록 | 제16-25호(1980.1.18)
주소 | 서울시 서초구 방배로 68
전화 | 02) 586-8761~3(본사) 031) 942-8761(영업부)
팩스 | 02) 523-0131(본사) 031) 942-8763(영업부)
홈페이지 | www.clcbook.com
이메일 | clckor@gmail.com
온라인 | 기업은행 073-000308-04-020, 국민은행 043-01-0379-646
　　　　　예금주: 사) 기독교문서선교회

ISBN 978-89-341-1275-4(93230)

* 낙장 · 파본은 교환해 드립니다.